531
PROJECT

수월하게

H

효과 빠른 약점 처방전

사람 세계지리 H

이 책의
구성과 특징

531 프로젝트 세계지리 H 는,

▶ 전체 교과 내용을 **10강**으로 분류하여 효율적 학습이 가능하도록 구성하였습니다.

▶ **수능 만점 획득**을 위해 시험에 자주, 어렵게 출제되는 개념과 고난도 문항을 비중 있게 수록하였습니다.

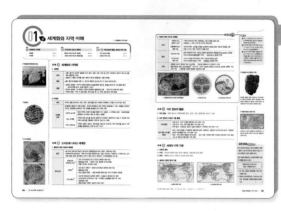

수능에 최적화된 교과 개념

❶ **출제 POINT :** 각 강에서 다루는 핵심 주제와 개념 키워드, 빈출도를 한눈에 파악할 수 있도록 제시하였습니다.

❷ **핵심 개념 정리 :** 교과 내용을 이해하기 쉽도록 구조화, 도표화하여 정리하였습니다.

❸ **[3점] 공략 :** 시험에 어렵게 출제되는 개념이 무엇인지 직관적으로 확인하고, 깊이 있게 공부할 수 있도록 자세히 정리하였습니다. 고난도 문제 풀이로 이어지는 개념 학습 Tip도 함께 제시하였습니다.

기출 분석 및 예상 문항으로 실전 대비

❶ **대표 기출 VS 고난도 기출 :** 각 강에서 매 시험마다 빠짐없이 출제되는 빈출 유형과 가장 어렵게 출제되었던 고난도 유형을 비교, 분석하여 효율적이고 깊이 있는 기출 학습이 가능하도록 하였습니다.

❷ **실전 문제 :** '기출 1 : 신출 3'의 비율로 수능의 출제 유형과 난이도에 맞추어 학생들에게 실질적인 도움이 될 수 있는 문항들만 엄선하여 수록하였습니다.

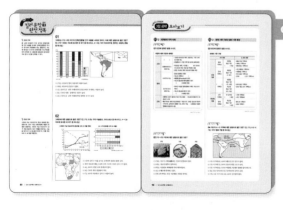

최고난도 킬러 문항까지 완벽 대비

❶ **킬러 문항 완전 정복 :** 각 강에서 어렵게 출제되는 유형 및 주제에 대한 고난도 예상 문항을 수록하고, 1등급 전략을 함께 제시하여 빈틈 없이 수능 만점을 획득할 수 있도록 하였습니다.

❷ **FINAL CHECK_[3점] 공략 모아보기 :** 01강~10강의 [3점] 공략 개념과 고난도 기출만을 모아서 전체 내용을 한 번 더 점검할 수 있도록 하였습니다.

이 책의
차례

01 강 세계화와 지역 이해
주제 ① 세계화와 지역화
주제 ② 고지도에 나타난 세계관
주제 ③ 지리 정보의 활용
주제 ④ 세계의 지역 구분 04

02 강 세계 기후 구분과 열대 기후 환경
주제 ① 세계 기후 구분
주제 ② 열대 기후의 특징과 주민 생활 12

03 강 온대, 건조, 냉·한대 기후 환경
주제 ① 온대 기후
주제 ② 건조 기후
주제 ③ 냉·한대 기후 20

04 강 세계의 주요 대지형과 특수 지형들
주제 ① 세계의 주요 대지형
주제 ② 관광지를 이루는 화산 및 카르스트 지형
주제 ③ 해안 지형의 형성과 특징 30

05 강 주요 종교의 전파와 종교 경관
주제 ① 세계 주요 종교의 전파와 분포
주제 ② 세계 주요 종교의 경관과 주민 생활 38

06 강 세계의 인구 변천과 도시화
주제 ① 세계의 인구 성장과 인구 변천
주제 ② 세계의 인구 이주
주제 ③ 세계의 도시화
주제 ④ 세계의 도시 체계 46

07 강 주요 식량 및 에너지 자원과 국제 이동
주제 ① 주요 식량 자원과 국제 이동
주제 ② 주요 가축의 생산과 이동
주제 ③ 주요 에너지 자원과 국제 이동 54

08 강 몬순 아시아와 오세아니아 ~ 건조 아시아와 북부 아프리카
주제 ① 몬순 아시아와 오세아니아
주제 ② 건조 아시아와 북부 아프리카 64

09 강 유럽과 북부 아메리카 ~ 사하라 이남 아프리카와 중·남부 아메리카
주제 ① 유럽과 북부 아메리카
주제 ② 사하라 이남 아프리카와 중·남부 아메리카 74

10 강 평화와 공존의 세계
주제 ① 경제의 세계화와 경제 블록의 형성
주제 ② 지구적 환경 문제와 국제 사회의 노력
주제 ③ 세계의 분쟁과 평화를 위한 노력 82

FINAL CHECK_ 3점 공략 모아보기 90

01 강 세계화와 지역 이해

주제		
1 세계화와 지역화		
세계화	★★☆	
지역화	★☆☆	

주제	
2 고지도에 나타난 세계관	
동양의 세계 지도와 세계관	★★★
서양의 세계 지도와 세계관🔒	★★★

주제	
3~**4** 지리 정보의 활용, 세계의 지역 구분	
지리 정보의 활용	★★☆
세계의 지역 구분	★☆☆

🔎 혼일강리역대국도지도

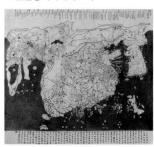

🔎 천하도

🔎 지구전후도

지구전도

지구후도

주제 **1** 세계화와 지역화

1. 세계화

의미	• 교통·통신의 급속한 발달에 따라 정치·경제·사회·문화 등 모든 부문에서 세계가 하나의 공동체로 통합되는 현상 • 상품이나 사람의 교류를 넘어 세계가 하나로 통합되는 것을 의미함
배경	교통·통신의 발달에 따른 시·공간적 제약의 감소와 국가 간 상호 의존성 증가
영향	• 경제의 세계화 : 지구적 차원의 협력과 분업을 통한 생산성·효율성 증대 및 소비 활동 확대 → 국제 무역량 증가, 세계 관광객 수 증가 • 문화의 세계화 : 전 세계의 다양한 문화들이 활발하게 교류 → 초국가적 세계 문화 형성 • 부정적 영향 : 지역 간 경쟁 심화, 문화 갈등 및 소수 문화 쇠퇴 등의 문제 발생

2. 지역화

의미		지역의 생활 양식이나 사회·문화·경제 활동 등이 세계적 차원에서 가치를 지니게 되는 현상
지역화 전략		세계화에 대응하기 위해 경제적·문화적 측면에서 다른 지역과 차별화할 수 있는 계획을 마련하여 지역의 경쟁력을 강화하고 지역 경제를 활성화시키기 위한 전략
	지리적 표시제	특정 지역의 지리적 특성을 반영한 우수 상품이 그 지역에서 생산·가공되었음을 증명하고 표시하는 제도 📝 프랑스 샴페인
	장소 마케팅	지역의 특정 장소를 하나의 상품으로 인식하고, 매력적으로 보일 수 있도록 이미지와 시설 등을 개발하는 전략 📝 삿포로 눈 축제
	지역 브랜드화	지역의 상품과 서비스, 축제 등을 브랜드로 인식시켜 지역 이미지를 높이고 지역 경제를 활성화하는 전략 📝 뉴욕 'I♥NY'

주제 **2** 고지도에 나타난 세계관

1. 동양의 세계 지도와 세계관

중국		• 송나라의 화이도(1136년), 명나라의 대명혼일도(14세기 후반) : 중화사상 반영 • 곤여만국전도(1602년) : 세계 인식 범위 확대(아시아, 유럽, 아프리카, 아메리카, 오세아니아, 남극 대륙 등을 표현), 중국에서 서구식 세계 지도가 제작되기 시작하였음을 보여 줌
우리나라	혼일강리 역대국도지도	• 조선 전기(1402년) 국가 주도로 제작된 세계 지도 • 중화사상 반영 → 중국이 지도 중앙에 크게 표현됨 • 유럽, 아시아, 아프리카 표현
	천하도	• 조선 중기 이후(17~18세기) 민간에서 제작된 세계 지도 • 중화사상 반영 • 도교 사상의 영향 → 실제 세계와 함께 상상 속의 국가들이 표현됨
	지구전후도	• 조선 후기(1834년) 실학자 최한기·김정호가 목판본으로 제작 • 지구전도와 지구후도로 구성 : 구대륙과 신대륙을 양반구로 구분 • 경위선망 사용 • 중화사상을 극복한 사실적 지도로 평가

2. 서양의 세계 지도와 세계관

고대	바빌로니아 점토판 지도	• 기원전 600년경 제작, 현존하는 가장 오래된 세계 지도 • 바빌론과 그 주변 지역 및 미지의 세계 표현
	프톨레마이오스 세계 지도	• 150년경 제작, 지구를 구체로 인식하여 경선과 위선 개념 및 투영법 사용 • 유럽, 아시아, 북부 아프리카 등을 표현
중세	티오(TO) 지도	• 중세 유럽에서 제작, 지도의 위쪽이 동쪽이며, 에덴동산(Paradise)이 표현됨 • 지도의 중심에 예루살렘이 위치 → 크리스트교 세계관 반영
	알 이드리시 세계 지도	• 1154년 이슬람 문화권에서 제작, 지도의 위쪽이 남쪽 • 지도의 중심에 메카가 위치 → 이슬람교 세계관 반영
근대		• 대항해 시대가 열리며 지리 지식 확대 → 지도에 아메리카가 표현되기 시작 • 메르카토르 세계 지도(1569년) : 직선으로 그려진 경선과 위선이 수직으로 교차해 정확한 각도 파악 가능 → 나침반을 이용한 항해에 유용하게 사용

▲ 프톨레마이오스의 세계 지도(복원본)　　▲ 티오(TO) 지도　　▲ 알 이드리시 세계 지도

주제 ③ 지리 정보의 활용

1. 지리 정보 : 어떤 장소나 지역에 대한 정보, 공간·속성·관계 정보 등으로 구분

2. 지리 정보의 수집과 기술 활용

수집 방법	• 직접 조사 : 조사 지역을 방문하여 지리 정보 수집 • 간접 조사 : 지도, 문헌 등을 통한 지리 정보 수집 • 원격 탐사 : 인공위성, 항공기 등을 이용해 먼 거리에서 지리 정보 수집
지리 정보 시스템 (GIS)	• 의미 : 지리 정보를 수치화하여 컴퓨터에 입력·저장하고, 사용자의 요구에 따라 분석·가공하여 필요한 결과물을 얻는 지리 정보 기술 • 특징 : 지리 정보의 통합과 분석 용이 → 공간 이용·관리에 대한 신속하고 합리적인 의사 결정 가능 예 중첩 분석을 통한 자료 제공

주제 ④ 세계의 지역 구분

1. 지역과 권역

(1) **지역** : 지리적 특성이 다른 곳과 구분되는 지표상의 공간 범위

(2) **권역** : 세계를 나누는 가장 큰 규모의 공간 단위

2. 세계의 다양한 권역 구분

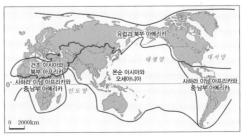

▲ 문화적 권역 구분　　　　▲ 교과서의 권역 구분

Tip

❶ 티오 지도와 알 이드리시 세계 지도는 세계관, 방위, 중심 도시 등을 비교하여 모두 암기하자.

❷ 고지도의 제작 시기에 따라 중세와 그 이전의 지도에는 신대륙이 표현되어 있지 않음을 명심하자.

❸ 경선과 위선의 개념이 적용된 지도는 지구를 구체로 인식하였다는 의미임을 알아 두자. 우리나라의 지구전후도, 서양의 프톨레마이오스 세계 지도와 메르카토르 세계 지도가 대표적이다.

🔎 **바빌로니아 점토판 지도**

세계를 평평한 원반 모양으로 묘사하였으며, 바다로 둘러싸인 육지의 중심에는 현실 세계인 바빌로니아 왕국이, 원 밖으로는 삼각형으로 미지의 세계가 표현되어 있다.

🔎 **메르카토르 세계 지도**

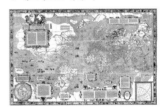

저위도는 비교적 정확하게 표현되지만, 고위도로 갈수록 면적이 지나치게 확대되는 단점이 있다.

3점 공략 Check

Q1 티오(TO) 지도는 지도의 위쪽이 (남쪽 / 동쪽), 알 이드리시의 세계 지도는 지도의 위쪽이 (남쪽 / 동쪽)이다.

Q2 다음에 해당하는 지도를 제작한 사람의 이름을 골라 쓰시오.

> 메르카토르, 알 이드리시, 최한기, 프톨레마이오스

(1) 경·위선 개념과 투영법을 가장 먼저 사용한 지도　　( )

(2) 1569년 제작되었으며, 직각으로 교차하는 경위선을 이용해 항해에 유용한 지도　　( )

순한맛 # 모의평가

다음은 고지도에 대한 발표 수업 내용이다. (가)~(다) 지도에 대한 설명으로 옳은 것은?

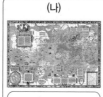

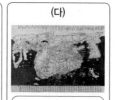

(가) | (나) | (다)

(가)는 르네상스 시대에 복원된 지도로 유럽은 물론 북부 아프리카와 아시아의 일부 지역까지 표현되어 있어.

(나)는 메르카토르의 세계 지도로 항해용으로 널리 사용되었다고 해.

(다)는 조선 전기에 제작된 지도로 중국이 중앙에 크게 표현되어 있어.

① (가)는 지도의 위쪽이 남쪽이다.
② (나)는 저위도보다 고위도의 면적이 정확하게 표현되어 있다.
③ (다)는 서양의 지리 지식을 수용하여 최한기가 제작한 지도이다.
④ (가)와 (나)에는 경위선이 표현되어 있다.
⑤ (나)와 (다)에는 아메리카 대륙이 나타나 있다.

모의평가 # 정답률 **75%** 매운맛

(가)~(다) 지도에 대한 설명으로 옳은 것은?

(가) | (나) | (다)

① (가)는 지구가 구체(球體)라는 인식이 반영되어 있다.
② (나)는 지도의 위쪽이 동쪽이다.
③ (다)는 이슬람교 세계관에 따라 제작되었다.
④ A는 B 대륙에 위치하고 있다.
⑤ C와 D의 바다는 모두 지중해를 나타낸 것이다.

[유형 분석] 세계 여러 지역에서 서로 다른 시기에 제작된 세계 지도를 통해 당시 해당 지역의 세계관, 해당 지도의 특징을 비교하는 문항이다. 이러한 유형의 문항은 동양, 서양의 지도들이 고루 출제된다.

[접근 방법] ❶ 제시된 세계 지도가 무엇인지 파악한다. ❷ 제시된 세계 지도가 제작된 지역과 시기, 경위선의 유무 등의 특성을 파악한다. ❸ ❷를 토대로 제시된 세계 지도의 공통점과 차이점을 찾아 비교한다.

답 ④

[유형 분석] 세계 여러 지역에서 서로 다른 시기에 제작된 세계 지도의 특징을 비교하는 문항이다. 지도에 표현된 지역이 어디에 해당하는지도 알아야 풀 수 있는 고난도 문항이다.

[접근 방법] ❶ 제시된 세계 지도가 무엇인지 파악한다. 이때 헤리퍼드 마파문디 지도는 티오(TO) 지도의 일종임을 기억하자. ❷ 해당 지도의 위쪽이 어느 방향인지 파악한다. ❸ ❶, ❷를 통해 A~D 지역을 파악하고, 각 세계 지도의 특징을 비교한다.

답 ④

WHY 왜 빠지지 않고 출제될까?

세계 지도가 제작된 지역과 시기에 따라 달라지는 세계 지도의 특징 및 세계관을 비교할 수 있어 다양한 세계 지도를 고루 출제하기 좋다. 이에 따라 세계지리 교과의 기본 1번 문항으로 자주 출제된다. 그중 **자주 출제된 세계 지도는 천하도, 티오(TO) 지도, 알 이드리시의 세계 지도**이다. 세 지도는 도교, 크리스트교, 이슬람교의 영향을 받아 각각의 세계관이 반영되어 있으며, **지도 위쪽의 방향이 모두 달라 다 방면으로 비교할 수 있기 때문**이다. 따라서 다양한 세계 지도가 만들어진 지역과 시기, 특징을 함께 숙지해야 한다.

HOW 킬러 문항, 어떻게 출제될까?

두 문항 모두 여러 지역의 고지도에 나타난 세계관을 비교하였지만, 고난도 기출은 대표 기출과 달리 **고지도 속에 표현된 지역이 어느 곳에 해당하는지를 찾는 선지를 활용**하였으며, 그동안 출제되던 티오(TO) 지도와 유형은 같으나 더 구체적으로 표현된 헤리퍼드 마파문디 지도를 출제해 난도를 높였다. 이 문항을 해결하지 못한 학생들은 우선 고지도 속에서의 A~D 지역이 어느 지역에 해당하는지 파악하지 못하였거나, 헤리퍼드 마파문디 지도가 티오(TO) 지도의 한 유형이라는 것을 파악하지 못했기 때문이다. 그동안 자주 출제되던 지도를 글 자료로 표현하거나, 다른 유형의 지도로 제시하여 킬러 문항으로 종종 출제한다.

주제 1 세계화와 지역화

01
| 모의평가 |

다음은 '경제 활동의 세계화' 단원에 대한 수행 평가 보고서의 일부이다. (가)에 들어갈 내용으로 가장 적절한 것은?

수행 평가 보고서

○학년 ○반 이름 : ◇◇◇

주제 : ___(가)___ 와/과 관련된 신문 기사 조사하기

조사 내용 Ⅰ

미국의 치킨 업체 A사는 중국 매장에서 중국인들의 아침 식사인 요우티아오(기름 빵)와 또우장(콩즙)을 판매하고 있다. 한편 미국의 피자 업체인 B사는 밥을 메뉴에 추가하여 중국 소비자들의 마음을 얻었다. …(후략)…

– □□신문 2017년 ○○월 ○○일 –

조사 내용 Ⅱ

서울에 본사를 둔 자동차 업체 C사는 'S' 발음을 좋아하는 인도 소비자들의 기호에 맞추어 차량의 이름을 지었다. 또한 비포장 도로가 많은 도로 사정과 터번을 쓰는 인도인의 편의에 맞추어 차량을 개발했다. …(후략)…

– △△일보 2016년 ○○월 ○○일 –

---

① 세계 도시의 성장
② 정보 통신 기술의 발달
③ 다국적 기업의 현지화 전략
④ 첨단 산업의 입지 요인 변화
⑤ 생산 시설 이전에 따른 산업 공동화

02

다음 글의 ㉠, ㉡에 해당하는 국가를 지도의 A~C에서 고른 것은?

갑 : 우리 회사의 초콜릿 맛 파이를 다른 국가에 수출하고자 합니다. 어떤 전략이 필요할까요?

을 : 종교적 이유로 돼지고기를 금기시하는 ㉠ 에서는 소고기에서 추출한 젤라틴을 사용해야 합니다.

병 : 힌두교도가 가장 많고 이슬람교도들도 많은 ㉡ 에서는 해조류에서 추출한 젤라틴을 사용해야 합니다.

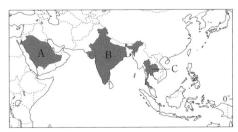

	㉠	㉡		㉠	㉡		㉠	㉡
①	A	B	②	A	C	③	B	A
④	B	C	⑤	C	B			

주제 2 고지도에 나타난 세계관

03
| 수능 |

(가)~(다) 지도에 대한 설명으로 옳은 것은?

(가)  (나) 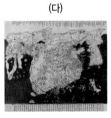 (다)

① (가)는 도교적 세계관을 반영하여 제작되었다.
② (다)에는 아메리카 대륙이 표현되어 있다.
③ (가)는 지도의 아래쪽이 북쪽, (나)는 지도의 위쪽이 동쪽이다.
④ (가)는 유럽에서, (다)는 중국에서 제작되었다.
⑤ (가)~(다)는 모두 경위선이 표현되어 있다.

04

(가)~(다) 지도의 특징을 그림의 A~D에서 고른 것은?

(가) (나) 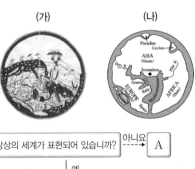 (다)

상상의 세계가 표현되어 있습니까? --아니요--> A

↓ 예

지도의 위쪽이 동쪽입니까? --아니요--> 중화사상이 반영되었습니까? --아니요--> D

↓ 예 (B)   ↓ 예 (C)

	(가)	(나)	(다)		(가)	(나)	(다)
①	A	B	C	②	A	C	D
③	B	C	A	④	B	D	C
⑤	C	B	A				

05
다음 글의 (가)~(다) 지도에 대한 설명으로 옳은 것은?

> (가) 프톨레마이오스의 '지리학 입문'에 들어 있는 지도 제작 방법과 지명 및 좌푯값을 토대로 15세기에 다시 구현된 세계 지도이다. 지도 남동부의 인도양을 육지에 갇힌 내해로 표현하였다.
>
> (나) 메르카토르가 투영법을 고안하여 제작한 세계 지도이다. 어느 지점에서든지 항해에 필요한 정확한 각도를 파악할 수 있으나 고위도로 갈수록 면적이 크게 왜곡된다는 단점도 있다.
>
> (다) 알 이드리시는 당시 지리학의 성과를 토대로 지도책을 만들었는데, 이 지도책에 수록된 세계 지도이다. 1154년에 제작되었으며 세계를 아름다운 색채, 기호와 함께 원형으로 표현하였다.

① (가)는 지도의 위쪽이 남쪽이다.
② (나)는 경위선이 직각으로 교차한다.
③ (다)의 중심부에는 중국이 위치하고 있다.
④ (가), (다)는 이슬람교 세계관에 따라 제작되었다.
⑤ (가)~(다) 모두 아메리카 대륙이 표현되어 있다.

06
(가), (나) 지도에 대한 설명으로 옳은 것만을 〈보기〉에서 고른 것은?

(가)
(나)

[보기]
ㄱ. A는 인도양, B는 태평양이다.
ㄴ. (가)는 중국에서 제작된 세계 지도이다.
ㄷ. (나)는 지구를 구체(球體)로 인식하여 제작하였다.
ㄹ. (가), (나) 모두 아프리카 대륙이 표현되어 있다.

① ㄱ, ㄴ　② ㄱ, ㄷ　③ ㄴ, ㄷ　④ ㄴ, ㄹ　⑤ ㄷ, ㄹ

주제 3 지리 정보의 활용

07
| 수능 |
다음 자료를 토대로 하나의 국가를 선택하여 출산 의료 센터의 건립을 지원하고자 한다. 가장 적합한 국가를 지도의 A~E에서 고른 것은? (단, 합산 점수가 가장 높은 국가를 선택함.)

〈점수 산정 기준〉

점수 \ 평가 항목	1인당 GDP(달러)	도시화율(%)	출생률(‰)
1점	2,000 초과	40 초과	30 미만
2점	1,000~2,000	30~40	30~40
3점	1,000 미만	30 미만	40 초과

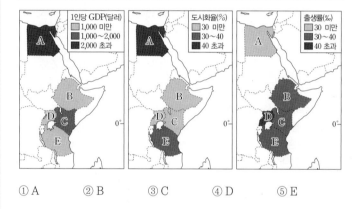

① A　② B　③ C　④ D　⑤ E

08
다음은 (가) 국가에 대한 지리 정보를 나타낸 것이다. 이에 대한 설명으로 옳은 것만을 〈보기〉에서 고른 것은?

> (가)
> • 수도 : ___㉠___
> 　[위치] ㉡ 19°30′N, 99°08′W, [해발 고도] 2,246m
> • 언어 : 에스파냐어　　　• 면적 : 약 197만km²
> • 인구 : 약 1억 3천만 명　• 종교 : 가톨릭교
> • 기후 : ㉢ 열대 기후권이 전 국토의 약 25%, 건조 기후권이 약 50%, 온대 기후권이 약 25%를 차지한다. …
> • 역사 : 1521년 에스파냐인(人)에게 정복되기 훨씬 이전부터 원주민에 의한 역사가 시작되었다. 이미 기원전 2000년경 옥수수 농사를 기반으로 한 촌락이 각지에 발달하였으며, …

[보기]
ㄱ. (가)는 아프리카 대륙에 위치한다.
ㄴ. ㉠은 영국보다 표준시가 늦다.
ㄷ. ㉡을 통해 우리나라와 계절이 정반대임을 알 수 있다.
ㄹ. ㉢은 지리 정보 중 속성 정보에 해당한다.

① ㄱ, ㄴ　② ㄱ, ㄷ　③ ㄴ, ㄷ　④ ㄴ, ㄹ　⑤ ㄷ, ㄹ

09

다음 자료에 나타난 지리 정보 수집 방법으로 얻을 수 있는 지리 정보 사례로 적절한 것을 〈보기〉에서 고른 것은?

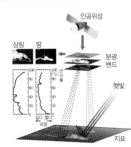

지표상의 모든 물체는 태양 복사 에너지를 일정 부분 반사하고, 흡수 저장된 에너지를 열의 형태로 방출한다. 위성이나 항공기에 장착된 센서나 카메라는 이 에너지의 양을 측정해 지리 정보를 수집한다. 예를 들어 적외선 카메라는 지표의 온도를 측정하고, 레이더 센서는 구름을 통과하여 지상에 있는 물체의 고도와 형태를 측정할 수 있다.

┌─ 보기 ┐
ㄱ. 동아시아의 황사 이동 경로
ㄴ. 칠레 화산 폭발로 인한 화산재의 이동 범위
ㄷ. 아프리카의 의료 수준과 이에 따른 기대 수명
ㄹ. 라틴 아메리카의 민족 분포와 연령별 인구 구조
└─────────────────┘

① ㄱ, ㄴ   ② ㄱ, ㄷ   ③ ㄴ, ㄷ   ④ ㄴ, ㄹ   ⑤ ㄷ, ㄹ

10

다음 자료를 토대로 하나의 국가를 선택하여 자동차 판매 대리점을 개설하려고 한다. 가장 적합한 국가를 지도의 A~E에서 고른 것은? (단, 합산 점수가 가장 높은 국가를 선택하며, 점수가 같을 시 인구가 많은 국가를 선택함.)

〈점수 산정 기준〉

평가 항목 / 점수	천 명당 자동차 수(대)	실업률(%)	인구(만 명)
1점	200대 이상	7 이상	1,000 미만
2점	100~200	5~7	1,000~3,000
3점	100대 미만	5 미만	3,000 이상

〈국가 정보〉

구분	천 명당 자동차 수(대)	실업률 (%)	인구 (만 명)
볼리비아	72	4.4	1,073
아르헨티나	316	6.5	4,313
에콰도르	141	4.8	1,628
우루과이	280	7.5	347
페루	78	6.5	3,115

(2015년)

① A   ② B   ③ C   ④ D   ⑤ E

주제 4 세계의 지역 구분

11

| 학력평가 |

다음 자료는 어느 문화 지역에 대한 모둠별 탐구 주제를 정리한 것이다. 이에 해당하는 지역을 지도의 A~E에서 고른 것은?

구분	분야	탐구 주제
모둠1	인종	원주민과 이주민의 혼혈 비율이 높은 이유는 무엇인가?
모둠2	언어	대부분의 주민들이 에스파냐어와 포르투갈어를 사용하게 된 배경은 무엇인가?
모둠3	종교	가톨릭 성당의 성모 마리아상이 다른 지역에서 볼 수 없는 독특한 모습으로 나타나는 원인은 무엇일까?

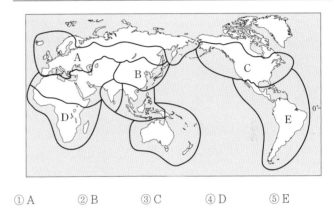

① A   ② B   ③ C   ④ D   ⑤ E

12

다음 세계 지도의 지역 구분 기준으로 옳은 것은?

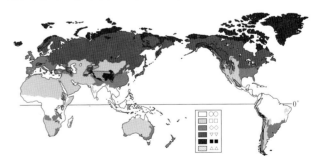

① 세계의 기후
② 세계의 문화 지역
③ 세계의 주요 종교
④ 세계의 인구 밀집도
⑤ 세계의 1인당 지역 내 총생산(GRDP)

♟ 1등급 전략
지역화 전략의 사례를 제시하고 구체적으로 어떤 전략이 사용되었는지를 찾는 문항이다. 지역 브랜드화, 지역 축제, 지리적 표시제, 장소 마케팅의 개념을 명확히 하고, 해당 사례가 조금씩 다를 수 있음을 유의하자.

01

다음 자료의 (가)에 들어갈 내용으로 가장 적절한 것은?

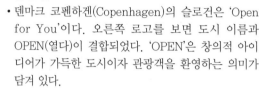

수행 평가 보고서

제목 : ___(가)___ 사례 탐구

3학년 ○반 ○번 이름 : ○○○

• 오른쪽의 로고는 미국 뉴욕(New York)에서 1977년 관광객 유치 전략의 일환으로 제안된 홍보 캠페인에서 시작되었다. 이 로고는 많은 제품의 디자인에 활용되고 있으며, 지역 로고의 세계적인 성공 사례로 꼽힌다.
• 덴마크 코펜하겐(Copenhagen)의 슬로건은 'Open for You'이다. 오른쪽 로고를 보면 도시 이름과 OPEN(열다)이 결합되었다. 'OPEN'은 창의적 아이디어가 가득한 도시이자 관광객을 환영하는 의미가 담겨 있다.

① 다국적 기업의 공간적 분업
② 문화 경관의 획일화로 인한 갈등
③ 지역 브랜드화를 활용한 지역화 전략
④ 지역 축제를 통한 지역 간 교류 확대
⑤ 지리적 표시제를 통한 지역 경제 활성화

♟ 1등급 전략
16세기 이후에 제작된 서양과 동양의 세계 지도를 비교하는 문항이다. 중세 이전의 고지도뿐만 아니라 근대 이후 제작된 세계 지도의 특징도 함께 비교·정리해 보자.

02

(가), (나) 지도에 대한 설명으로 옳은 것만을 〈보기〉에서 있는 대로 고른 것은?

(가)

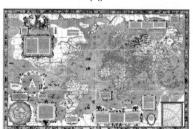

(나)

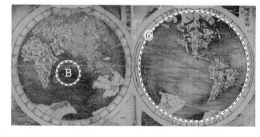

┌─ 보기 ─
ㄱ. (가)는 (나)보다 지도 제작 시기가 이르다.
ㄴ. (가), (나)는 모두 지구가 구체(球體)라는 인식에 기초하여 제작되었다.
ㄷ. A와 B는 동일한 해양이다.
ㄹ. C에 표현된 대륙은 프톨레마이오스 세계 지도에도 표현되어 있다.
└──

① ㄱ, ㄴ   ② ㄱ, ㄹ   ③ ㄱ, ㄴ, ㄷ
④ ㄱ, ㄷ, ㄹ   ⑤ ㄴ, ㄷ, ㄹ

03

표는 (가)~(다) 국가의 지리 정보를 나타낸 것이다. 이에 대한 설명으로 옳은 것만을 〈보기〉에서 있는 대로 고른 것은?

특징 \ 국가	(가)	(나)	(다)
㉠ 수도의 위치	52°31′N, 13°24′E	2°02′N, 45°21′E	34°36′S, 58°23′W
㉡ 면적(만 km²)	35.7	63.8	278.0
㉢ 인구(만 명)	8,179	1,380	4,308

(2015년)

보기

ㄱ. ㉠과 ㉡은 공간 정보, ㉢은 속성 정보에 해당한다.
ㄴ. (가)의 표준시가 가장 이르고, (다)의 표준시가 가장 늦다.
ㄷ. (가)~(다) 중에서 인구 밀도는 (가)가 가장 높다.
ㄹ. (가)는 유럽, (나)는 아프리카, (다)는 아메리카에 위치한다.

① ㄱ, ㄴ
② ㄴ, ㄷ
③ ㄷ, ㄹ
④ ㄱ, ㄴ, ㄹ
⑤ ㄱ, ㄷ, ㄹ

1등급 전략

지리 정보의 유형을 파악하고, 수도의 위도와 경도를 통해 해당 국가의 지리 정보를 추론하는 문항이다. 세계 지도를 자주 접하고 적도와 본초 자오선의 위치를 파악한 상태에서 문항에 접근하도록 한다. 위치가 헷갈린다면 다른 문제에 등장한 세계 전도를 활용해 보자.

04

다음 자료를 토대로 하나의 국가를 선택하여 어린이용품 판매 대리점을 개설하려고 한다. 가장 적합한 국가를 고른 것은? (단, 합산 점수가 가장 높은 국가를 선택함.)

〈점수 산정 기준〉

점수 \ 평가 항목	합계 출산율(명)	유소년 부양비	1인당 GDP(달러)
1점	2 미만	40 미만	2,000 미만
2점	2~2.5	40~50	1,000~3,000
3점	2.5 이상	50 이상	3,000 이상

 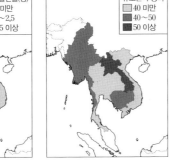 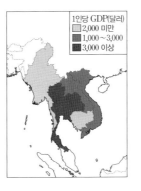

① 타이   ② 라오스   ③ 미얀마   ④ 베트남   ⑤ 캄보디아

1등급 전략

지리 정보 시스템(GIS)의 중첩 분석을 통해 최적 입지를 찾고, 해당 국가의 이름과 위치를 알아야 풀 수 있는 문항이다. 자주 접해본 국가들의 위치를 백지도에서 찾아보는 연습을 자주 하다 보면 국가들의 위치가 익숙해질 것이다.

02강 세계 기후 구분과 열대 기후 환경

Ⅱ. 세계의 자연환경과 인간 생활

주제			주제		
1 세계 기후 구분			**2** 열대 기후의 특징과 주민 생활		
	기후 요소와 기후 요인	★★☆		열대 기후의 분포와 특징	★★★
	쾨펜의 기후 구분 🔒	★★★		열대 기후 지역의 주민 생활	★★☆

🔎 대기 대순환

적도 부근에서는 더운 공기가 상승해 적도 저압대가, 남·북위 30° 부근에서는 고위도 로 이동하던 기류가 하강하며 아열대 고압 대가, 극지방에서는 찬 공기가 하강해 극 고 압대가 형성된다. 이러한 대기 대순환과 자 전의 영향으로 지표면의 남·북위 30° 부근 에서 적도 쪽으로는 무역풍이, 고위도 쪽으 로는 편서풍이 불며, 극지방에서는 남·북위 60° 부근으로 극동풍이 분다.

주제 1 세계 기후 구분

1. 기후 요소와 기후 요인
(1) **기후** : 일정한 지역에서 장기간에 걸쳐 나타나는 대기의 평균 상태
(2) **기후 요소** : 기후를 구성하는 대기 현상 예 기온, 강수, 바람 등
(3) **기후 요인** : 기후 요소에 영향을 미치는 요인

위도	• 저위도에서 고위도로 갈수록 단위 면적당 일사량이 감소하여 기온이 대체로 낮아짐 • 적도 부근은 적도 수렴대, 남·북위 60° 부근은 한대 전선의 영향으로 연 강수량이 많음 • 남·북회귀선 부근은 아열대 고압대의 영향으로 연 강수량이 적음
해발 고도	• 해발 고도가 100m 높아질 때마다 기온이 약 0.6~1.0℃ 낮아짐 • 고산 기후 : 적도 부근의 고지대에서는 연중 봄과 같은 날씨가 나타남 　예 키토는 마나우스보다 연중 기온이 낮음
수륙 분포	육지는 바다보다 비열이 작아 태양 복사 에너지 양에 따른 기온 변화가 큼
격해도	바다에서 멀어질수록 대체로 기온의 연교차가 큼
지형	• 바람받이 사면이 바람 그늘(비그늘) 사면보다 강수량이 많음 • 바람 그늘(비그늘) 지역에서는 사막이 형성되기도 함 예 파타고니아 사막
해류	• 난류가 흐르는 해안은 한류가 흐르는 해안에 비해 기온이 높고 강수량이 많음 • 남·북회귀선 부근의 한류가 흐르는 대륙 서안은 대기가 안정되어 사막이 형성되기도 함 　예 페루 해류가 흐르는 남아메리카 서안의 아타카마 사막

🔎 Tip

❶ 모든 기후 지역의 기온과 계절별 강수 특성을 보고 어느 기후인지 알 수 있어야 한다. 각 기후의 구분 기준 을 숙지하자.

❷ 사바나 기후와 지중해성 기후는 '건 기가 어느 계절인가'에 주목하자. 두 기후는 태양의 회귀에 따라 건기 와 우기가 뚜렷하고, 건·우기의 계 절이 서로 반대이기 때문에 자주 출 제된다. 특히 계절이 반대인 북반 구와 남반구 지역이 함께 출제되면 1월과 7월의 강수량이 달리 나타나 헷갈린다. 'w'와 's'의 뜻을 알아 두 면 수월한데, 북반구 기준 사바나 기후(Aw)는 아열대 고압대가 남하 하는 겨울(1월), 지중해성 기후(Cs) 는 아열대 고압대가 북상하는 여름 (7월)이 건기이다.

3점 공략 🔒

2. 쾨펜의 기후 구분 : 나무가 자라는 수목 기후(열대·온대·냉대 기후)와 나무가 자라지 못하는 무수목 기후 (건조·한대 기후)로 구분

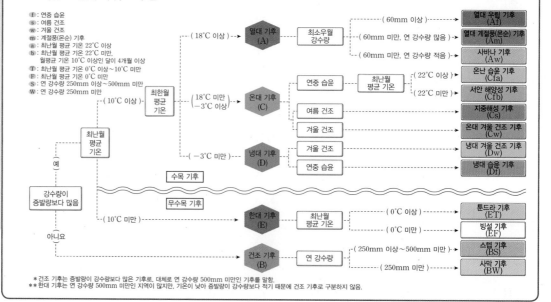

＊건조 기후는 증발량이 강수량보다 많은 기후로, 대체로 연 강수량 500mm 미만인 기후를 말함.
＊＊한대 기후는 연 강수량 500mm 미만인 지역이 많지만, 기온이 낮아 증발량이 강수량보다 적기 때문에 건조 기후로 구분하지 않음.

주제 2 열대 기후의 특징과 주민 생활

1. 열대 기후의 특징

(1) **열대 기후의 분포와 특징** : 적도를 중심으로 남·북회귀선 사이의 저위도 지역에 분포 → 최한월 평균 기온이 18℃ 이상임, 기온의 연교차가 기온의 일교차보다 작음

(2) **열대 기후의 구분**

열대 우림 기후 (Af)	특징	• 연중 적도 수렴대의 영향 → 일 년 내내 강수량이 많음(월 강수량 최소 60mm 이상) • 강한 일사로 인한 대류성 강수(스콜)가 빈번함
	분포	아프리카 콩고 분지, 동남아시아의 적도 부근, 남아메리카 아마존 분지 등
사바나 기후 (Aw)	특징	건기(아열대 고압대의 영향)와 우기(적도 수렴대의 영향)가 뚜렷함
	분포	열대 우림 기후 주변 지역(동부 아프리카, 남부 아시아, 남아메리카 일부 지역, 오스트레일리아 북부 등)
열대 계절풍(몬순) 기후(Am)	특징	• 열대 우림 기후와 사바나 기후의 중간형 • 계절풍의 영향으로 긴 우기와 짧은 건기가 나타남
	분포	동남아시아 일대, 남아메리카 북동부 지역 등

(3) **열대 고산 기후(AH)**

① 특징 : 해발 고도가 높아 월평균 기온이 10~15℃ 내외로 연중 일정하게 유지되는 상춘(常春) 기후가 나타남 → 기온의 연교차가 작음

② 분포 : 저위도 고산 지역 ⑩ 남아메리카 안데스 산지, 아프리카 동부 아비시니아고원 등

▲ 열대 기후의 분포

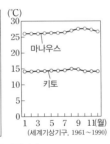

▲ 열대 고산 기후(키토)

2. 열대 기후의 식생 분포와 특징

열대 우림	• 상록 활엽수림이 대부분임, 수종이 다양함, 식생의 밀도가 높고 다층의 숲을 이룸 • 열대 우림 기후, 열대 계절풍(몬순) 기후 지역에 주로 분포
사바나	• 키가 큰 풀이 자라는 초원에 키가 작은 관목이 드물게 분포함 • 야생 동물의 서식에 유리하여 '동물의 왕국'으로 불림 → 사파리 관광 발달 • 사바나 기후 지역에 주로 분포

3. 열대 기후 지역의 주민 생활

전통 가옥		• 열대 우림 및 열대 계절풍(몬순) 기후 : 지면에서 띄워 지은 고상 가옥, 급경사 지붕 • 사바나 기후 : 주변의 풀과 진흙 활용, 유목 지역에서는 이동식 가옥 발달
농업	이동식 화전 농업	• 열대 우림 기후 및 열대 계절풍(몬순) 기후 지역에서 주로 이루어짐 • 카사바·얌 등의 식량 작물 재배
	유목	주로 사바나 기후 지역에서 염소, 양, 소 등을 유목
	벼농사	동남아시아의 열대 계절풍(몬순) 기후 지역에서 벼의 2~3기작이 이루어짐
	플랜테이션	• 선진국의 자본과 기술, 원주민의 노동력, 열대 기후의 특성이 결합된 대규모 상업적 농업 → 기호 작물, 원료 작물을 주로 재배 • 재배 작물 : 카카오·바나나·천연고무(열대 우림 기후), 커피·사탕수수·목화(사바나 기후), 차(열대 계절풍 기후) 등

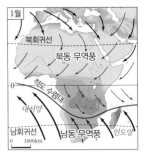

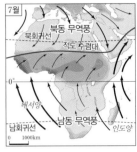

북동 무역풍과 남동 무역풍이 수렴하는 적도 수렴대와 적도에서 상승한 대기가 하강하는 남·북회귀선 부근의 아열대 고압대는 지구 공전에 따라 1월에 남하하고 7월에 북상한다. 이로 인해 1월에 북반구 사바나 기후 지역은 남하한 아열대 고압대의 영향을 받아 건기가 되고, 남반구 사바나 기후 지역은 남하한 적도 수렴대의 영향을 받아 우기가 된다.

Q1 열대 기후는 최한월 평균 기온이 18℃ (이상 / 이하)이며, 기온의 연교차가 일교차보다 (작다 / 크다).

Q2 남반구의 사바나 기후 지역에서는 (적도 수렴대 / 아열대 고압대)의 영향을 받는 (1월 / 7월)에 건기가 나타난다.

Q3 물음에 해당하는 지역에 나타나는 기후를 골라 쓰시오.

> 열대 우림(Af), 사바나(Aw),
> 열대 몬순(Am), 열대 고산(AH)

(1) 안데스 산지, 아비시니아고원
( )

(2) 동부 아프리카, 오스트레일리아 북부, 남부 아시아 ( )

(3) 아프리카 콩고 분지, 남아메리카 아마존 분지, 동남아시아의 적도 부근
( )

적도 수렴대의 계절에 따른 회귀

대표 기출 VS 고난도 기출
531 PROJECT H

지도는 (가), (나) 시기의 강수 분포를 나타낸 것이다. 이에 대한 설명으로 옳은 것은? (단, (가), (나) 시기는 각각 1월과 7월 중 하나임.)

(가)   (나)

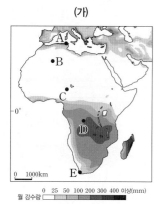 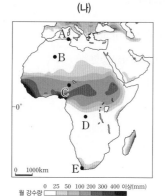

① A에서는 1월에 건기, 7월에 우기가 나타난다.
② B의 월평균 기온은 (가) 시기가 (나) 시기보다 높다.
③ (가) 시기에 A는 E보다 낮의 길이가 길다.
④ (나) 시기에 C는 D보다 아열대 고압대의 영향을 크게 받는다.
⑤ (가) 시기에서 (나) 시기로 갈 때, 적도 수렴대는 대체로 북상한다.

지도의 A~D 지역에 대한 설명으로 옳은 것은? (단, (가), (나) 시기는 각각 1월과 7월 중 하나임.)

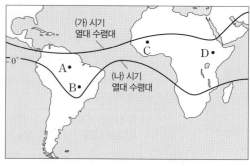

① (가) 시기에 B는 A보다 대류성 강수 일수가 많다.
② (가) 시기에 C는 B보다 정오의 태양 고도가 낮다.
③ (나) 시기에 B는 C보다 아열대 고압대의 영향을 많이 받는다.
④ B는 (나) 시기보다 (가) 시기에 밤의 길이가 길다.
⑤ (가), (나) 시기 모두 D는 A보다 강수량이 많다.

[유형 분석] 적도 수렴대의 계절에 따른 회귀로 각 지역에서 나타나는 1월과 7월의 기후 특성을 비교하는 문항이다. 이러한 유형의 문항은 적도 수렴대의 이동에 따른 계절별 기후 차이를 뚜렷하게 알 수 있는 아프리카, 남아메리카 대륙이 주로 출제된다.

[접근 방법] ❶ 두 시기의 강수 분포를 통해 (가), (나)에 해당하는 시기를 파악한다. ❷ 지도에 표시된 지역이 어느 기후에 속하는지를 파악한다. ❸ ❶, ❷를 연결하여 각 지역의 시기별 특징을 비교한다.

답 ⑤

[유형 분석] 적도 수렴대의 계절에 따른 회귀로 각 지역에서 나타나는 1월과 7월의 기후 특성을 비교하는 문항이다. 기존에 출제된 문항과는 달리 남아메리카와 아프리카의 기후 특징을 함께 묻고 있다.

[접근 방법] ❶ 열대(적도) 수렴대의 위치를 통해 (가), (나)에 해당하는 시기를 파악한다. ❷ 지도에 표시된 지역이 어느 기후에 속하는지를 파악한다. ❸ ❶, ❷를 연결하여 각 지역의 시기별 특징을 비교한다. 이때 낮의 길이가 아닌 밤의 길이를 묻고 있음에 유의하자.

답 ④

WHY 왜 빠지지 않고 출제될까?

적도 수렴대의 계절에 따른 회귀는 적도 수렴대뿐만 아니라 아열대 고압대를 포함한 전체 대기 대순환에 영향을 미친다. 따라서 적도 수렴대의 이동을 통해 시기별, 지역별로 기후가 다르게 나타남을 알고 있는지를 평가하는 문항을 출제하기 좋다. 이에 기본 문항뿐만 아니라 적도 수렴대의 위치 변화, 기압대의 위치 변화, 낮 길이의 차이 등을 자료로 제시하여 고난도로도 출제된다. 자주 출제되는 지역은 열대 기후, 건조 기후, 온대 기후, 열대 고산 기후가 고루 나타나고 북반구와 남반구가 함께 나타나는 아프리카와 남아메리카이다. 따라서 아프리카와 남아메리카의 지역별 기후 분포를 잘 파악하고 있어야 한다.

HOW 킬러 문항, 어떻게 출제될까?

고난도 기출은 대표 기출과 달리 남아메리카와 아프리카를 동시에 출제하였으며, 열대 우림 기후와 사바나 기후뿐만 아니라 열대 고산 기후 지역까지 함께 활용하였다. 또한 보통 낮의 길이를 묻는 문항과 달리 밤의 길이를 물어 학생들의 실수를 유도하고 이를 통해 난도를 높였다. 아프리카와 남아메리카의 지역별 기후 분포를 잘 파악하여야 하고, 특히 사바나 기후와 지중해성 기후 지역에서 건·우기가 나타나는 시기를 잘 파악해야 하며, 낮의 길이와 밤의 길이를 잘못 읽어서 실수하지 않도록 유의해야 한다.

주제 1 세계 기후 구분

01

| 수능 |

다음 글의 ⊙~⊕에 대한 설명으로 옳지 않은 것은?

> 적도 부근 지역은 태양 복사 에너지의 유입량이 많아 ⊙ 지표면의 가열에 의한 상승 기류가 활발한 곳이다. 상승한 대기는 남·북위 25°~30° 부근에서 하강 기류가 되어 ⓒ 아열대 고압대를 형성한다. 그리고 하강한 대기는 다시 ⓒ 적도 쪽으로 이동하여 열대 수렴대를 형성한다.
>
> 한편, 기울어진 지구의 자전축으로 인해 ② 태양 복사 에너지가 지표에 수직으로 전달되는 지점은 계절에 따라 이동한다. 따라서 열대 수렴대가 남북으로 이동하게 되어 건기와 우기가 반복되는 ⑩ 사바나 기후 지역이 나타난다.

① ⊙에 의해 대류성 강수가 발생한다.
② ⓒ은 지중해성 기후 지역의 여름 기후에 영향을 준다.
③ ⓒ의 과정에서 발생하는 바람은 무역풍이다.
④ ②은 북회귀선과 남회귀선 사이에 위치한다.
⑤ 남반구의 ⑩은 7월에 대부분 우기이다.

02

다음 자료의 ⊙, ⓒ에 들어갈 기후 요인으로 옳은 것은?

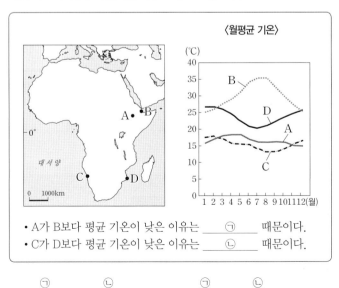

〈월평균 기온〉

• A가 B보다 평균 기온이 낮은 이유는 _____⊙_____ 때문이다.
• C가 D보다 평균 기온이 낮은 이유는 _____ⓒ_____ 때문이다.

	⊙	ⓒ		⊙	ⓒ
①	위도	해류	②	해류	위도
③	해류	해발 고도	④	해발 고도	위도
⑤	해발 고도	해류			

03

그림은 지도의 A~C 지역을 구분한 것이다. (가), (나)에 들어갈 질문으로 옳은 것만을 〈보기〉에서 고른 것은?

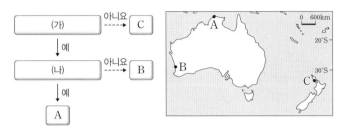

> 【보기】
> ㄱ. 우기와 건기가 뚜렷하게 구분되나요?
> ㄴ. 최난월 평균 기온이 10℃ 이상인가요?
> ㄷ. 최한월 평균 기온이 18℃ 이상인가요?

	(가)	(나)		(가)	(나)		(가)	(나)
①	ㄱ	ㄴ	②	ㄱ	ㄷ	③	ㄴ	ㄱ
④	ㄴ	ㄷ	⑤	ㄷ	ㄴ			

04

그래프는 대륙별 (가)~(마) 기후의 분포 비율을 나타낸 것이다. 이에 대한 설명으로 옳은 것만을 〈보기〉에서 고른 것은? (단, (가)~(마)는 각각 열대, 온대, 냉대, 한대, 건조 기후 중 하나임.)

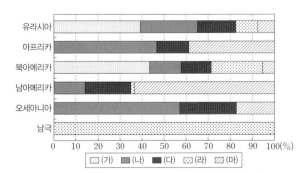

> 【보기】
> ㄱ. (가)는 북반구보다 남반구에서의 분포 범위가 넓다.
> ㄴ. (나)는 (마)보다 적도 수렴대의 영향을 많이 받는다.
> ㄷ. (다)는 (마)보다 최한월 평균 기온이 낮다.
> ㄹ. (나), (라)는 무수목 기후에 해당한다.

① ㄱ, ㄴ   ② ㄱ, ㄷ   ③ ㄴ, ㄷ   ④ ㄴ, ㄹ   ⑤ ㄷ, ㄹ

05

|수능|

그래프는 세 지역의 기후 특성을 나타낸 것이다. (가)~(다) 지역을 바르게 연결한 선을 지도의 A~E에서 고른 것은?

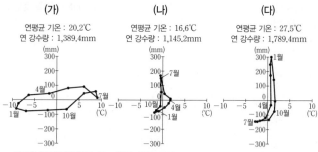

* 가로축은 월 기온 편차(월평균 기온 - 연평균 기온)를 나타냄.
** 세로축은 월 강수 편차(월 강수량 - 연 강수량/12)를 나타냄.

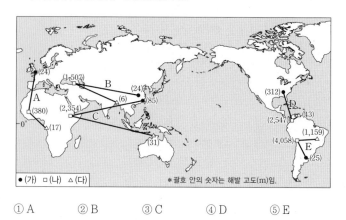

● (가) □ (나) △ (다)   * 괄호 안의 숫자는 해발 고도(m)임.

① A   ② B   ③ C   ④ D   ⑤ E

06

지도는 (가), (나) 시기의 평균 기압 분포와 풍향을 나타낸 것이다. A~E 지역에 대한 설명으로 옳은 것만을 〈보기〉에서 고른 것은? (단, (가), (나) 시기는 각각 1월과 7월 중 하나임.)

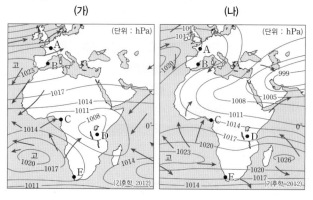

┌ 보기 ┐
ㄱ. A는 B보다 (나) 시기에 강수량이 많다.
ㄴ. B는 C보다 (가) 시기에 낮 길이가 길다.
ㄷ. C는 D보다 연중 적도 수렴대의 영향을 크게 받는다.
ㄹ. D는 E보다 (나) 시기에 강수량이 많다.
└──────┘

① ㄱ, ㄴ   ② ㄱ, ㄷ   ③ ㄴ, ㄷ   ④ ㄴ, ㄹ   ⑤ ㄷ, ㄹ

07

그래프는 지도에 표시된 A~C 지역의 기후 특성을 나타낸 것이다. 이에 대한 설명으로 옳은 것은? (단, (가)~(다)는 각각 지도에 표시된 A~C 지역 중 하나임.)

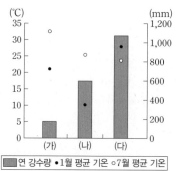
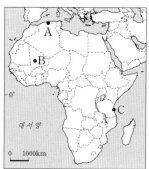

■ 연 강수량 ● 1월 평균 기온 ○ 7월 평균 기온

① A는 B보다 연중 아열대 고압대의 영향을 많이 받는다.
② B는 C보다 기온의 연교차가 작다.
③ (다)는 (나)보다 7월 낮의 길이가 길다.
④ (나), (다)는 모두 1월 강수량이 7월 강수량보다 많다.
⑤ (가)는 건조 기후, (나)는 열대 기후, (다)는 온대 기후에 속한다.

08

지도는 (가), (나) 시기의 강수량 분포를 나타낸 것이다. 이에 대한 설명으로 옳은 것만을 〈보기〉에서 고른 것은? (단, (가), (나) 시기는 각각 12~2월과 6~8월 중 하나임.)

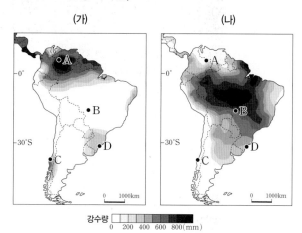

강수량 0 200 400 600 800(mm)

┌ 보기 ┐
ㄱ. A는 (나) 시기에 남동 무역풍이 탁월하다.
ㄴ. B는 A보다 6~8월에 강수량이 많다.
ㄷ. C는 D보다 겨울 강수 집중률이 높다.
ㄹ. (가) 시기에서 (나) 시기로 가면서 적도 수렴대는 남하한다.
└──────┘

① ㄱ, ㄴ   ② ㄱ, ㄷ   ③ ㄴ, ㄷ   ④ ㄴ, ㄹ   ⑤ ㄷ, ㄹ

주제 ❷ 열대 기후의 특징과 주민 생활

09
| 모의평가 |

그래프는 지도에 표시된 A~C 지역의 강수량 값에 관한 것이다. 이에 대한 설명으로 옳지 <u>않은</u> 것은? (단, (가)~(다)는 각각 지도의 A~C 지역 중 하나임.)

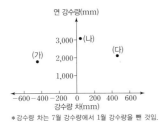
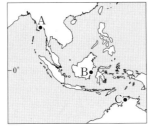

* 강수량 차는 7월 강수량에서 1월 강수량을 뺀 것임.

① (가)는 C이다.

② (나)에서는 상록 활엽수가 우거진 밀림이 나타난다.

③ (다)는 B보다 연 강수량이 많다.

④ B는 기온의 연교차가 일교차보다 작다.

⑤ C에서는 아열대 고압대의 영향을 받는 건기가 나타난다.

10

그래프는 A~C 지역의 누적 강수량을 나타낸 것이다. 이에 대한 설명으로 옳은 것만을 〈보기〉에서 있는 대로 고른 것은? (단, A~C는 각각 지도에 표시된 지역 중 하나임.)

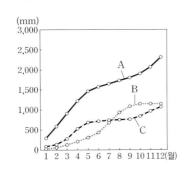

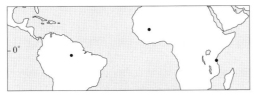

┌─〔보기〕─────────────────────────────┐
│ ㄱ. A는 세 지역 중 연중 낮 길이의 변화가 가장 적다.
│ ㄴ. C는 A보다 연중 대류성 강수의 빈도가 잦다.
│ ㄷ. A, B는 모두 남반구에 위치한다.
│ ㄹ. B, C는 같은 대륙에 위치한다.
└──────────────────────────────────┘

① ㄱ, ㄴ ② ㄱ, ㄹ ③ ㄱ, ㄴ, ㄷ
④ ㄱ, ㄷ, ㄹ ⑤ ㄴ, ㄷ, ㄹ

11

다음 글의 배경이 되는 지역에 대한 설명으로 옳은 것만을 〈보기〉에서 고른 것은?

┌────────────────────────────────────┐
│   건계(乾季)가 1개월 전부터 시작되었다. 그때가 6월이었다. 8월에 '슈바스 데 카주'라 부르는 약간의 비(그해에는 그것조차 안 내렸다)가 내리는 것을 제외하고는 9월까지는 한 방울의 빗물도 떨어지지 않는다. …(중략)… 10월에서 3월까지의 우계 동안에는 비가 거의 매일 내리는데, 낮 동안에는 기온이 42~44℃까지 상승을 하고, …
│   – C. 레비 스트로스, 『슬픈 ○○』
└────────────────────────────────────┘

┌─〔보기〕─────────────────────────────┐
│ ㄱ. 연 강수량이 연 증발량보다 많다.
│ ㄴ. 7월의 산불의 발생 빈도가 1월보다 잦다.
│ ㄷ. 기온의 연교차가 기온의 일교차보다 크다.
│ ㄹ. 10~3월까지 아열대 고압대의 영향을 크게 받는다.
└──────────────────────────────────┘

① ㄱ, ㄴ ② ㄱ, ㄷ ③ ㄴ, ㄷ ④ ㄴ, ㄹ ⑤ ㄷ, ㄹ

12

그래프의 (가)~(다)에 해당하는 지역을 지도의 A~C에서 고른 것은?

〈월평균 기온〉　　〈월 강수량〉

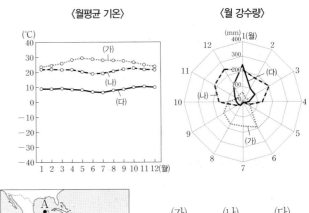

	(가)	(나)	(다)
①	A	B	C
②	A	C	B
③	B	A	C
④	B	C	A
⑤	C	A	B

🔑 1등급 전략

지도에 표시된 세 지역 간 상대적 기후 특성을 비교하는 문항이다. 지도를 통해 해당 지역의 위치를 파악하고 어느 기후 지역에 속하며, 어떤 특징이 나타나는지를 추론할 수 있도록 한다.

01

지도의 A~C 지역의 상대적 특성을 옳게 나타낸 것은?

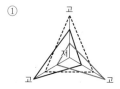 ① 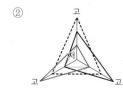 ② 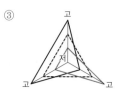 ③

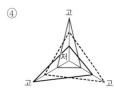 ④ 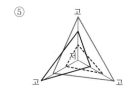 ⑤

7월 낮 길이
```
고
          ----- A
저         ——— B
          ——— C
고         고
기온의 연교차   7월 강수량
```
* '고'는 긺, 큼, 많음을, '저'는 짧음, 작음, 적음을 의미함.

🔑 1등급 전략

두 시기의 기압 분포도를 보고 어느 시기에 해당하는지를 파악하고, 각 기후 지역의 시기별 기후 특성을 비교하는 문항이다. 대체로 저기압이 발달한 지역에서는 상승 기류에 의해 강수가 많으며, 고기압이 발달한 지역에서는 하강 기류에 의해 강수가 적음을 이해한 상태에서 문항에 접근해 보자.

02

지도는 (가), (나) 시기의 평균 기압 분포와 풍향을 나타낸 것이다. 이에 대한 설명으로 옳은 것만을 〈보기〉에서 고른 것은? (단, (가), (나) 시기는 각각 1월과 7월 중 하나임.)

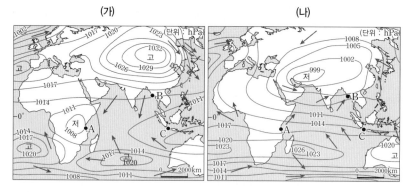

보기
ㄱ. A는 (가) 시기의 강수량이 (나) 시기의 강수량보다 많다.
ㄴ. B는 (가) 시기의 평균 기온이 (나) 시기의 평균 기온보다 높다.
ㄷ. A는 B보다 (가) 시기에 낮 길이가 길다.
ㄹ. B는 C보다 (가) 시기에 강수량이 많다.

① ㄱ, ㄴ   ② ㄱ, ㄷ   ③ ㄴ, ㄷ   ④ ㄴ, ㄹ   ⑤ ㄷ, ㄹ

03

그래프는 세 지역의 기후를 나타낸 것이다. (가)~(다) 지역을 바르게 연결한 선을 지도의 A~E에서 고른 것은?

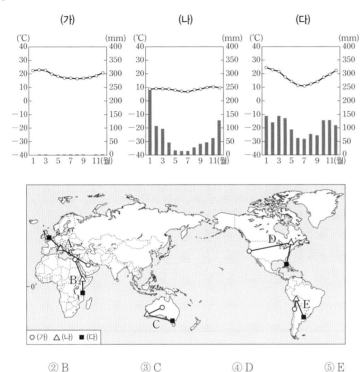

① A　　　② B　　　③ C　　　④ D　　　⑤ E

1등급 전략

기후 그래프를 보고 이에 해당하는 지역을 지도에서 찾아 연결하는 문항이다. 우선 해당 지역이 남반구, 북반구 중 어디에 있는지를 파악하고, 기온과 강수량을 분석하여 기후 지역을 찾아낸 후 지도에서 하나씩 찾아가며 문제를 풀어 가자.

04

표는 지도에 표시된 세 지역의 낮 길이와 강수량을 나타낸 것이다. A~C 지역에 대한 설명으로 옳은 것만을 〈보기〉에서 고른 것은? (단, (가), (나) 시기는 각각 1월과 7월 중 하나임.)

지역	(가) 시기 낮 길이	(나) 시기 강수량
A	10시간 55분	409.4 mm
B	12시간 3분	155.8 mm
C	12시간 46분	0.2 mm

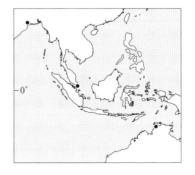

┌ 보기 ┐
ㄱ. A는 C보다 적도와의 최단 거리가 가깝다.
ㄴ. B는 A보다 건기와 우기의 구분이 뚜렷하다.
ㄷ. C는 B보다 7월 강수량이 적다.
ㄹ. A~C 중 7월의 낮 길이가 가장 긴 곳은 A이다.
└──────────────────────────────────┘

① ㄱ, ㄴ　　② ㄱ, ㄷ　　③ ㄴ, ㄷ　　④ ㄴ, ㄹ　　⑤ ㄷ, ㄹ

1등급 전략

특정 시기의 낮 길이와 월 강수량 자료를 토대로 지도에서 위치를 파악하고 지역 간 상대적 기후 특성을 비교하는 문항이다. 적도 주변은 일 년 내내 낮 길이가 12시간 정도이며, 1월에는 북극에서 남극으로 갈수록 낮 길이가 길어지고, 7월에는 남극에서 북극으로 갈수록 낮 길이가 길어진다는 점을 알아 두자.

03강 온대, 건조, 냉·한대 기후 환경

Ⅱ. 세계의 자연환경과 인간 생활

출제 POINT

주제		
1 온대 기후		
대륙 서안과 동안의 기후 차	★★☆	
온대 기후의 구분 🔒	★★★	
온대 기후 지역의 주민 생활	★☆☆	

주제		
2 건조 기후		
건조 기후의 특징	★☆☆	
건조 기후 지역의 지형 🔒	★★★	
건조 기후 지역의 주민 생활	★★☆	

주제		
3 냉·한대 기후		
냉·한대 기후의 특징	★☆☆	
냉·한대 기후 지역의 지형	★★★	
냉·한대 기후 지역의 주민 생활	★★☆	

◐ 편서풍

아열대 고압대에서 고위도를 향해 서쪽에서 동쪽으로 부는 탁월풍이다.

주제 1 온대 기후

1. 온대 기후의 분포와 특징

(1) **분포** : 편서풍이 부는 중위도 지역에 주로 분포함

(2) **특징**

① 최한월 평균 기온이 −3℃ 이상~18℃ 미만이며, 연 강수량이 500mm 이상임

② 계절에 따른 기온 변화가 뚜렷함

③ 기후가 대체로 온화하여 농경과 인간 생활에 유리함

④ 낙엽 활엽수와 침엽수의 혼합림이 많음

⑤ 편서풍과 계절풍의 영향으로 대륙 서안과 대륙 동안의 기후 특성이 서로 다름

Tip

❶ 온대 기후는 위치에 따라 계절별 기온과 강수 분포가 다양하다. 대륙 서안과 동안으로 나누어 네 기후의 특징을 비교·정리하고, 각 기후가 나타나는 대표적인 지역을 지도상의 위치와 함께 알아 두자.

❷ 지중해성 기후는 다른 온대 기후와 달리 여름철이 건기임을 잊지 말자.

3점 공략 🔒

2. 온대 기후의 구분

(1) **대륙 서안** : 편서풍의 영향으로 기온의 연교차가 작음

서안 해양성 기후(Cfb)	특징	• 연중 바다로부터 불어오는 편서풍의 영향을 크게 받음 • 여름철이 서늘하고 겨울철이 온화함 → 기온의 연교차가 작음 • 연중 강수가 고른 편 → 하천의 유량 변동이 작음
	분포	남·북위 40~60° 부근 → 북·서부 유럽, 북아메리카 북서 해안, 칠레 남부, 뉴질랜드 등 예 런던, 웰링턴
지중해성 기후(Cs)	특징	• 여름 : 아열대 고압대의 영향으로 고온 건조함 • 겨울 : 편서풍과 전선대의 영향으로 여름보다 강수량이 많음
	분포	남·북위 30~45° 부근 → 지중해 연안, 미국 캘리포니아, 칠레 중부, 오스트레일리아 남서부, 아프리카 남단 등 예 로마, 샌프란시스코, 산티아고, 퍼스, 케이프타운

(2) **대륙 동안** : 계절풍의 영향으로 기온과 강수량의 계절 차가 큼

온난 습윤 기후(Cfa)	특징	연중 습윤하며, 여름에 매우 덥고 강수량이 많음
	분포	우리나라 남해안, 중국 남동부, 일본 남서부, 미국 남동부, 남아메리카 남동부 등 예 상하이, 부에노스아이레스
온대 겨울 건조 기후(Cw)	특징	여름은 고온 다습, 겨울은 한랭 건조함 → 기온의 연교차와 강수의 계절 차가 매우 큼
	분포	중국 내륙, 인도차이나반도 북부 등 예 칭다오, 하노이

◐ 대륙 서안과 동안의 기후 차

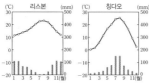

연중 편서풍의 영향을 많이 받는 대륙 서안(리스본)은 비열이 큰 해양의 영향으로 대륙 동안보다 기온의 연교차가 작다. 반면 대륙 동안(칭다오)은 비열이 작은 대륙의 영향을 많이 받아 기온의 연교차가 크며, 계절풍의 영향으로 여름은 고온 다습하고 겨울은 한랭 건조하다.

▲ 온대 기후의 분포

3. 온대 기후 지역의 주민 생활

서안 해양성 기후 지역		• 연중 습하고 여름이 비교적 서늘해 목초지 조성에 유리함 → 곡물 재배와 가축 사육이 함께 이루 어지는 혼합 농업 발달 • 대도시가 발달한 유럽의 북해 연안 : 낙농업과 화훼 농업 발달
지중해성 기후 지역	농목업	• 올리브 · 포도 등을 재배하는 수목 농업(여름)과 곡물 농업(겨울) 발달 • 알프스 산지의 이목 : 여름에는 산지의 초지에서 방목을 하고, 겨울에는 저지대에서 사육함(수직적 이동)
	가옥	외부 열기가 집 안으로 들어오는 것을 차단하기 위해 가옥의 벽을 두껍게 하고 창문 을 작게 만듦, 햇빛을 반사하기 위해 벽을 하얗게 칠함
온대 동안 기후 지역	농목업	벼농사와 차 재배(동아시아), 기업적 목축과 밀 농사(남아메리카 남동부) 등
	생활	홍수와 가뭄이 자주 발생 → 다목적 댐 건설

주제 ❷ 건조 기후

1. 건조 기후의 특징과 구분

(1) **특징** : 나무가 자라기 어려운 무수목 기후, 연 강수량이 500mm 미만, 강수량보다 증발량이 많음, 기온의
일교차가 매우 큼

(2) **구분** : 연 강수량에 따라 사막 기후와 스텝 기후로 구분함

사막 기후 (BW)	특징	• 연 강수량 250mm 미만 • 강수량이 매우 적어 식생 빈약, 맑은 날씨가 지속되어 기온의 일교차가 큼
	분포❓	남 · 북회귀선 부근 아열대 고압대 지역, 한류가 흐르는 대륙 서안, 바다로부터 멀리 떨어 진 대륙 내부, 탁월풍의 비그늘 지역 등
스텝 기후 (BS)	특징	• 연 강수량 250~500mm • 짧은 우기에 키 작은 풀이 자라 초원 형성 • 유기물이 풍부하여 비옥한 흑색의 토양 분포 ⑩ 체르노젬
	분포❓	아프리카 사헬 지대, 중앙아시아, 오스트레일리아 북동부 등 사막 기후 주변 지역

3점 공략 🔒

2. 건조 기후 지역의 지형

(1) **지형 형성 작용** : 강수량이 적고 기온의 일교차가 커 화
학적 풍화 작용에 비해 물리적 풍화 작용 활발, 바람에
의한 침식 · 운반 · 퇴적 및 간헐적 강수에 의한 포상홍수
침식과 퇴적 작용 등

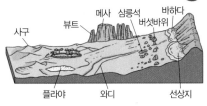

(2) **주요 지형의 형성 과정 및 특징**

성인		형성 과정 및 특징
바람	사구	바람에 날려 온 모래가 쌓여 이루어진 모래 언덕(= 바르한)
	버섯바위	바람에 날린 모래가 바위의 아랫부분을 깎아서 형성된 버섯 모양의 바위
	삼릉석	바람에 날린 모래의 침식으로 여러 개의 면(面)과 모서리가 생긴 돌
유수 (流水)	와디	비가 내릴 때에만 일시적으로 물이 흐르는 골짜기 혹은 하천(건천), 평상시 교통로로 이용
	플라야호	비가 많이 내렸을 때 건조 분지의 평탄한 저지대(플라야)에 일시적으로 물이 고이는 염호
	선상지	산지를 흐르던 하천이 평지를 만나면서 하천 퇴적물이 부채 모양으로 퇴적된 지형
	바하다	여러 개의 선상지가 연속적으로 분포하는 복합 선상지
	페디먼트	포상홍수 침식에 의해 형성되는 완경사의 침식면
메사와 뷰트		경암과 연암의 차별적 풍화와 침식에 따라 형성

3. 건조 기후 지역의 주민 생활

(1) **사막 기후 지역** : 흙벽돌집, 전신을 가리는 옷, 오아시스 농업과 관개 농업을 통해 밀 · 대추야자 등을 재배

(2) **스텝 기후 지역** : 천막집, 구대륙은 유목과 관개 농업, 신대륙은 상업적 농목업 발달

❓ 건조 기후의 분포

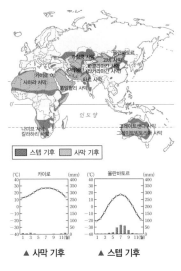

▲ 사막 기후   ▲ 스텝 기후

❓ 사막의 주요 사례 지역

• 아열대 고압대 지역 ⑩ 사하라 사막, 룹알
할리 사막
• 중위도 대륙 서안 한류 연안 지역 ⑩ 나미
브 사막, 아타카마 사막
• 중위도 대륙 내부 지역 ⑩ 고비 사막, 타커
라마칸(타클라마칸) 사막
• 탁월풍의 비그늘 지역 ⑩ 파타고니아 사막

Tip

❶ 건조 기후 지역의 지형 형성 작용을
이해하고, 이에 따라 어떤 지형이
형성되는지를 구분하여 정리하자.
물리적 풍화 작용이 활발하다는 점
과 바람뿐만 아니라 간헐적으로 내
리는 강수에 의해서도 건조 지형이
형성됨을 유념해야 한다.
❷ 건조 지형의 모식도를 바탕으로 다
양한 건조 지형의 실제 모습을 숙지
하고, 각 지형의 특징을 빙하 및 주
빙하 지형의 특징과 비교하여 정리
하자.

❓ 암석의 물리적 풍화 작용

암석의 성질 변화 없이 상태만 변화하면서
잘게 부서지는 현상이다. 건조 기후 지역은
기온의 일교차가 커서 암석의 팽창과 수축
이 활발하게 나타나기 때문에 화학적 풍화
작용에 비해 물리적 풍화 작용이 활발하다.

❓ 포상홍수

건조 기후 지역에서 많은 비가 짧은 시간 동
안 내릴 때, 빗물이 산비탈에서 지표면을 덮
는 형태로 넓게 퍼져 흘러내리는 것이다.

♀ 빙하 침식 지형

♀ 빙하 퇴적 지형

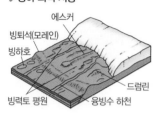

주제 ③ 냉·한대 기후

1. 냉대 기후 : 최한월 평균 기온이 −3℃ 미만이며 최난월 평균 기온이 10℃ 이상임, 침엽수림(타이가)이 넓게 분포, 척박한 산성 토양인 포드졸 분포

냉대 습윤 기후(Df)	• 춥고 긴 겨울과 짧은 여름, 강수량이 연중 고른 편 • 동부 유럽~시베리아 서부, 캐나다 등에 분포 예 모스크바
냉대 겨울 건조 기후(Dw)	• 겨울 기온이 매우 낮고 기온의 연교차가 매우 큼 • 여름 강수 집중률이 상대적으로 높음 • 유라시아 대륙 북동부에 주로 분포 예 블라디보스토크

2. 한대 기후 : 최난월 평균 기온이 10℃ 미만임, 나무가 자라기 어려운 무수목 기후

툰드라 기후(ET)	• 최난월 평균 기온 0~10℃ → 짧은 여름동안 월평균 기온이 0℃ 이상으로 올라가 풀과 이끼류 등이 자람, 활동층과 영구 동토층 분포 • 북극해 주변, 일부 고산 지대에 분포 예 배로
빙설 기후(EF)	• 최난월 평균 기온 0℃ 미만 → 지표면이 일 년 내내 눈과 얼음으로 덮여 있어 인간의 거주가 어려움 • 그린란드 내륙, 남극 대륙 등에 분포

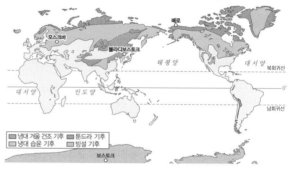

▲ 냉대 및 한대 기후의 분포

3. 냉·한대 기후 지역의 주요 지형
(1) **빙하 지형** : 빙기 때 빙하로 덮여 있던 중·고위도 지역 및 고산 지역에 분포

	빙식곡	빙하의 침식으로 형성된 U자 모양의 골짜기, 골짜기 양쪽 사면은 급경사를 이룸
빙하 침식 지형	피오르	빙식곡이 해수면 상승으로 바닷물에 잠겨 형성된 좁고 길며 수심이 깊은 만
	호른	빙하의 침식으로 형성된 산 정상부의 뾰족한 봉우리
	권곡	빙식곡의 상류부에 형성된 반원형의 와지
	현곡	본류 빙식곡으로 합류하는 지류 빙식곡 → 폭포 발달
빙하 퇴적 지형	빙력토 평원	빙하의 퇴적 작용으로 형성된 평원, 빙하의 후퇴로 남게 된 자갈·모래·점토 등이 뒤섞여 있음 → 유기물이 부족하여 척박함
	빙퇴석	빙하에 의해 운반된 모래와 자갈 등의 퇴적물(= 모레인) → 분급이 불량함
	에스커	융빙수에 의해 형성된 제방 모양의 퇴적 지형 → 빙퇴석보다 퇴적물의 분급이 양호함
	드럼린	빙하의 이동 방향을 따라 퇴적된 지형, 숟가락을 엎어 놓은 것과 같은 모양의 언덕

(2) **주빙하 지형** : 빙하 주변 지역(툰드라 기후 지역 및 고산 지역)에 주로 분포

구조토	토양 속 수분의 동결·융해 반복에 따라 지표면에서 물질의 분급이 일어나 형성된 다각형의 지형
습지와 호소	여름철 활동층의 얼음이 녹으면서 지표면에 형성

4. 냉·한대 기후 지역의 주민 생활
(1) **냉대 기후 지역** : 통나무를 재료로 한 전통 가옥 발달, 보리·밀 등의 곡물 재배와 가축 사육, 타이가 지대의 임업 발달
(2) **한대 기후(툰드라) 지역** : 토양층 융해에 대비한 건축 방식(영구 동토층까지 기둥을 깊게 박아 고정하는 방식) 발달, 농업이 불가능하여 순록 유목 및 어업 활동을 함

---

⑥ 3점 공략 Check

Q1 유라시아 대륙 동안은 동위도의 대륙 서안에 비해 기온의 연교차가 (크고 / 작고), 여름 강수 집중률이 (높다 / 낮다).

Q2 지중해성 기후 지역에서는 여름철의 고온 건조한 기후를 활용하여 올리브, 포도, 오렌지 등을 재배하는 (수목 농업 / 혼합 농업)이 주로 이루어진다.

Q3 비가 많이 내렸을 때 건조 분지의 평탄한 저지대에 일시적으로 물이 고이는 염호를 ( )라고 한다.

Q4 물음에 해당하는 지형을 골라 쓰시오.

구조토, 드럼린, 에스커, 호른

(1) 융빙수에 의해 형성된 제방 모양의 퇴적 지형 ( )
(2) 빙하의 침식으로 형성된 산 정상의 뾰족한 봉우리 ( )
(3) 빙하의 이동으로 형성된 숟가락을 엎어 놓은 것과 같은 언덕 모양의 퇴적 지형 ( )
(4) 토양의 동결과 융해가 반복됨에 따라 물질의 분급이 일어나 형성된 다각형의 지형 ( )

3점 공략 개념 CHECK 정답 _ Q1 크고, 높다 Q2 수목 농업 Q3 플라야호 Q4 (1) 에스커 (2) 호른 (3) 드럼린 (4) 구조토

온대 기후 지역의 기온 및 강수 특성

순한맛 # 수능 ⚓

그래프는 지도에 표시된 세 지역의 기후 자료이다. (가)~(다) 지역에 대한 설명으로 옳은 것은?

〈월평균 기온〉

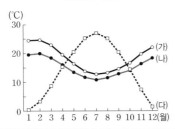

① (가)는 주로 벼농사가 이루어지는 온난 습윤한 지역이다.
② (나)에서는 오렌지, 올리브 등의 수목 농업이 주로 이루어진다.
③ (다)의 낮 길이는 1월이 7월보다 길다.
④ (가)와 (나)는 주로 무역풍의 영향을 받는다.
⑤ (나)는 (다)보다 1월 강수량이 많다.

💡 # 모의평가 # 정답률 **49%** **매운맛**

표는 지도에 표시된 세 지역의 낮 길이와 강수량을 나타낸 것이다. A~C 지역에 대한 설명으로 옳은 것은? (단, (가), (나) 시기는 각각 1월과 7월 중 하나임.)

구분	(가) 시기 낮 길이	(나) 시기 강수량
A	10시간 16분	9mm
B	13시간 57분	39mm
C	9시간 31분	78mm

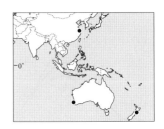

* 낮 길이는 해당 월의 평균값임.

① A는 (가) 시기보다 (나) 시기에 강수량이 많다.
② B는 (가) 시기보다 (나) 시기에 정오의 태양 고도가 높다.
③ A~C 중 (나) 시기에 낮 길이가 가장 짧은 곳은 C이다.
④ A는 C보다 (나) 시기의 평균 기온이 높다.
⑤ C는 B보다 계절풍의 영향을 많이 받는다.

[유형 분석] 지도에 표시된 세 기후 지역의 기후 그래프를 토대로 지역 간 상대적 기후 특성을 비교하는 문항이다. 이러한 유형의 문항에서는 남반구의 지중해성 기후 지역에 해당하는 아프리카 남단, 오스트레일리아 남서부, 칠레 중부 등이 자주 출제된다.

[접근 방법] ❶ 그래프에서 (가)~(다) 지역의 최난월과 최한월이 언제인지 파악한다. ❷ 지도에 제시된 세 지역의 위도상 위치를 파악하여 ❶과 연결한다. ❸ (가)~(다) 지역의 주민 생활과 상대적 기후 특징을 비교한다.

답 ⑤

[유형 분석] 시기별 낮 길이와 강수량 자료를 토대로 지도에 표시된 온대 기후 지역 간 상대적 기후 특성을 비교하는 문항이다. 주어진 정보만으로 (가), (나) 시기를 추론하고 표의 A~C와 지도에 표시된 지역을 연결해야 정답을 찾을 수 있는 고난도 문항이다.

[접근 방법] ❶ 표의 (가) 시기 낮 길이와 지도 속 세 지역의 위도상 위치를 통해 (가) 시기가 언제인지 파악한다. 🔒 이때 적도는 연중 낮 길이가 12시간 정도로 일정하다는 점을 떠올리자. ❷ ❶과 (나) 시기의 강수량을 통해 A~C 지역이 어떤 기후 지역인지 파악한다. ❸ ❶, ❷를 토대로 선지의 진위를 파악한다.

답 ④

👨‍🏫 **WHY** 왜 빠지지 않고 출제될까?

북반구와 남반구의 온대 기후 지역 간 기후 특성을 비교하는 문항은 온대 기후 지역 모두가 중위도에 위치하지만 대륙 동안에 위치하느냐, 대륙 서안에 위치하느냐에 따라 시기별 기후 특성이 다르게 나타나기 때문에 자주 출제된다. 그중 **기후 지역별로 다르게 나타나는 농업 형태, 시기별 기온과 강수량, 기온의 연교차와 계절별 강수 집중률 등**을 비교하는 내용의 출제 빈도가 높다. 따라서 서안 해양성 기후, 지중해성 기후, 온난 습윤 기후, 온대 겨울 건조 기후의 분포를 지도에서 파악하고, 각 기후 지역의 기온·강수 특성과 농목업, 주민 생활 등을 숙지하고 있어야 한다.

🔒 **HOW** 킬러 문항, 어떻게 출제될까?

각 지역의 **시기별 낮 길이와 강수량을 어느 시기인지 밝히지 않고 제시함으로써** 표의 지역과 지도에 표시된 지역을 연결하기 어렵도록 만들어 자료 해석의 난도를 높였다. 실제로 위 문항은 정답률 49%를 기록하며 1등급을 가르는 킬러 문항이 되었다. 적도의 낮 길이는 연중 12시간 정도를 유지하며, 1월은 북쪽에서 남쪽으로 갈수록 낮 길이가 길어지고, 7월은 북쪽에서 남쪽으로 갈수록 낮 길이가 짧아진다는 사실을 유념해야 한다. 이처럼 시기별 낮 길이를 통해 지역을 추론하거나, 지역의 위치를 통해 낮 길이를 유추하는 문항이 킬러 문항으로 자주 출제된다.

실전 문제

주제 **1** 온대 기후

01

| 모의평가 |

그래프의 (가)~(다)에 해당하는 지역을 지도의 A~D에서 고른 것은?

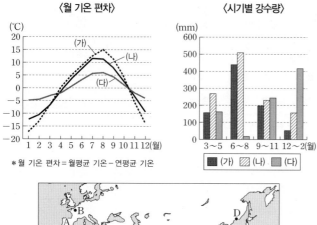

〈월 기온 편차〉　〈시기별 강수량〉

* 월 기온 편차 = 월평균 기온 − 연평균 기온

	(가)	(나)	(다)		(가)	(나)	(다)
①	A	B	C	②	C	D	A
③	C	D	B	④	D	C	A
⑤	D	C	B				

02

지도는 어느 시기의 기압 배치를 나타낸 것이다. 이 시기 (가)~(다) 지역의 상대적 특성을 그림의 A~C에서 고른 것은? (단, 이 시기는 1월, 7월 중 하나임.)

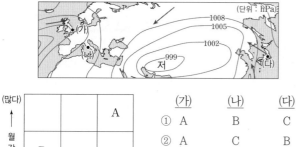

	(가)	(나)	(다)
①	A	B	C
②	A	C	B
③	B	A	C
④	B	C	A
⑤	C	B	A

03

지도는 (가), (나) 시기의 강수 분포를 나타낸 것이다. A, B 지역에 대한 설명으로 옳은 것만을 〈보기〉에서 고른 것은? (단, (가), (나) 시기는 각각 1월과 7월 중 하나임.)

(가)　　　　(나)

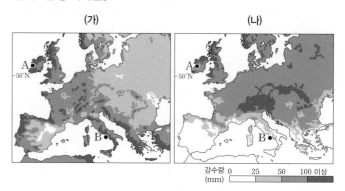

강수량 0　25　50　100 이상
(mm)

〈보기〉

ㄱ. A는 B보다 여름 강수 집중률이 낮다.
ㄴ. B는 A보다 (나) 시기에 낮 길이가 길다.
ㄷ. B는 A보다 아열대 고압대의 영향을 받는 기간이 길다.
ㄹ. A, B는 모두 (가) 시기에 편서풍의 영향을 받는다.

① ㄱ, ㄴ　② ㄱ, ㄷ　③ ㄴ, ㄷ　④ ㄴ, ㄹ　⑤ ㄷ, ㄹ

04

지도에 표시된 A~C 지역의 기간별 강수 비율 그래프를 ㄱ~ㄷ에서 고른 것은?

〈기간별 강수 비율〉

ㄱ	19.3(%)	55.1	19.4	6.2
ㄴ	24.0(%)	28.8	28.5	18.7
ㄷ	23.1(%)	9.3	20.9	46.7

0　10　20　30　40　50　60　70　80　90　100(%)
□3~5월　■6~8월　■9~11월　▨12~2월

	A	B	C		A	B	C
①	ㄱ	ㄴ	ㄷ	②	ㄱ	ㄷ	ㄴ
③	ㄴ	ㄱ	ㄷ	④	ㄴ	ㄷ	ㄱ
⑤	ㄷ	ㄱ	ㄴ				

05

그림은 어느 시기의 위도별 기압 배치와 대기 대순환을 나타낸 것이다. 이 시기 지도에 표시된 A~C 지역의 월평균 기온과 월 강수량을 나타낸 그래프로 가장 적절한 것은? (단, 이 시기는 1월, 7월 중 하나임.)

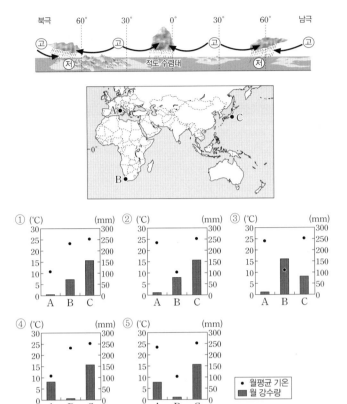

06

그래프는 유라시아 대륙에 위치한 세 지역의 월평균 기온과 월 강수량을 나타낸 것이다. (가)~(다) 지역에 대한 설명으로 옳은 것만을 〈보기〉에서 고른 것은?

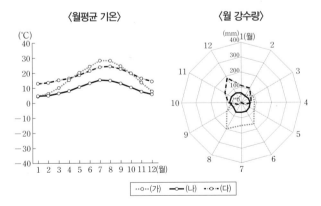

┌ 보기 ┐
ㄱ. (가)는 (나)보다 계절풍의 영향을 크게 받는다.
ㄴ. (나)는 (다)보다 저위도에 위치한다.
ㄷ. (다)는 (가)보다 겨울 강수 집중률이 높다.
ㄹ. (가)는 대륙 서안, (나)와 (다)는 대륙 동안에 위치한다.

① ㄱ, ㄴ   ② ㄱ, ㄷ   ③ ㄴ, ㄷ   ④ ㄴ, ㄹ   ⑤ ㄷ, ㄹ

주제 2 건조 기후

07

| 모의평가 |

지도의 A~D 사막에 대한 설명으로 옳지 않은 것은?

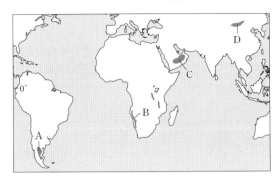

① A는 탁월풍의 바람 그늘(비그늘)에서 발달한 사막이다.
② B는 한류의 영향으로 대기가 안정되어 발달한 사막이다.
③ D는 해양으로부터 수증기를 공급받기 어려운 환경이다.
④ A는 C보다 아열대 고압대의 영향을 강하게 받는다.
⑤ C는 D보다 연평균 기온이 높다.

08

다음 자료의 밑줄 친 '이곳'을 지도의 A~E에서 고른 것은?

이곳은 짙은 안개가 자주 낀다. 바다 위의 차고 무거운 공기가 육지를 향해 이동하면서 지표 위의 따뜻한 공기와 만나 아침이면 자욱한 안개로 나타나기 때문이다. 풀과 동물은 이곳의 안개에서 수분을 섭취한다. 주민들도 그물을 쳐서 안개의 수분을 모아 식수로 사용한다.

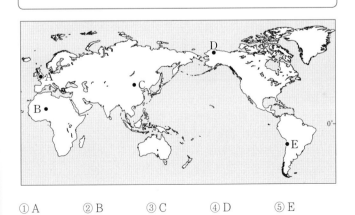

① A   ② B   ③ C   ④ D   ⑤ E

09

다음 글은 어느 기후 지역의 주민 생활에 관한 것이다. 밑줄 친 '이 지역'의 전통 가옥의 모습으로 가장 적절한 것은?

이 지역 주민들은 강한 햇빛과 모래 바람을 막기 위해 온몸을 감싸는 형태의 헐렁한 옷을 입고, 야자수에서 열리는 대추야자를 재배한다. 대추야자는 영양가가 많고 달콤하여 각종 음식의 재료로 쓰이며, 나무는 건축 자재로 활용되기도 한다.

①
②
③
④
⑤

10

다음 글의 ㉠~㉣에 대한 설명으로 옳은 것만을 〈보기〉에서 고른 것은?

사막에서는 바람이 끊임없이 키질을 해서 먼지와 티끌을 분산시켜 지형을 바꾸어 놓는다. ㉠ 모래는 수천 년 동안 연마제와 같은 작용을 하여 ㉡ 암석을 다듬어 희한한 구경거리를 만들어 놓기도 한다. … ㉢ 아프리카 나미브 사막 해안을 따라 북쪽으로 흐르는 이 해류는 심한 파도와 뱃사람들에게 악몽 같은 안개를 일으킨다. 곤충들 중에는 열을 피하고 먹을 것을 찾기 위해 사구의 모래 밑에 사는 것도 있다. 바르한이라고 불리는 사구는 ㉣ 초승달 모양을 형성한다.
— 『지구 최후의 낙원』

〈보기〉
ㄱ. ㉠은 하천의 퇴적 작용에 따른 것이다.
ㄴ. ㉡은 버섯바위, 삼릉석이 대표적이다.
ㄷ. ㉢은 난류에 해당한다.
ㄹ. ㉣에는 '바람의 퇴적 작용으로'가 들어갈 수 있다.

① ㄱ, ㄴ   ② ㄱ, ㄷ   ③ ㄴ, ㄷ   ④ ㄴ, ㄹ   ⑤ ㄷ, ㄹ

11

그림은 건조 지형을 모식적으로 나타낸 것이다. A~D에 대한 설명으로 옳은 것만을 〈보기〉에서 고른 것은? (단, A~D는 각각 바르한(사구), 선상지, 와디, 플라야 중 하나임.)

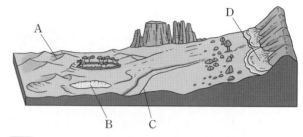

〈보기〉
ㄱ. A는 바람이 불어오는 쪽의 경사가 더 급하다.
ㄴ. B의 물은 주로 관개용수로 사용된다.
ㄷ. C는 과거 대상(隊商)의 교통로로 이용되기도 하였다.
ㄹ. D는 유수에 의한 퇴적 작용으로 형성된다.

① ㄱ, ㄴ   ② ㄱ, ㄷ   ③ ㄴ, ㄷ   ④ ㄴ, ㄹ   ⑤ ㄷ, ㄹ

주제 3   냉·한대 기후

12
| 수능 |

다음 자료의 A~D 지형에 대한 설명으로 옳은 것은?

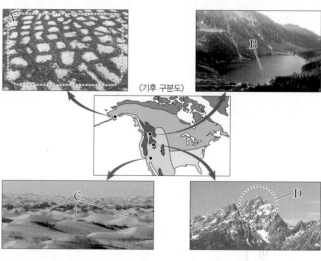

〈기후 구분도〉

① A는 빙하 밑을 흐르는 융빙수의 퇴적 작용으로 형성된 언덕이다.
② B는 자유 곡류 하천의 유로 변경으로 형성된 호수이다.
③ C는 바람에 날린 모래에 의한 침식으로 형성된 매끄러운 면을 가진 암석이다.
④ D는 연중 월평균 기온이 15℃ 내외인 상춘 기후 지역에서 잘 발달한다.
⑤ A~D는 화학적 풍화보다 물리적 풍화가 활발한 지역에서 잘 발달한다.

13

그림은 빙하 지형을 모식적으로 나타낸 것이다. A~D에 대한 설명으로 옳은 것만을 〈보기〉에서 있는 대로 고른 것은?

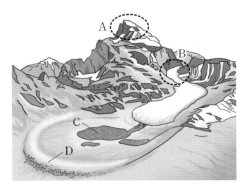

보기
ㄱ. A는 호른(혼)이다.
ㄴ. B의 빙하가 녹으면 U자 형태의 골짜기가 만들어진다.
ㄷ. C는 비가 내릴 때에만 일시적으로 물이 고이는 염호이다.
ㄹ. D의 분포를 조사하여 빙기의 빙하 확장 범위를 알 수 있다.

① ㄱ, ㄴ   ② ㄱ, ㄷ   ③ ㄱ, ㄴ, ㄹ
④ ㄱ, ㄷ, ㄹ   ⑤ ㄴ, ㄷ, ㄹ

14

지도의 A~D 지역에 대한 설명으로 옳은 것만을 〈보기〉에서 고른 것은?

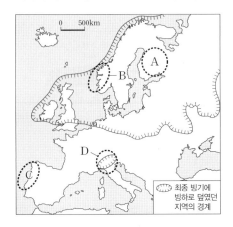

보기
ㄱ. A에 발달한 호수는 염분 농도가 높아 식수로 이용할 수 없다.
ㄴ. B에는 해수면 상승으로 빙식곡이 침수되어 형성된 해안이 나타난다.
ㄷ. C에는 에스커, 드럼린과 같은 지형이 발달하였다.
ㄹ. D에는 빙하의 침식 작용으로 형성된 호른(혼)이 나타난다.

① ㄱ, ㄴ   ② ㄱ, ㄷ   ③ ㄴ, ㄷ   ④ ㄴ, ㄹ   ⑤ ㄷ, ㄹ

15

그래프 (가), (나)에 해당하는 지역을 지도의 A~C에서 고른 것은?

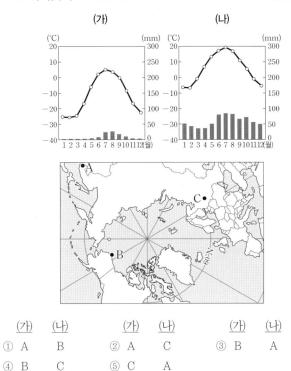

(가) (나)

	(가)	(나)		(가)	(나)		(가)	(나)
①	A	B	②	A	C	③	B	A
④	B	C	⑤	C	A			

16

그래프는 어느 기후 지역의 토양층 깊이에 따른 온도 변화를 나타낸 것이다. 이에 대한 설명으로 옳은 것만을 〈보기〉에서 고른 것은?

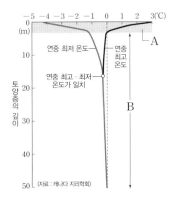

보기
ㄱ. 그래프는 빙설 기후 지역의 토양층을 나타낸 것이다.
ㄴ. A의 표면에서는 구조토 지형이 나타난다.
ㄷ. A는 배수가 양호하여 농사짓기에 유리하다.
ㄹ. 지구 온난화가 가속화될 경우 B의 범위는 축소된다.

① ㄱ, ㄴ   ② ㄱ, ㄷ   ③ ㄴ, ㄷ   ④ ㄴ, ㄹ   ⑤ ㄷ, ㄹ

킬러 문항 완전 정복

👤 1등급 전략
온대 기후에 해당하는 세 지역의 기후 자료를 토대로 지역 간 상대적 기후 특성을 비교하는 문항이다. 일반적인 기온·강수량 그래프가 아닌 월평균 기온 편차와 월 강수량 편차를 자료로 제시했다는 점에 유의하자.

01

그래프는 세 지역의 월평균 기온 편차와 월 강수량 편차를 나타낸 것이다. (가)~(다) 지역에 대한 설명으로 옳은 것은? (단, (가)~(다) 지역은 모두 온대 기후에 속함.)

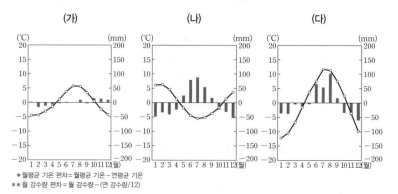

* 월평균 기온 편차＝월평균 기온－연평균 기온
** 월 강수량 편차＝월 강수량－(연 강수량/12)

① (가)는 (나)보다 아열대 고압대의 영향을 많이 받는다.
② (나)는 (다)보다 여름 강수 집중률이 높다.
③ (다)는 (가)보다 계절풍의 영향을 크게 받는다.
④ (가)~(다) 중 기온의 연교차는 (나)가 가장 크다.
⑤ (가)는 북반구, (나)와 (다)는 남반구에 위치한다.

👤 1등급 전략
두 지형의 형성 과정을 보고 어느 기후 지역의 어떤 지형을 나타낸 것인지 파악하는 문항이다. 건조 기후 지역과 냉·한대 기후 지역의 기후 특성을 떠올리며 자갈과 모래의 움직임, 화살표의 방향 등을 비교하여 살펴보자.

02

그림은 두 지형의 형성 과정을 나타낸 것이다. (가), (나) 지형에 대한 설명으로 옳은 것만을 〈보기〉에서 있는 대로 고른 것은?

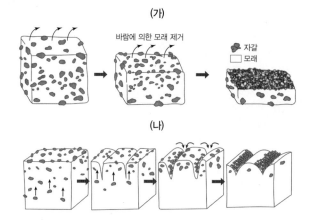

┌─ 보기 ─────────────────────────────────
ㄱ. (가)는 강수량 대비 증발량이 많은 지역에서 주로 볼 수 있다.
ㄴ. (나)의 주변 지역에는 바르한, 버섯바위 등의 지형이 분포한다.
ㄷ. (나)는 토양 속의 수분이 동결과 융해를 반복하면서 형성된 지형이다.
ㄹ. (가), (나)가 발달한 지역은 모두 화학적 풍화 작용보다 물리적 풍화 작용이 활발하다.
└────────────────────────────────────

① ㄱ, ㄴ   ② ㄱ, ㄷ   ③ ㄱ, ㄴ, ㄹ
④ ㄱ, ㄷ, ㄹ   ⑤ ㄴ, ㄷ, ㄹ

03

그림의 (가), (나) 시기별 A~C 지역의 월 강수량을 나타낸 그래프로 가장 적절한 것은? (단, (가), (나) 시기는 각각 1월과 7월 중 하나임.)

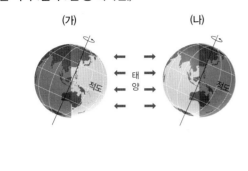

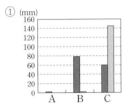

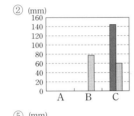

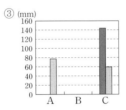

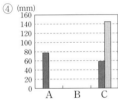

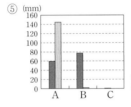

04

그래프는 기온과 강수량에 따른 세계의 식생 분포를 나타낸 것이다. A, B 식생과 그 분포 지역에 대한 설명으로 옳은 것만을 〈보기〉에서 고른 것은? (단, A, B는 각각 침엽수림(타이가), 툰드라 중 하나임.)

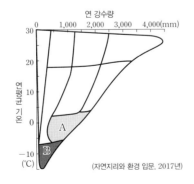

(자연지리와 환경 입문, 2017년)

〈보기〉

ㄱ. A는 주로 낙엽 활엽수와 상록 활엽수로 이루어져 있다.
ㄴ. A가 분포하는 지역은 척박한 산성의 토양이 주로 발달한다.
ㄷ. B가 분포하는 지역은 지표수가 부족하여 농업 발달에 불리하다.
ㄹ. A는 B보다 목재(木材)의 총 생산량이 많다.

① ㄱ, ㄴ   ② ㄱ, ㄷ   ③ ㄴ, ㄷ   ④ ㄴ, ㄹ   ⑤ ㄷ, ㄹ

04강 세계의 주요 대지형과 특수 지형들

II. 세계의 자연환경과 인간 생활

주제 1 세계의 주요 대지형	주제 2 관광지를 이루는 화산 및 카르스트 지형	주제 3 해안 지형의 형성과 특징
판 구조 운동과 대지형 형성 🔒 ★★★	화산 지형 ★★☆	리아스 해안과 피오르 해안 ★★☆
세계의 주요 대지형 ★★☆	카르스트 지형 ★★☆	주요 해안 지형 ★★★

주제 1 세계의 주요 대지형

❶ 판의 경계 유형에 주목하자! 각 유형에 해당하는 판의 경계를 지도에서 확인하고, 경계 유형별 특성을 알아 두어야 한다.

❷ 동아프리카 지구대와 아이슬란드의 특징을 구분하여 정리하고, 히말라야산맥은 지각판의 두께가 두꺼워 마그마가 지상에 이르지 못하여 판 경계임에도 화산 활동이 활발하지 않다는 사실도 함께 기억하자.

3점 공략 🔒

1. 판 구조 운동과 대지형 형성

(1) **판 구조 운동** : 지각판이 내적 작용에 의해 이동하면서 서로 충돌하거나 갈라지는 현상 → 판의 경계 지역은 지각이 불안정함

(2) **판의 경계 유형**

판이 어긋나서 미끄러지는 경계	판과 판이 서로 미끄러질 때의 마찰로 인해 지진이 빈번히 발생 예 태평양판과 북아메리카판 사이의 샌안드레아스 단층
판이 서로 갈라지는 경계	• 대륙 내부에서 판이 갈라짐 → 일부 지각이 내려앉아 지구대 형성 예 동아프리카 지구대 • 해양에서 판이 갈라짐 → 갈라진 두 판 사이로 마그마가 흘러나와 해령을 형성하며 지각 확장 예 대서양 중앙 해령의 아이슬란드
판이 서로 충돌하는 경계	• 두 대륙판이 충돌 → 대규모의 습곡 산맥 형성 예 히말라야산맥 • 해양판과 대륙판이 충돌 → 습곡 산맥과 해구 형성 예 안데스산맥

두 개의 판이 어긋나서 미끄러지는 경계

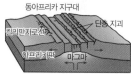
두 개의 판이 서로 갈라지는 경계

해양판과 대륙판이 충돌하는 경계

• 내적 작용 : 융기·침강·습곡·단층 작용, 지진 또는 화산 활동 등 지구 내부의 힘에 의한 작용

• 외적 작용 : 하천·해수·빙하·바람 등에 의한 침식·운반·퇴적 작용, 풍화 작용 등 지구 외부의 태양 에너지에 의한 작용

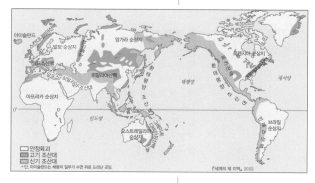

(《세계의 제 지역》, 2015)

2. 세계의 주요 대지형

안정육괴	• 시·원생대 조산 운동을 받은 이후 오랜 침식 작용을 받아 형성 • 순상지와 구조 평야 등이 분포, 철광석 매장량이 많음 • 주로 대륙 내부에 위치 예 앙가라 순상지, 브라질 순상지
고기 습곡 산지	• 고생대 이후 조산 운동으로 형성 • 해발 고도가 낮고 경사가 완만하며, 산지의 연속성이 약함 • 안정육괴 주변에 위치, 석탄 매장량이 많음 예 애팔래치아산맥
신기 습곡 산지	• 중생대 말~신생대 조산 운동으로 형성 • 해발 고도가 높고 험준하며, 산지의 연속성이 강함 • 지각이 불안정해 지진과 화산 활동이 활발하며, 석유·천연가스·구리 등의 매장량이 많음 • 판의 경계에 위치 예 알프스산맥, 히말라야산맥, 안데스산맥

• 순상지 : 주로 대륙 지각의 내부에서 고생대 이후 지각 변동을 받지 않은 안정된 암석층으로 이루어진 지대로, 그 모양이 방패를 엎어 놓은 것처럼 완만한 경사를 이루고 있어 붙여진 이름이다.

• 구조 평야 : 퇴적된 지층이 오랫동안 지각 변동을 거의 받지 않고 수평 상태를 유지한 지형으로, 유럽·러시아 대평원, 북아메리카 중앙 평원 등이 대표적이다.

주제 2 관광지를 이루는 화산 및 카르스트 지형

1. 화산 지형

(1) **형성과 분포** : 주로 판의 경계에서 화산 활동으로 용암·화산재·화산 가스 등이 분출되면서 형성

(2) **주요 지형**

성층 화산	여러 번의 용암 분출 및 화산 쇄설물의 지속적인 퇴적으로 형성 예 일본의 후지산
순상 화산	유동성이 큰 현무암질 용암의 분출로 형성된 완경사의 화산 예 하와이 마우나케아산

30 | 531 프로젝트 세계지리 H

용암 대지	유동성이 큰 현무암질 용암이 지각의 틈을 따라 분출(열하 분출)되어 형성된 넓고 평탄한 지형 ⑩ 인도의 데칸고원
칼데라	화구의 함몰로 형성된 큰 분지 → 내부에 물이 고여 형성된 호수를 '칼데라호'라고 함

(3) **화산 지대의 주민 생활** : 독특한 지형과 온천·간헐천을 활용한 관광 산업, 비옥한 화산재 토양을 토대로 한 농업, 구리·유황 등을 채굴하는 광업 발달, 뜨거운 지하수를 이용한 지열 발전 활발

2. 카르스트 지형
(1) **형성과 분포** : 석회암이 화학적 풍화 작용(용식 작용)을 받아 형성 → 기반암이 석회암이며 강수량이 풍부한 습윤 기후 지역에 잘 발달
(2) **주요 지형**

돌리네	• 빗물이나 지하수의 용식 작용과 지반의 함몰로 형성된 와지 • 돌리네가 두 개 이상 결합하면 우발라, 우발라의 직경이 확대되면 폴리에가 됨
탑 카르스트	석회암이 빗물, 하천, 해수의 용식·침식 작용을 받고 남게 된 탑 모양의 봉우리 ⑩ 중국의 구이린, 베트남의 할롱 베이
카렌	지표에 노출된 석회암의 틈을 따라 흘러내린 빗물의 용식 작용을 받아 울퉁불퉁하거나 뾰족한 형태로 남은 바위 ⑩ 마다가스카르의 그랑 칭기
석회 동굴	• 빗물이나 지하수의 용식 작용으로 형성된 동굴 ⑩ 슬로베니아의 포스토이나 동굴 • 동굴 내부에 탄산 칼슘이 침전되어 종유석·석순·석주 등 형성
석회화 단구	물에 녹아 있던 탄산 칼슘의 침전으로 형성된 계단 모양의 지형 ⑩ 터키의 파묵칼레

(3) **석회암 지대의 주민 생활** : 석회암 풍화토(테라로사)를 이용한 밭농사 발달, 시멘트 공업 및 관광 산업 발달

주제 ③ 해안 지형의 형성과 특징

1. 해안 지형의 형성
(1) **형성** : 파랑, 연안류, 조류, 바람, 지반 운동 및 해수면 변동에 의한 침식·퇴적 작용으로 형성
(2) **리아스 해안과 피오르 해안**

리아스 해안	하천의 침식 작용으로 형성된 계곡(V자곡)이 바닷물에 침수되어 형성 ⑩ 에스파냐 북서 해안
피오르 해안	• 빙하의 침식 작용으로 형성된 계곡(U자곡)이 바닷물에 침수되어 형성 • 좁고 긴 형태의 만이 많음, 수심이 깊음 ⑩ 노르웨이 북서 해안, 뉴질랜드 남섬의 남서부 해안, 칠레 남부 해안, 캐나다 서부 해안 등

2. 암석 해안 : 파랑 에너지가 집중되는 곳에서 주로 발달

해식애	파랑의 침식 작용으로 형성된 해안 절벽
파식대	파랑의 침식 작용으로 해식애가 육지 쪽으로 후퇴하면서 앞쪽에 남은 평탄한 지형
시 스택	파랑의 차별 침식으로 단단한 부분이 남아 형성된 돌기둥
해안 단구	과거의 파식대 또는 해안 퇴적 지형이 지반의 융기 또는 해수면 하강으로 현재 해수면보다 높은 곳에 위치하게 된 계단 모양의 지형

3. 모래 해안과 갯벌 : 파랑 에너지가 분산되는 만에서 주로 발달

사빈	하천이나 주변 해안에서 공급된 모래가 파랑과 연안류에 의해 해안에 퇴적되어 형성된 지형
사주	파랑이나 연안류가 모래를 둑처럼 길게 퇴적시켜 형성된 지형
석호	후빙기 해수면 상승으로 형성된 만의 입구를 사주가 막으면서 형성된 호수
갯벌	조류의 퇴적 작용으로 형성, 점토의 비율이 높음, 조차가 큰 곳에서 잘 발달 ⑩ 캐나다의 펀디만, 독일·네덜란드·덴마크의 북해 연안, 우리나라 서해안 등

4. 산호초 해안 : 석회질의 산호충 유해가 퇴적되어 형성된 해안, 수심이 깊지 않은 열대·아열대의 도서 및 연안 지역에 주로 분포 ⑩ 오스트레일리아의 대보초 지대

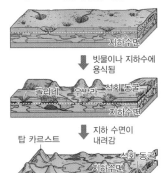

♦ 카르스트 지형의 형성 과정

지하수면
↓ 빗물이나 지하수에 용식됨
돌리네 우발라 석회동굴
지하수면
↓ 지하 수면이 내려감
탑 카르스트
석회동굴
지하수면

♦ 암석 해안과 모래 해안

해식애 해안 단구 해안 사구
사빈 석호
시 스택 파식대 육계도 사주

---

⑥ 3점 공략 Check

Q1 다음 판 경계 유형에 해당하는 지역을 골라 쓰시오.

> 동아프리카 지구대,
> 샌안드레아스 단층, 아이슬란드,
> 안데스산맥, 히말라야산맥

(1) 대륙판이 갈라지는 경계 (　　　)
(2) 해양판이 갈라지는 경계 (　　　)
(3) 판이 어긋나서 미끄러지는 경계
(　　　)
(4) 대륙판과 대륙판이 충돌하는 경계
(　　　)
(5) 대륙판과 해양판이 충돌하는 경계
(　　　)

Q2 히말라야산맥은 (지진 / 화산 활동)이 활발하다.

Q3 안정육괴에는 (　　　), 고기 습곡 산지에는 (　　　), 신기 습곡 산지에는 (　　　)가 많이 매장되어 있다.

3점 공략 개념 CHECK 정답 _ **Q1** (1) 동아프리카 지구대 (2) 아이슬란드 (3) 샌안드레아스 단층 (4) 히말라야산맥 (5) 안데스산맥
Q2 지진 **Q3** 철광석, 석탄, 석유·천연가스·구리

04강 세계의 주요 대지형과 특수 지형들 | **31**

순한맛 # 수능 ⚓

지도에 표시된 A~E 지역에 대한 설명으로 옳은 것은?

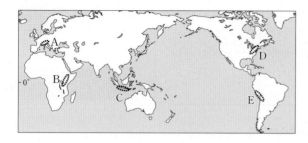

① A에서는 새로운 지각이 지속적으로 형성되고 있다.

② B의 산지 대부분은 신생대 습곡 작용으로 형성되었다.

③ C에는 시·원생대에 조산 운동을 받은 후 침식을 받아 형성된 고원이 나타난다.

④ D는 두 판이 분리되는 경계로 화산 활동이 활발하다.

⑤ E에서는 두 판의 충돌로 형성된 높고 험준한 산지가 나타난다.

모의평가 # 정답률 64% 매운맛

다음 자료의 (가)~(마)에 대한 설명으로 옳은 것은?

〈최근 신기 조산대 주요 지진 발생 지역〉

구분	진앙지	지진 규모	날짜
(가)	34.3°N, 45.7°E	6.3	2018.11.26.
(나)	61.3°N, 149.9°W	6.6	2018.12.01.
(다)	14.8°N, 92.3°W	6.6	2019.02.02.
(라)	28.5°N, 94.6°E	6.1	2019.04.24.
(마)	34.9°N, 140.0°E	5.5	2019.06.24.

*지도의 외곽 원은 적도임.

① (가)는 '불의 고리'에 속한 지역이다.

② (나)는 알프스−히말라야 조산대에 속한 지역이다.

③ (다)는 두 개의 대륙판이 서로 충돌하는 지역이다.

④ (라)는 새로운 지각이 형성되어 분리되는 지역이다.

⑤ (마)는 대륙판과 해양판이 만나는 지역이다.

[유형 분석] 다양한 세계 대지형의 사례 지역을 제시하고 해당 대지형에 대한 옳은 설명을 찾는 문항이다. 고기 습곡 산지와 신기 습곡 산지의 비교, 판의 경계 유형에 따른 특징 등이 자주 출제된다.

[접근 방법] ❶ 지도에 제시된 지역의 위치를 판의 경계 지도와 비교하여 파악한다. ❷ 해당 지역을 판의 경계 유형에 따라 구분하고, 세계 대지형 중 어느 것에 속하는지 파악한다. ❸ ❷를 토대로 세계 대지형과 관련된 선지의 진위를 파악한다.

답 ⑤

[유형 분석] 위도와 경도로 표현된 위치 정보를 활용하여 지도에서 신기 조산대의 위치를 찾고, 해당 지역의 판의 경계 유형을 파악하는 문항이다.

[접근 방법] ❶ 위도와 경도를 통해 진앙지의 위치를 파악한다. 🔒 이때 주어진 세계 지도를 활용하여 지도 위에 대략적으로 위도와 경도를 표현해 보자. ❷ 진앙지가 위치한 지점의 판의 경계 유형을 파악한다. ❸ ❷를 토대로 판의 경계 유형과 관련된 선지의 진위를 파악한다.

답 ⑤

🕵 WHY 왜 빠지지 않고 출제될까?

세계 대지형은 주로 **판의 경계 유형**과 연계하여 지도에 표시된 사례 지역의 특징을 묻는 방식으로 출제된다. 신기 습곡 산지와 고기 습곡 산지, 아이슬란드, 동아프리카 지구대 등 **주요 대지형의 형성 원인과 분포를 종합하여 다룰 수 있기 때문**이다. 신기 습곡 산지와 고기 습곡 산지를 비교하는 내용이 많이 출제되는데, **신기 습곡 산지는 알프스산맥, 히말라야산맥, 로키산맥, 안데스산맥**이, **고기 습곡 산지는 스칸디나비아산맥, 우랄산맥, 그레이트디바이딩산맥, 애팔래치아산맥**의 출제 빈도가 높다. 따라서 지도에서 신기 습곡 산지와 고기 습곡 산지의 위치를 구분할 줄 알아야 한다.

🔒 HOW 킬러 문항, 어떻게 출제될까?

사례 지역의 위치를 진앙지의 위도와 경도로만 제시하여 자료 분석의 난도를 높였다. 또한 위치 추론을 위해 함께 제시한 지도가 **북극점을 중심으로 하는 낯선 형태의 지도**였던 까닭에 많은 학생들이 자료 분석에 어려움을 겪었다. 최근 경위도를 바탕으로 위치를 추론해야 하는 문항이 킬러 문항으로 출제되는 경우가 많다. 이러한 문항은 적도와 본초 자오선, 날짜 변경선 등 위치 추론의 기준으로 삼을 선들을 지도에 그려두고 시작하면 도움이 된다. 따라서 자료 분석에 소요되는 시간을 단축하려면 비슷한 문항을 여러 번 풀어보며 위치를 찾는 연습을 해 두는 것이 좋다.

실전 문제

주제 1 세계의 주요 대지형

01

| 모의평가 |

다음은 세계의 대지형 단원의 수업 장면이다. 교사의 질문에 옳은 대답을 한 학생만을 고른 것은?

(가)~(다) 국가와 세계의 대지형을 연관시켜 설명해 볼까요?

국가	수도의 위치	인구 (천 명)	면적 (천 km²)
(가)	41°18'S, 174°46'E	4,706	268
(나)	64°08'N, 21°55'W	335	103
(다)	6°07'S, 106°48'E	263,991	1,911

갑: (가)는 지각판의 경계에 위치하고 있어 지열 발전에 유리해요.

을: (나)는 지각판이 분리되는 경계에 위치하고 있어요.

병: (다)는 지각판의 경계로부터 멀어 지진 발생 빈도가 낮아요.

정: (가)와 (나)는 환태평양 조산대에 위치하고 있어요.

① 갑, 을　② 갑, 병　③ 을, 병　④ 을, 정　⑤ 병, 정

02

그림은 지도에 표시된 (가)-(나)의 단면을 나타낸 것이다. A~C 대지형에 대한 설명으로 옳은 것만을 〈보기〉에서 고른 것은?

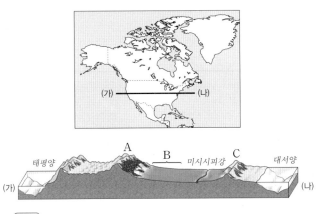

〈보기〉
ㄱ. B는 판과 판이 갈라지는 경계에 해당한다.
ㄴ. A는 B보다 지진과 화산 활동이 활발하다.
ㄷ. B는 C보다 석탄 자원이 풍부하다.
ㄹ. C는 A보다 습곡 작용을 받은 시기가 이르다.

① ㄱ, ㄴ　② ㄱ, ㄷ　③ ㄴ, ㄷ　④ ㄴ, ㄹ　⑤ ㄷ, ㄹ

03

그림 (가), (나)의 형성 과정을 통해 생성된 지역을 지도의 A~C에서 고른 것은?

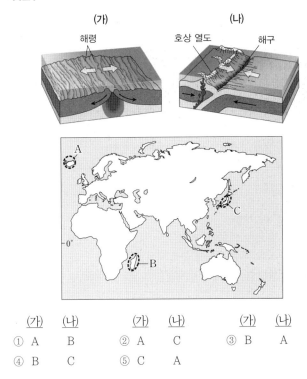

(가) 해령

(나) 호상 열도　해구

	(가)	(나)		(가)	(나)		(가)	(나)
①	A	B	②	A	C	③	B	A
④	B	C	⑤	C	A			

04

지도에 표시된 A~D 산맥에 대한 설명으로 옳지 않은 것은?

① A는 두 대륙판이 충돌하는 경계에 형성되었다.
② B는 중생대 말~신생대에 조산 운동으로 형성되었다.
③ D는 해양판과 대륙판이 충돌하는 경계에 형성되었다.
④ A는 C보다 평균 해발 고도가 높고 험준하다.
⑤ C는 D보다 석탄 매장량이 많다.

주제 **2** 관광지를 이루는 화산 및 카르스트 지형

05

| 모의평가 |

다음은 세계지리 답사 보고서의 일부이다. 밑줄 친 ㉠~㉣에 관한 설명으로 옳은 것만을 〈보기〉에서 고른 것은?

> 이번 답사에서는 ㉠ 석회암 지대의 카르스트 지형을 둘러보았다. 첫 답사지는 터키의 파묵칼레 지역이었다. 파묵칼레에서는 ㉡ 탄산 칼슘이 녹은 물이 경사면을 흐르면서 형성된 계단 모양의 지형을 볼 수 있었다. 두 번째 답사지는 슬로베니아의 디나르 카르스트 지역이었다. 이 지역에서는 다양한 규모의 ㉢ 돌리네, 우발라 등의 지형을 볼 수 있었다. 마지막 답사지인 슬로바키아 카르스트 국립공원에서는 ㉣ 종유석, 석순 등의 지형이 위아래 방향으로 길게 자라고 있는 모습을 볼 수 있었다.

〈보기〉
- ㄱ. ㉠의 발달은 건조한 기후 환경에서보다 습윤한 기후 환경에서 잘 이루어진다.
- ㄴ. ㉡은 탑 카르스트라고 한다.
- ㄷ. ㉢은 지표, ㉣은 지하에 주로 발달한다.
- ㄹ. ㉣은 물리적 풍화 작용으로 형성된 침식 지형이다.

① ㄱ, ㄴ   ② ㄱ, ㄷ   ③ ㄴ, ㄷ   ④ ㄴ, ㄹ   ⑤ ㄷ, ㄹ

06

지도에 표시된 지역의 공통적 특징에 대한 설명으로 옳은 것만을 〈보기〉에서 있는 대로 고른 것은?

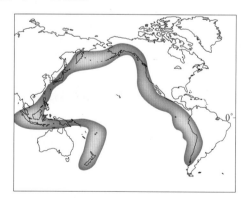

〈보기〉
- ㄱ. 화산 활동과 지진이 빈번하게 나타난다.
- ㄴ. 땅속의 열을 활용하여 전력을 생산하기 유리하다.
- ㄷ. 석탄이 풍부하게 매장되어 있어 광업이 발달하였다.
- ㄹ. 시·원생대에 조산 운동을 받은 이후 오랜 침식을 받아 지표의 경사가 완만하다.

① ㄱ, ㄴ   ② ㄱ, ㄹ   ③ ㄴ, ㄷ
④ ㄱ, ㄷ, ㄹ   ⑤ ㄴ, ㄷ, ㄹ

07

화산 지대의 생활 모습을 나타낸 것만을 지도의 (가)~(라)에서 있는 대로 고른 것은?

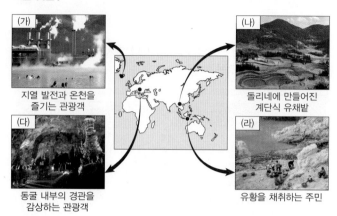

(가) 지열 발전과 온천을 즐기는 관광객
(나) 돌리네에 만들어진 계단식 유채밭
(다) 동굴 내부의 경관을 감상하는 관광객
(라) 유황을 채취하는 주민

① (가), (나)   ② (가), (라)   ③ (가), (나), (다)
④ (가), (다), (라)   ⑤ (나), (다), (라)

08

그림은 어느 지형의 모식도를 나타낸 것이다. A~D에 대한 설명으로 옳은 것만을 〈보기〉에서 고른 것은? (단, A~D는 각각 돌리네, 폴리에, 석회 동굴, 탑 카르스트 중 하나임.)

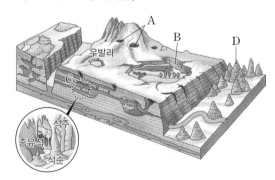

〈보기〉
- ㄱ. A는 건조한 기후 지역에서 잘 발달한다.
- ㄴ. B는 화산 폭발 이후 화구가 함몰되어 형성되었다.
- ㄷ. C는 지하수에 의한 용식 작용으로 형성된 동굴이다.
- ㄹ. D는 중국의 구이린, 베트남의 할롱 베이 등지에서 볼 수 있다.

① ㄱ, ㄴ   ② ㄱ, ㄷ   ③ ㄴ, ㄷ   ④ ㄴ, ㄹ   ⑤ ㄷ, ㄹ

주제 3 해안 지형의 형성과 특징

09
| 모의평가 변형 |
지도에 표시된 A~E에 대한 설명으로 옳지 <u>않은</u> 것은?

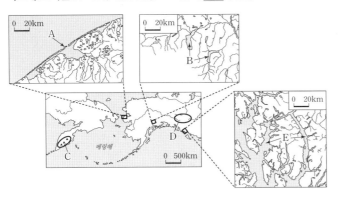

① A는 융빙수의 퇴적 작용으로 형성된다.
② B는 빙하에 의해 형성된 호수이다.
③ C는 '불의 고리'로 불리는 지대에 위치한다.
④ D는 최종 빙기에 빙하로 덮여 있었다.
⑤ E는 빙식곡이 침수된 해안이다.

10
지도의 A~C 지형에 대한 설명으로 옳은 것만을 〈보기〉에서 고른 것은?

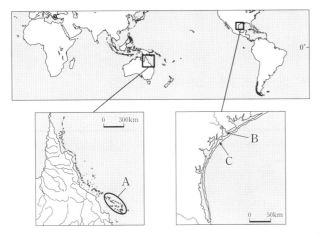

보기
ㄱ. A는 맹그로브 숲으로 이루어진 갯벌 해안이다.
ㄴ. B는 현재의 해수면 높이가 유지되면 호수 면적이 점차 축소된다.
ㄷ. C는 산호충의 석회질 유해가 퇴적되어 형성되었다.
ㄹ. C는 파랑 에너지가 집중되는 곳보다 분산되는 곳에서 잘 형성된다.

① ㄱ, ㄴ　② ㄱ, ㄷ　③ ㄴ, ㄷ　④ ㄴ, ㄹ　⑤ ㄷ, ㄹ

11
지도의 (가), (나) 해안에 대한 설명으로 옳은 것만을 〈보기〉에서 고른 것은?

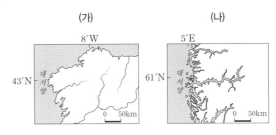

보기
ㄱ. (가)에는 현곡이 발달하였다.
ㄴ. (나)에는 세계 최대의 갯벌이 분포한다.
ㄷ. (나)는 (가)보다 만의 평균 수심이 깊다.
ㄹ. (가), (나) 모두 후빙기 해수면 상승으로 형성되었다.

① ㄱ, ㄴ　② ㄱ, ㄷ　③ ㄴ, ㄷ　④ ㄴ, ㄹ　⑤ ㄷ, ㄹ

12
사진의 A~E 지형에 대한 설명으로 옳지 <u>않은</u> 것은?

〈오스트레일리아 12사도 바위〉　〈미국 하와이 하나우마만 해변〉

〈그리스 케르키라 석호〉

〈독일 바덴만 갯벌〉

① A는 파랑의 침식 작용에 의해 형성된다.
② B는 시간이 갈수록 육지 쪽으로 후퇴한다.
③ C는 곶보다 만에서 잘 발달한다.
④ D 호수의 수심은 시간이 갈수록 깊어진다.
⑤ E는 오염된 바다를 정화해 주는 자정 능력이 있다.

킬러 문항
완전 정복

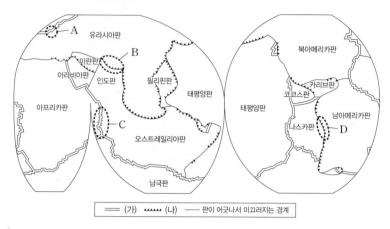

01

1등급 전략

판의 분포와 경계 유형 지도를 토대로 각 지역의 특징을 묻는 문항이다. 지도에는 기존의 지도와 같이 해양과 대륙이 표현되어 있지 않고 판의 경계만 표현되었다는 점에 유의하자.

지도는 판의 경계를 나타낸 것이다. 이에 대한 설명으로 옳지 <u>않은</u> 것은? (단, (가), (나)는 각각 판이 갈라지는 경계, 판이 충돌하는 경계 중 하나임.)

① (가)는 판이 갈라지는 경계이고, (나)는 판이 충돌하는 경계이다.

② A에서는 마그마가 흘러나와 새로운 해양 지각이 형성되고 있다.

③ B는 화산 활동보다 지진의 발생 빈도가 높다.

④ C에는 대규모의 지구대가 발달해 있다.

⑤ D에는 해구와 산맥이 모두 형성되어 있다.

02

1등급 전략

화산 지형과 판의 경계가 표현된 지도를 바탕으로 각 지역의 특성을 묻는 문항이다. 섬의 모양과 대서양, 레이캬비크 등을 통해 지도에 표시된 지역(국가)이 어디인지 파악해 보자.

지도의 A~D에 대한 설명으로 옳은 것만을 〈보기〉에서 있는 대로 고른 것은?

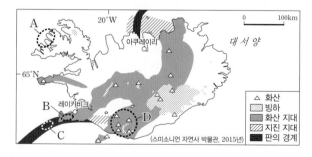

〈보기〉

ㄱ. A는 U자곡이 침수되어 형성된 해안이다.

ㄴ. B는 지열 발전과 온천을 활용한 관광 산업에 유리하다.

ㄷ. C는 두 해양판이 충돌하는 경계이다.

ㄹ. D에서는 탑 모양의 봉우리인 탑 카르스트를 볼 수 있다.

① ㄱ, ㄴ   ② ㄱ, ㄹ   ③ ㄷ, ㄹ

④ ㄱ, ㄴ, ㄷ   ⑤ ㄴ, ㄷ, ㄹ

03

다음 자료의 ㉠~㉣에 대한 설명으로 옳은 것만을 〈보기〉에서 고른 것은?

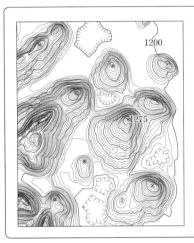

왼쪽 지도는 중국 남서부 어느 지역의 지형도이다. 이곳에는 평탄한 지면에 높고 뾰족한 산봉우리가 많다. 중국인들은 이를 ㉠ 구펑(孤峰, 고립된 봉우리)이라 한다. 그리고 구펑들이 옥황상제의 부름을 받고 모인 상태를 ㉡ 췬펑(群峰, 무리지은 봉우리)이라 한다. 산봉우리 사이에는 ㉢ 움푹 패인 지형들과 ㉣ 규모가 큰 동굴들이 곳곳에 분포한다.

〔보기〕
ㄱ. ㉠은 점성이 강한 용암이 분출하여 형성되었다.
ㄴ. ㉡은 고온 다습한 지역에서 잘 발달한다.
ㄷ. ㉢은 화구가 함몰되면서 만들어진 분지 형태의 지형이다.
ㄹ. ㉣에서는 종유석, 석순, 석주 등을 볼 수 있다.

① ㄱ, ㄴ ② ㄱ, ㄷ ③ ㄴ, ㄷ ④ ㄴ, ㄹ ⑤ ㄷ, ㄹ

👤 1등급 전략
지형도를 참고하여 어떤 지형이 나타나는지 파악하는 문항이다. 등고선의 형태를 보고 지표의 높낮이를 가늠하여 어떤 모양의 지형이 나타나는지 생각해 보자.

04

지도의 A~D 지역에 대한 설명으로 옳지 <u>않은</u> 것은?

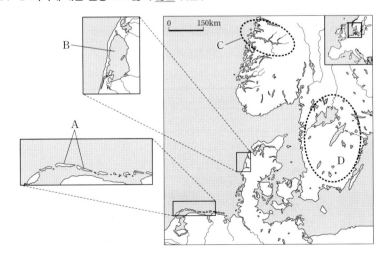

① A는 파랑과 연안류에 의한 퇴적 작용으로 형성되었다.
② B는 수심이 깊어 대규모 항구 발달에 유리하다.
③ D는 최종 빙기에 빙하로 덮여 있던 지역이다.
④ B의 호수는 D의 호수보다 염분 농도가 높다.
⑤ B, C는 해수면 상승 과정에서 형성되었다.

👤 1등급 전략
해안 지형과 빙하 지형이 지도상에서 어떻게 나타나는지 파악한 뒤, 각 지형의 특성을 비교하는 문항이다. 지도에 표현된 지역이 노르웨이, 스웨덴, 덴마크 등이 위치한 북해 연안임에 주목하자.

05강 주요 종교의 전파와 종교 경관

Ⅲ. 세계의 인문 환경과 인문 경관

출제 POINT

주제
① 세계 주요 종교의 전파와 분포

보편 종교와 민족 종교	★☆☆
세계 인구의 종교 구성	★★☆
세계 주요 종교의 전파와 분포 🔒	★★★

주제
② 세계 주요 종교의 경관과 주민 생활

세계 주요 종교의 성지	★☆☆
세계 주요 종교의 경관	★★☆
세계 주요 종교의 특징과 주민 생활	★★★

♥ 세계 인구의 종교 구성

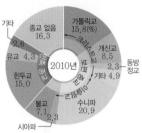

(퓨 리서치 센터, 2014)

주제 ① 세계 주요 종교의 전파와 분포

1. 보편 종교와 민족 종교
(1) **보편 종교** : 전 인류를 포교 대상으로 삼고 교리를 전파하는 종교 **예** 크리스트교, 이슬람교, 불교
(2) **민족 종교** : 특정한 민족을 중심으로 포교되는 종교 **예** 힌두교, 유대교

2. 세계 인구의 종교 구성
(1) 세계 인구의 절반 이상이 보편 종교를 믿음
(2) 크리스트교>이슬람교>힌두교>불교의 순으로 신자 수 비율이 높음

Tip

❶ 특정 대륙(지역) 또는 국가의 종교별 신자 수 비율을 토대로 종교나 지역을 추론하는 문항이 자주 출제된다. 따라서 주요 종교의 대륙별 구성 비율을 경관, 주민 생활 등의 특징과 함께 숙지해 두어야 한다. 종교별 전파 경로를 토대로 이해하면 쉽다.

❷ 다양한 종교가 분포하는 동남아시아와 남부 아시아의 개별 국가 수준에서도 종교 분포를 파악해 보자. 크리스트교는 필리핀, 불교는 미얀마와 타이, 스리랑카, 힌두교는 인도와 네팔 등에서 신자 수 비율이 높다.

3점 공략 🔒

3. 세계 주요 종교의 전파와 분포

크리스트교	기원	1세기 초 서남아시아의 팔레스타인 지역에서 발생
	전파	로마 제국의 국교가 되면서 유럽 전역으로 전파 → 지리상 발견 시대 이후 유럽 열강의 식민지 개척 과정을 통해 세계 각지로 전파
	분포	유럽, 아메리카, 오세아니아, 중·남부 아프리카에 주로 분포
이슬람교	기원	7세기 초 무함마드에 의해 창시, 서남아시아의 메카에서 발생
	전파	군사적 정복 활동과 상인들의 무역 활동에 의해 아시아 및 북부 아프리카 일대로 전파
	분포	북부 아프리카, 서남·중앙·동남아시아에 주로 분포
불교	기원	기원전 6세기경 석가모니가 창시, 남부 아시아 북부 부다가야에서 발생
	전파	인도에서 크게 번성하지 못하고, 동아시아 및 동남아시아 일대로 전파
	분포	동아시아 및 동남아시아의 인도차이나반도에 주로 분포
힌두교	기원	브라만교를 바탕으로 고대 인도에서 발생
	전파	인도 전역으로 전파, 민족 종교이지만 주변의 네팔 등에 전파
	분포	남부 아시아(인도, 네팔)에 주로 분포

♥ 세계 주요 종교의 분포

(2010년)
크리스트교 / 이슬람교 / 불교 / 힌두교 / 기타

* 그래프는 해당 지역의 총인구에서 각 종교의 신자 수가 차지하는 비중을 나타낸 것임. (퓨 리서치 센터, 2014)

아메리카와 유럽, 오세아니아, 사하라 이남 아프리카는 크리스트교, 서남아시아와 북부 아프리카는 이슬람교의 신자 수 비율이 가장 높다. 아시아는 힌두교와 불교 신자 수 비율이 다른 지역(대륙)에 비해 특히 높다.

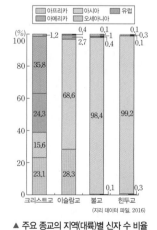

▲ 주요 종교의 지역(대륙)별 신자 수 비율

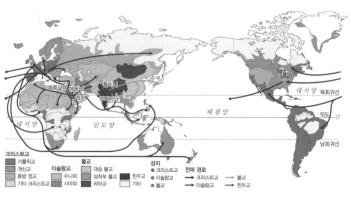

▲ 세계 종교의 기원과 분포

주제 ② 세계 주요 종교의 경관과 주민 생활

1. 세계 주요 종교의 성지

크리스트교	• 팔레스타인 지역(베들레헴, 예루살렘) : 예수의 행적이 남아 있는 장소 • 바티칸 : 교황청이 입지한 가톨릭교의 중심지
이슬람교	• 메카(사우디아라비아) : 이슬람교 최대의 성지, 무함마드의 탄생지, 성지 순례의 목적지 • 메디나(사우디아라비아) : 무함마드의 묘지가 있는 곳
불교	• 룸비니(네팔) : 석가모니의 탄생지 • 부다가야(인도) : 석가모니가 깨달음을 얻은 장소
힌두교	• 갠지스강 : 힌두교도들이 신성시하는 강, 강물이 영혼을 정화한다고 믿음 • 바라나시(인도) : 갠지스강 유역에 위치한 힌두교의 대표적 성지

2. 세계 주요 종교의 경관

크리스트교	• 십자가, 종탑 등이 보편적으로 나타남 • 가톨릭교(성당) : 뾰족한 탑과 둥근 천장이 특징이며, 대체로 규모가 큼 • 개신교(교회) : 대체로 가톨릭교 성당에 비해 교회 형태가 단순하고 규모가 작음 • 동방 정교 : 교회의 장식이 화려하며, 지붕에 돔이 있음
이슬람교	• 모스크(마스지드) : 중앙의 돔형 지붕과 주변의 첨탑이 특징임 • 아라베스크 : 우상 숭배를 금지하는 교리에 따라 꽃, 덩굴 등을 기하학적으로 배치한 문양
불교	• 불상을 모시는 불당, 부처의 사리가 모셔진 탑 등의 경관이 나타남 • 탑 : 우리나라는 석탑, 중국은 전탑, 일본은 목탑이 주를 이룸
힌두교	• 사원의 외벽과 내부에 다양한 신들의 모습을 그림이나 정교한 조각으로 표현 • 가트 : 갠지스강가의 목욕 의식을 준비하는 계단

▲ 크리스트교의 성당

▲ 이슬람교의 모스크

▲ 힌두교 사원의 탑문(고푸람)

3. 세계 주요 종교의 특징과 주민 생활

(1) 크리스트교
① 전 세계에서 신자 수가 가장 많고 넓은 지역에 퍼져 있음
② 유일신교이며, 예수를 구원자로 믿음
③ 가톨릭교(남부 유럽, 라틴 아메리카, 필리핀 등), 개신교(북서부 유럽, 앵글로아메리카, 오세아니아), 동방 정교(그리스, 러시아, 동부 유럽)로 분화

(2) 이슬람교
① 유일신교이며, 경전인 쿠란의 가르침을 따름
② 신앙 실천의 5대 의무(신앙 고백, 예배, 자선 활동, 라마단, 성지 순례)를 지킴
③ 할랄 식품을 먹으며, 술과 돼지고기 섭취를 금기시함
④ 다수의 수니파와 소수의 시아파로 나뉨

(3) 불교
① 개인의 수양 및 해탈을 강조함, 평등·윤회 사상을 근본으로 삼음
② 살생을 금하며 육식을 대체로 금기시하나, 일부 유목 생활을 하는 주민들(몽골, 티베트)은 육식을 함
③ 상좌부 불교(동남아시아), 대승 불교(동아시아), 라마교(몽골, 티베트)로 구분

(4) 힌두교
① 수많은 신을 인정하는 다신교이며, 윤회 사상을 믿음
② 선행과 고행을 통한 수련을 중시하며, 카스트 제도에 기반한 생활 양식이 존재함
③ 소를 신성시하여 소고기를 먹지 않음
④ 갠지스강에서 목욕을 하며 자신의 죄를 씻어냄

♪ 동방 정교
1054년 동서 교회 분열로 인해 로마 가톨릭 교회와 분리된 기독교 교파로, 러시아 정교, 그리스 정교 등은 주로 로마의 동쪽 지역에 분포한다.

♪ 아라베스크 문양

🔓 3점 공략 Check

Q1 서남아시아에서 발생하여 유럽과 아메리카, 오세아니아, 중·남부 아프리카에 주로 분포하는 종교는 (크리스트교 / 이슬람교)이다.

Q2 이슬람교에서 우상 숭배를 금지하는 교리에 따라 꽃, 나무 덩굴, 문자 등을 기하학적으로 배치한 문양을 (   )라고 한다.

Q3 물음에 해당하는 종교를 골라 쓰시오.

> 불교, 이슬람교,
> 크리스트교, 힌두교

(1) 윤회 사상을 믿는 다신교로, 바라나시가 주요 성지임 (   )
(2) 전 세계에서 신자 수가 가장 많은 유일신교임 (   )
(3) 개인의 수양 및 해탈을 강조하고, 평등·윤회 사상을 근본으로 삼음 (   )
(4) 신앙 고백, 예배, 자선 활동, 라마단, 성지 순례의 5대 의무를 실천함 (   )

그래프는 지도에 표시된 네 국가의 A~D 종교별 신자 수를 나타낸 것이다. 이에 대한 설명으로 옳은 것은? (단, A~D는 각각 불교, 이슬람교, 크리스트교, 힌두교 중 하나임.)

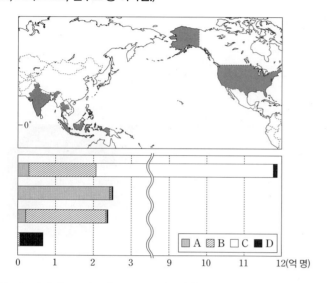

① A는 보편 종교, B는 민족 종교로 분류된다.
② C는 하나의 신만을 믿는 유일신교이다.
③ D의 최대 성지에는 모스크와 카바 신전이 있다.
④ C와 D의 발상지는 서남아시아에 위치한다.
⑤ 전 세계 신자 수는 A>B>C>D 순으로 많다.

그래프는 3개 대륙의 A~D 종교별 신자 수 비율을 나타낸 것이다. A~D 종교에 대한 설명으로 옳지 않은 것은? (단, (가), (나)는 각각 아시아와 아프리카 중 하나임.)

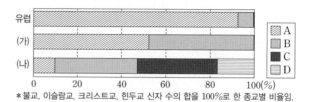

* 불교, 이슬람교, 크리스트교, 힌두교 신자 수의 합을 100%로 한 종교별 비율임.

① A는 하나의 신만을 인정하는 유일신교이다.
② B의 대표적 종교 경관은 첨탑과 둥근 지붕이 있는 모스크이다.
③ C의 사원에는 다양한 신들을 표현한 조각상이 있다.
④ D의 기원지가 있는 곳은 (나)이다.
⑤ A는 보편 종교로, D는 민족 종교로 분류된다.

[유형 분석] 지도에 표시된 국가의 종교 분포 그래프를 찾고, 해당 종교의 특성과 관련된 선지의 진위를 판단하는 문항이다. 이러한 유형의 문항은 종교 분포가 다양한 동남아시아와 남부 아시아 국가들의 신자 수 비율 자료를 자주 활용한다.

[접근 방법] ❶ 지도에 제시된 국가가 어디인지 파악한다. ❷ 해당 국가의 인구 규모와 종교 분포를 고려하여 그래프의 A~D가 어느 종교에 해당하는지 파악한다. ❸ ❷를 토대로 주요 종교에 대한 선지 내용의 진위를 파악한다.

답 ⑤

[유형 분석] 유럽과 아시아, 아프리카의 종교별 신자 수 분포를 통해 불교, 이슬람교, 크리스트교, 힌두교를 파악하고 해당 종교의 특성을 찾는 문항이다.

[접근 방법] ❶ 유럽에 가장 많은 신자 수가 분포하는 A 종교가 무엇인지 파악하고, 이를 토대로 (가), (나) 대륙이 어디인지를 찾는다. ❷ (가)를 통해 B를 파악하고, (나)를 통해 C와 D를 찾는다. 🔒 이때 세계에서 힌두교가 불교보다 신자 수가 많음을 떠올려 보자. ❸ A~D 종교에 대한 선지 내용의 진위를 파악한다.

답 ⑤

WHY 왜 빠지지 않고 출제될까?

종교는 언어·민족 등과 함께 문화권을 형성하는 핵심 요소 중 하나이며, 일부 문화권에서는 국가별로 다양한 종교가 공존하기도 한다. 인문 환경은 지역별 분포가 핵심이다. 따라서 **종교별·지역별 분포를 이해하고 있는지 묻기 위해 특정 국가의 종교별 신자 수 자료를 토대로 지역을 추론하는 문항이 자주 출제**된다. 다양한 종교가 혼재하는 동남아시아와 남부 아시아 지역 국가의 출제 빈도가 높다. 필리핀, 타이, 말레이시아와 인도네시아, 인도 등 주요 국가에서 어떤 종교의 신자 수 비율이 특히 높은지 숙지해 두어야 한다.

HOW 킬러 문항, 어떻게 출제될까?

국가별 종교 분포를 제시한 대표 기출과 달리 대륙(지역)별 종교 분포를 제시해 지역 범위를 확대하였으며, **아시아의 불교와 힌두교 신자 규모를 비교하는 매력적 오답을 배치**해 문항의 난도를 높였다. 불교와 힌두교 모두 다른 대륙에 비해 아시아에서 신자 수 비율이 높은데, 이 중 보편 종교인 불교의 신자 수가 민족 종교인 힌두교의 신자 수보다 많다는 착각을 유도한 것이다. 이밖에 이슬람교 신자 수가 가장 많은 국가를 묻는 등 매력적 오답을 배치하거나, 낯선 국가의 신자 수 비율을 제시해 킬러 문항으로 출제한다.

주제 ① 세계 주요 종교의 전파와 분포

01

| 모의평가 |

다음 자료는 네 국가의 종교별 신자 수 비율을 나타낸 것이다. A~D 종교에 대한 설명으로 옳지 <u>않은</u> 것은?

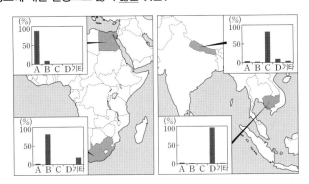

① A는 메카로의 성지 순례를 종교적 의무로 한다.

② B는 세계적으로 신자 수가 가장 많은 종교이다.

③ C는 장례 방식으로 화장보다 매장을 선호한다.

④ D는 아시아 각지로 전파되었으나 기원지에서는 쇠퇴하였다.

⑤ A와 B는 모두 유일신 신앙을 가지고 있다.

02

다음 자료는 네 국가의 주요 종교별 신자 수 비율을 나타낸 것이다. A~D 종교에 대한 설명으로 옳은 것만을 〈보기〉에서 있는 대로 고른 것은?

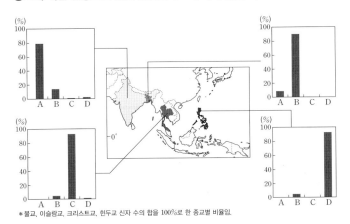

*불교, 이슬람교, 크리스트교, 힌두교 신자 수의 합을 100%로 한 종교별 비율임.

┌─ 보기 ─────────────────────┐
ㄱ. A는 소고기 먹는 것을 금기시한다.
ㄴ. B의 신자 수가 가장 많은 국가는 사우디아라비아이다.
ㄷ. C의 발상지는 남부 아시아에 위치한다.
ㄹ. D의 신자들은 라마단 기간에 금식의 의무가 있다.
└────────────────────────────┘

① ㄱ, ㄷ   ② ㄱ, ㄹ   ③ ㄱ, ㄴ, ㄷ

④ ㄱ, ㄴ, ㄹ   ⑤ ㄴ, ㄷ, ㄹ

03

지도는 세 보편 종교의 신자 수 상위 5개국을 나타낸 것이다. A~C 종교에 대한 설명으로 옳은 것은?

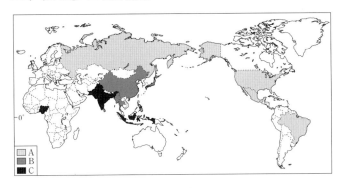

① A는 술과 돼지고기 섭취를 금기시한다.

② B의 대표적 경관으로 사리가 봉안된 탑이 있다.

③ C의 사원에서는 신의 조각상을 흔히 볼 수 있다.

④ A는 C보다 발생 시기가 늦다.

⑤ B는 A보다 전 세계 신자 수가 많다.

04

자료는 두 국가의 종교별 신자 수 비율을 나타낸 것이다. (가), (나)에 해당하는 종교를 그래프의 A~C에서 고른 것은? (단, A~C는 각각 이슬람교, 크리스트교, 힌두교 중 하나임.)

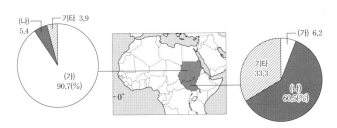

〈세계 인구의 종교 구성〉

	(가)	(나)
①	A	B
②	A	C
③	B	A
④	B	C
⑤	C	B

05

| 모의평가 |

표의 (가)~(다) 종교에 대한 설명으로 옳은 것만을 〈보기〉에서 고른 것은? (단, (가)~(다)는 각각 불교, 이슬람교, 크리스트교 중 하나임.)

〈지역별 총인구 대비 신자 수 비율〉

(단위 : %)

지역 종교	아시아 · 태평양	앵글로 아메리카	서남아시아 및 북부 아프리카	유럽	중 · 남부 아프리카	라틴 아메리카
힌두교	25.3	0.7	0.5	0.2	0.2	0.1
(가)	24.3	1.0	93.0	5.9	30.2	0.1
(나)	11.9	1.1	0.1	0.2	0.0	0.0
(다)	7.1	77.4	3.7	75.2	62.9	90.0
기타	31.4	19.8	2.7	18.5	6.7	9.8
합계	100	100	100	100	100	100

* 오세아니아는 아시아 · 태평양에 포함되고, 기타에는 무종교가 포함됨.

보기
ㄱ. (가)의 대표적 종교 경관으로는 모스크가 있다.
ㄴ. (나)의 주요 성지로는 룸비니, 부다가야 등이 있다.
ㄷ. (다)는 수많은 신을 인정하는 다신교이다.
ㄹ. (가)는 보편 종교, (나)는 민족 종교로 분류된다.

① ㄱ, ㄴ　　② ㄱ, ㄷ　　③ ㄴ, ㄷ　　④ ㄴ, ㄹ　　⑤ ㄷ, ㄹ

06

그래프는 세 지역의 종교별 신자 수 비율을 나타낸 것이다. 이에 대한 설명으로 옳은 것은? (단, A~C는 세계 주요 보편 종교 중 하나이며, (가)~(다)는 각각 유럽, 중 · 남부 아프리카, 아시아 및 오세아니아(서남아시아 제외) 중 하나임.)

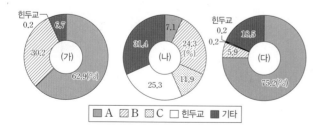

① (가)는 (나)보다 총인구가 많다.
② (나)는 (다)보다 3차 산업 종사자 비율이 높다.
③ A의 발상지는 (다)에 위치한다.
④ B의 신자 수가 가장 많은 국가는 (나)에 위치한다.
⑤ C는 A보다 아메리카에서의 신자 수가 많다.

주제 ② 세계 주요 종교의 경관과 주민 생활

07

| 모의평가 |

다음 자료의 (가), (나)에 해당하는 국가로 옳은 것은?

〈히랄다 탑의 양식 변화〉
12세기　　16세기

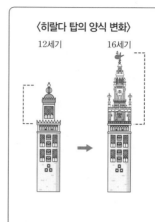

이 성당은 (가) 의 대표적인 건축물로, 12세기에 건설된 이슬람 사원을 헐고 16세기에 새로 지은 것이다. 하지만 이 성당에 있는 히랄다 탑의 경우, 몸체는 이슬람 양식 그대로 남겨 두고 정상부만 가톨릭 양식으로 교체하여 두 양식이 융합된 형태를 보인다. 인근 (나) 의 쿠투비아 모스크 첨탑은 12세기의 히랄다 탑과 흡사하여 문화 전파의 흔적을 보여주고 있다.

① 　② 　③

④ 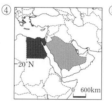　⑤

■ (가)
■ (나)

08

사진은 두 종교의 경관을 나타낸 것이다. (가), (나) 종교에 대한 설명으로 옳은 것은?

(가)　　　　　　　　(나)

① (가)의 주요 성지로는 메카, 메디나 등이 있다.
② (나)는 크게 수니파와 시아파로 구분된다.
③ (가)는 (나)보다 남부 아시아에서 신자 수가 많다.
④ (가), (나) 모두 유일신을 믿는 종교이다.
⑤ (가)는 보편 종교, (나)는 민족 종교로 분류된다.

09

다음 글의 ㉠, ㉡ 종교에 대한 설명으로 옳은 것은?

〈말레이시아의 종교 축제〉

- 하리 라야 푸아사 축제 : ㉠ 의 라마단이 끝나는 다음날이 하리 라야가 된다. 이 축제 기간에는 라마단을 지키느라 마음껏 즐기지 못했던 사람들에게 음식들을 무료로 나눠주고 자선을 베푸는 등 왕과 국민들이 한데 어우러져 즐거움을 함께 한다.
- 타이푸삼 축제 : 인도 남부와 스리랑카로부터 ㉡ 를 믿는 타밀족의 이주가 증가하면서 이 축제가 유행하였다. ㉡ 는 신의 종교라 할 만큼 많은 신들이 있는데, 이 축제는 그중 전쟁의 신을 숭배하여 나쁜 것들을 물리친다는 의미의 종교 의식을 행한다.

① ㉠은 다신교이다.
② ㉠의 대표적인 종교 경관은 첨탑과 둥근 지붕의 모스크이다.
③ ㉡은 보편 종교에 해당한다.
④ ㉡의 대표적인 종교 경관은 불탑과 불상이다.
⑤ ㉡은 ㉠보다 말레이시아 내에서의 신자 수가 많다.

10

다음 자료의 (가), (나) 종교의 발상지와 전파 경로를 지도의 A~C에서 고른 것은?

《(가) 종교를 신봉하는 국가들의 국기》

《(나) 종교를 신봉하는 국가들의 국기》

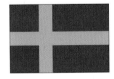  

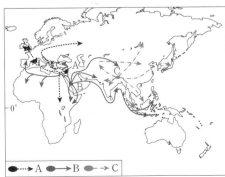

	(가)	(나)
①	A	B
②	A	C
③	B	A
④	B	C
⑤	C	B

11

그림의 ㉠, ㉡에 해당하는 국가를 지도의 A~C에서 고른 것은?

차린 것은 많지 않지만 맛있게 드세요.

고마워요. 그런데 ㉠ 우리나라는 국민 대부분이 ○○교를 믿어서 저는 돼지 족발을 먹을 수 없어요.

아, 저는 소고기 산적을 먹을 수 없어요. ㉡ 우리나라는 저를 포함한 국민 대부분이 □□교를 믿기 때문이에요.

족발(돼지고기)   산적(소고기)

	㉠	㉡
①	A	B
②	A	C
③	B	A
④	B	C
⑤	C	B

12

다음 자료는 두 종교와 관련된 생활 모습 일부를 나타낸 것이다. ㉠, ㉡ 종교의 주민 생활에 대한 설명으로 옳은 것만을 〈보기〉에서 고른 것은?

㉠ 의 신도들이 메카를 향해 기도하고 있다.

갠지스강에서 목욕을 하며 죄를 씻는 ㉡ 신도들의 모습이다.

보기
ㄱ. ㉠-라마단 기간 동안 해가 떠 있는 시간에 금식한다.
ㄴ. ㉠-개인의 수양 및 해탈을 강조하고 윤회 사상을 믿는다.
ㄷ. ㉡-소를 신성시하여 소고기를 먹지 않는다.
ㄹ. ㉡-하루에 다섯 번씩 성지를 향해 기도한다.

① ㄱ, ㄴ   ② ㄱ, ㄷ   ③ ㄴ, ㄷ   ④ ㄴ, ㄹ   ⑤ ㄷ, ㄹ

01

그래프는 지역별 유입 이주자들의 종교 구성을 나타낸 것이다. 이에 대한 설명으로 옳은 것은? (단, A~C는 각각 이슬람교, 크리스트교, 힌두교 중 하나이며, (가), (나)는 앵글로아메리카와 유럽 중 하나임.)

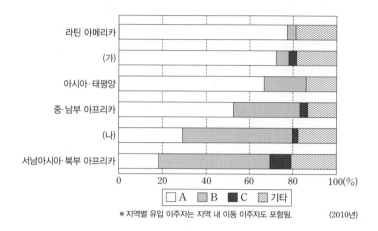

*지역별 유입 이주자는 지역 내 이동 이주자도 포함됨. (2010년)

① (가)는 유럽, (나)는 앵글로아메리카이다.
② A는 세계적으로 신자 수가 가장 많은 종교이다.
③ 유럽 내 신자 수 비율이 가장 높은 종교는 B이다.
④ B의 신자 수가 가장 많은 국가는 사우디아라비아이다.
⑤ C의 신자 수는 아시아·태평양보다 서남아시아 및 북부 아프리카에서 많다.

02

그래프는 세 보편 종교의 대륙(지역)별 신자 수 분포를 나타낸 것이다. A~C 종교에 대한 설명으로 옳은 것만을 〈보기〉에서 있는 대로 고른 것은?

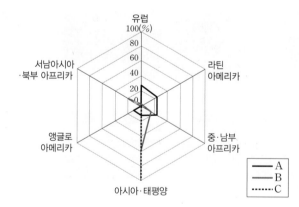

┌─ 보기 ┐
ㄱ. C의 신자들은 갠지스강에서 목욕하며 죄를 씻는다.
ㄴ. 아시아·태평양에서 B는 C보다 신자 수가 많다.
ㄷ. 종교가 기원한 시기는 A → B → C 순이다.
ㄹ. A와 B는 서남아시아, C는 남부 아시아에서 기원하였다.

① ㄱ, ㄷ   ② ㄱ, ㄹ   ③ ㄴ, ㄹ
④ ㄱ, ㄴ, ㄷ   ⑤ ㄴ, ㄷ, ㄹ

03

그래프는 A~C 국가의 (가)~(다) 종교별 신자 수 비율을 나타낸 것이다. 이에 대한 설명으로 옳은 것은? (단, A~C는 각각 나이지리아, 우즈베키스탄, 인도 중 하나이며, (가)~(다)는 이슬람교, 크리스트교, 힌두교 중 하나임.)

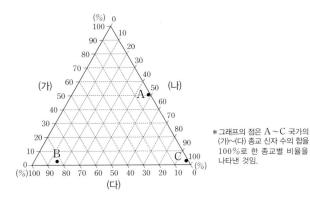

＊그래프의 점은 A~C 국가의 (가)~(다) 종교 신자 수의 합을 100%로 한 종교별 비율을 나타낸 것임.

① A는 중앙아시아에 위치한다.
② C는 B보다 총인구가 많다.
③ (가)의 신자들은 '허용된 것'이란 뜻의 할랄 식품을 선호한다.
④ 아시아에서 신자 수는 (나)가 (다)보다 많다.
⑤ A의 북부 지방은 (가), A의 남부 지방은 (나)의 신자 수 비율이 높다.

🔑 : 1등급 전략
주어진 세 국가의 신자 수 비율을 토대로 국가와 종교를 함께 추론하는 문항이다. 먼저 인도, 나이지리아, 우즈베키스탄에서 각각 어느 종교의 신자 수 비율이 가장 높은지 파악한 뒤 그래프를 분석하자. 또한 삼각 그래프는 분석할 때 실수하는 경우가 많으므로, 그래프 안의 점에서 (가)~(다) 세 축을 연결해 100%가 되는지 체크하여 옳게 읽었는지 확인해 보는 것이 좋다.

04

지도는 크리스트교의 종파별 분포를 나타낸 것이다. (가)에 들어갈 지도로 옳은 것은? (단, 가톨릭교, 개신교, 동방 정교만 고려함.)

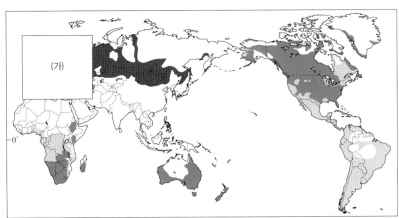

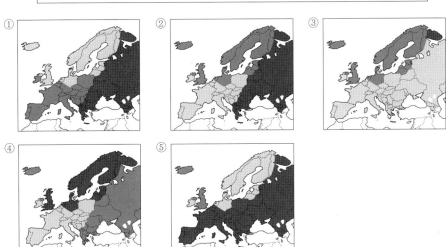

🔑 : 1등급 전략
크리스트교의 종파인 가톨릭교, 개신교, 동방 정교의 분포를 찾는 문항이다. 세계 지도에서 종파별 분포를 파악하고 이를 토대로 유럽 내에서의 종파별 분포를 찾아보자.

세계의 인구 변천과 도시화

출제 POINT

주제			
1 세계의 인구 성장과 인구 변천	**2 세계의 인구 이주**	**3~4 세계의 도시화와 도시 체계**	
인구 밀집 지역과 희박 지역 ★☆☆	인구 이주의 특징 ★☆☆	선진국과 개발 도상국의 도시화 🔒 ★★★	
대륙별 인구 변천의 차이 🔒 ★★★	인구 이주에 따른 지역 변화 ★★☆	대륙별 도시화 특징 🔒 ★★★	
선진국과 개발 도상국의 인구 구조 🔒 ★★★	지역(대륙)별 인구 증감 ★★☆	세계의 도시 체계 ★★☆	

◎ 세계의 대륙별 인구 변화

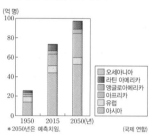

2015년 대륙별 인구수는 아시아>아프리카>유럽 순으로 많다. 1950~2015년의 인구 증가율이 가장 높은 대륙은 출생률이 높은 아프리카이고, 인구 증가율이 가장 낮은 대륙은 출생률이 낮은 유럽이다.

주제 ① 세계의 인구 성장과 인구 변천

1. 세계의 인구 성장과 인구 분포

(1) 인구 성장

① 변화 : 약 10억 명(1800년경)에서 약 75억 명(2017년)으로 인구가 크게 증가함

② 원인 : 생활 수준 향상, 의료 기술 발달, 공공 위생 시설 개선 등에 따른 사망률 감소

③ 경향 : 최근 선진국보다 인구 증가율이 높은 개발 도상국이 인구 성장을 주도함

(2) 인구 분포 : 세계 인구의 대부분이 북반구, 해안 지역, 해발 고도가 낮은 지역에 거주함 → 불균등한 인구 분포

인구 밀집 지역	농업에 유리한 지역, 공업 및 서비스업 발달 지역 예) 북서부 유럽, 동아시아, 남부 아시아, 동남 아시아, 북아메리카 북동부 등
인구 희박 지역	자연 조건이 불리한 지역(사막, 빙설 기후 지역, 산악 지역), 경제 활동이 어렵거나 교통 발달이 미약한 지역, 전쟁 및 내전 등 정치적으로 불안정한 지역 예) 오스트레일리아와 아프리카의 사막 지역, 시베리아, 그린란드 등

◎ 인구 변천 모형

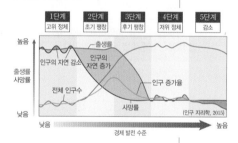

2. 세계의 인구 변천과 인구 구조

(1) 인구 변천 모형 : 출생률과 사망률의 변화에 따라 인구 성장을 단계별로 구분

1단계(고위 정체기)	출생률이 높고 질병, 자연재해, 식량 부족 등으로 사망률도 높아 인구 증가율이 낮음
2단계(초기 팽창기)	출생률이 여전히 높지만 사망률이 빠르게 감소하여 인구가 급성장함
3단계(후기 팽창기)	출생률이 감소하면서 인구 증가율이 둔화됨
4단계(저위 정체기)	출생률과 사망률이 낮은 수준을 유지하여 인구 증가율이 낮고 인구 고령화 현상이 심화됨
5단계(감소기)	저출산으로 인한 인구의 자연 감소가 나타남

Tip

❶ 대륙 및 국가 수준의 인구 자료를 바탕으로 지역을 추론하는 문항이 주로 출제된다. 따라서 인구의 자연 증가율은 아프리카가 가장 높고 유럽이 가장 낮다는 점, 인구수는 아시아가 가장 많다는 점을 기본적으로 알아 두어야 한다.

❷ 인구 특성은 경제 발전 수준에 따라 달라지므로 선진국과 개발 도상국을 비교하여 정리하는 것이 좋다. 선진국은 개발 도상국보다 유소년층 인구 비율이 낮은 반면 노년층 인구 비율이 높아 중위 연령이 높고, 1차 산업 종사자 비율이 낮은 반면 3차 산업 종사자 비율이 높다는 점을 꼭 기억하자.

🔒 3점 공략

(2) 대륙별 인구 변천의 차이

아프리카	출생률이 여전히 높아 모든 대륙 중 인구의 자연 증가율이 가장 높음
아시아 및 라틴 아메리카	1950년대에는 인구의 자연 증가율이 높았으나 최근 출생률과 인구의 자연 증가율이 감소 추세에 있음
유럽 및 앵글로아메리카	인구의 자연 증가율이 매우 낮으며 일부 국가에서는 인구의 자연 감소가 나타남 → 저출산·고령화 현상이 심각함

(3) 선진국과 개발 도상국의 인구 구조

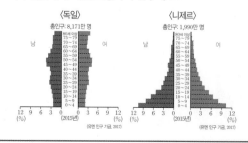

① 연령층별 인구 구조 : 선진국은 개발 도상국보다 유소년층 인구 비율이 낮은 반면 노년층 인구 비율이 높음 → 선진국은 개발 도상국보다 중위 연령이 높고, 종형 또는 방추형 인구 피라미드가 나타남

② 산업별 인구 구조 : 선진국은 개발 도상국보다 1차 산업 종사자 비율이 낮은 반면 3차 산업 종사자 비율이 높음

주제 **2** 세계의 인구 이주

1. 인구 이주의 특징

경제적 요인에 의한 이주 증가	• 숙련 노동자의 이동 : 더 높은 소득이나 더 나은 생활 환경을 위한 이주 **예** 유럽 → 미국 • 미숙련 노동자의 이동 : 소득 수준이 낮고 고용 기회가 적은 개발 도상국에서 선진국으로 이주 **예** 아프리카→유럽, 라틴 아메리카→미국, 동남 및 남부 아시아→서남아시아
난민 발생	내전, 테러, 극심한 경제난 등으로 인해 발생 **예** 시리아, 아프가니스탄

2. 인구 이주에 따른 지역 변화

유출 지역	• 긍정적 영향 : 해외 이주 노동자의 송금액 유입으로 지역 경제 활성화, 실업률 하락 • 부정적 영향 : 생산 연령 인구의 유출, 고급 기술 및 전문 인력의 해외 유출
유입 지역	• 긍정적 영향 : 노동력 부족 문제 해결, 문화적 다양성 증대 • 부정적 영향 : 문화적 차이로 인한 갈등 발생, 이주자 대량 유입으로 도시 문제 발생

3. 지역(대륙)별 인구 증감
: 유럽·앵글로아메리카·오세아니아는 유입 인구가 유출 인구보다 많고(인구 순유입), 아프리카·아시아·라틴 아메리카는 유입 인구보다 유출 인구가 많음(인구 순유출)

주제 **3** 세계의 도시화

1. 세계의 도시화
: 도시화는 초기 – 가속화 – 종착 단계로 진행 → 2015년에는 세계 인구의 약 54%가 도시에 거주, 도시의 인구 규모가 점차 커지고 있음

> **3점 공략** 🔒

2. 선진국과 개발 도상국의 도시화

선진국	• 산업 혁명 이후 도시화가 점진적으로 진행 • 현재 종착 단계 → 도시 인구 증가율이 낮고 교외화 현상이 나타남
개발 도상국	• 제2차 세계 대전 이후 산업화와 함께 도시화가 빠르게 진행 • 현재 가속화 단계에 속한 국가들이 많음 → 도시 인구 증가율이 높고 도시 문제가 심각

3. 대륙별 도시화 특징

아시아	모든 대륙 중에서 도시 인구가 가장 많음
아프리카	최근 도시화가 빠르게 진행되어 모든 대륙 중에서 도시 인구 증가율이 가장 높음
유럽	산업 혁명과 함께 가장 먼저 도시화 진행 → 현재 종착 단계로 도시 인구 증가율이 낮음

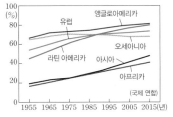

▲ 대륙별 도시화율 변화

주제 **4** 세계의 도시 체계

1. 세계 도시
: 세계화 시대에 국가의 경계를 넘어 세계적인 중심지 역할을 수행하는 대도시, 전 세계의 경제 활동을 조절하고 통제할 수 있는 중심지 **예** 뉴욕, 런던, 도쿄

2. 세계 도시 체계

의미	도시의 규모와 기능, 영향력에 따라 세계 도시 간에 형성된 계층
구분	국제 금융 영향력, 다국적 기업의 본사 수, 생산자 서비스업의 종사자 비율, 국제기구 본부 수, 국제 항공 승객 수, 인구 규모 등의 다양한 지표를 종합한 기준으로 구분함
계층	• 최상위 세계 도시는 세계적인 영향력을 갖는 선진국에 위치하고, 상위 및 하위 세계 도시는 선진국과 개발 도상국의 도시로 대륙 차원에서 중심 역할을 함 • 최상위 세계 도시로 갈수록 도시 수는 적어지나 기능이 많아지고, 영향력은 커지며, 도시 간 평균 거리가 멀어짐

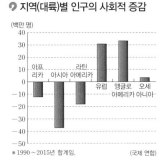
Tip

❶ 도시화 통계를 토대로 대륙(지역) 또는 국가를 추론하는 문항이 출제된다. 특히 인구 특성과 연계 출제되는 경우가 많으므로 선진국과 개발 도상국의 도시화 특성을 비교하여 정리해야 한다. 선진국은 개발 도상국보다 도시화 시기가 이르고, 도시화율이 높으며, 도시 인구 증가율이 낮다는 점을 명심하자.

❷ 따라서 선진국이 많은 유럽은 개발 도상국이 많은 아프리카보다 도시화율이 높고, 도시 인구 증가율이 낮다. 또한 도시 인구는 아시아가 가장 많다는 점도 기억하자.

▸ 🔒**3점 공략** Check

Q1 선진국은 개발 도상국보다 유소년층 인구 비율이 (낮고 / 높고), 노년층 인구 비율이 (낮다 / 높다).

Q2 물음에 해당하는 대륙을 골라 쓰시오.

> 아시아, 아프리카, 유럽

(1) 도시 인구가 가장 많은 대륙
(   )

(2) 도시 인구 증가율이 가장 높은 대륙
(   )

(3) 도시 인구 증가율이 가장 낮은 대륙
(   )

대표 기출 VS 고난도 기출

선진국과 개발 도상국의 인구 구조

531 PROJECT H

그래프는 지도에 표시된 3개 국가의 연령층별 인구 비율을 나타낸 것이다. (가)~(다) 국가의 인구 특성에 대한 설명으로 옳은 것만을 〈보기〉에서 있는 대로 고른 것은?

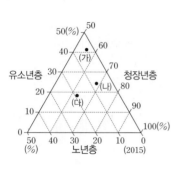

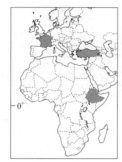

〈보기〉
ㄱ. 인구의 자연 증가율은 (가)가 가장 높을 것이다.
ㄴ. 중위 연령은 (나)가 가장 높을 것이다.
ㄷ. 생산 연령층 인구 비율은 (다)가 가장 높다.
ㄹ. 인구 부양비(총 부양비)는 (가)가 (나)보다 높다.

① ㄱ, ㄷ   ② ㄱ, ㄹ   ③ ㄴ, ㄷ
④ ㄱ, ㄴ, ㄹ   ⑤ ㄴ, ㄷ, ㄹ

그래프는 지도에 표시된 세 국가의 연령층별 인구 비율 변화를 나타낸 것이다. 이에 대한 설명으로 옳은 것은? (단, (가), (나)는 각각 0~14세, 15~64세, 65세 이상 인구 비율 중 하나이고, A~C는 지도에 표시된 세 국가 중 하나임.)

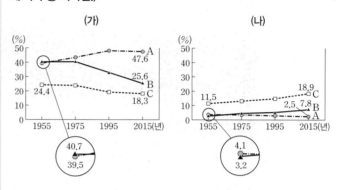

① (가)는 15~64세, (나)는 0~14세 인구 비율이다.
② A는 유럽, C는 아프리카에 위치한다.
③ 1955년 대비 2015년 A의 총 부양비는 감소하였다.
④ 1955년 대비 2015년 B의 노년 부양비는 증가하였다.
⑤ 2015년 B는 C보다 중위 연령이 높다.

[유형 분석] 선진국과 개발 도상국의 인구 구조 특징을 비교하는 문항이다. 유럽의 선진국과 아프리카의 개발 도상국, 그리고 두 국가의 중간에 해당하는 경제 발달 수준을 보이는 국가를 제시하여 각국의 인구 구조 특징을 묻는 문항이 자주 출제된다.

[접근 방법] ❶ 지도에 제시된 국가가 어디인지 파악한다. ❷ 유소년층 인구 비율과 노년층 인구 비율이 높게 나타나는 국가를 파악한다. ❸ 유소년층 인구 비율이 높은 국가를 지도의 개발 도상국과, 노년층 인구 비율이 높은 국가를 지도의 선진국과 연결한다.

답②

[유형 분석] 선진국과 개발 도상국의 인구 구조를 비교하는 문항으로, 인구 지표가 무엇인지를 추론해야 해서 체감 난도가 높다. 대부분의 국가에서 청장년층 인구 비율은 50%가 넘지만 유소년층과 노년층 인구 비율은 50% 미만이라는 점을 염두에 두고 지표를 파악해야 한다.

[접근 방법] ❶ (가), (나) 지표가 무엇인지 파악한다. 🔒 이때 유소년층 인구 비율과 노년층 인구 비율은 50%를 넘기 힘들다는 점을 떠올리자. ❷ 지도에 제시된 국가가 어디인지 파악한다. ❸ 제시된 자료를 토대로 인구 지표를 비교한 선지의 진위를 파악한다.

답④

WHY 왜 빠지지 않고 출제될까?

지역별 인구 구조의 차이를 가장 대조적으로 보여줄 수 있는 국가군이 선진국과 개발 도상국이다. 특히 **한 장의 지도에 선진국과 개발 도상국의 분포를 극명하게 보여줄 수 있는 유럽과 아프리카의 국가가 자주 출제**된다. 선진국인 유럽의 국가들은 개발 도상국인 아프리카의 국가들에 비해 노년층 인구 비율이 높은 반면 유소년층 인구 비율이 낮게 나타나므로 연령층별 인구 비율, 인구 부양비, 중위 연령, 출생률, 사망률 등의 인구 지표를 활용한 통계 자료를 지도와 함께 제시하고 인구 구조 특징을 묻는 형태로 출제된다. 따라서 **선진국과 개발 도상국의 인구 구조 특징을 비교**하여 알아 두어야 한다.

HOW 킬러 문항, 어떻게 출제될까?

위 문항처럼 제시된 인구 지표가 무엇인지 알려주지 않은 상태에서 **학생들이 자료의 지표를 직접 파악하도록 출제하면 난도가 크게 올라간다**. 또한 **제시된 인구 지표를 분석하여 총 부양비, 생산 연령층 인구 비율 등의 또다른 지표를 파악하도록 출제**하면 자료를 분석하는 데 시간이 많이 소요되어 학생들이 어려움을 겪게 된다. 이 외에 국가별 지표가 아니라 **대륙별 지표를 제시하거나 국가별 지표와 대륙별 지표를 함께 제시**하는 등의 방식으로 난도를 높여 킬러 문항으로 출제하기도 한다.

실전 문제

• 정답 및 해설 p.22~24

주제 ① 세계의 인구 성장과 인구 변천

01
| 모의평가 |

그래프의 (가)~(다)에 해당하는 국가를 지도의 A~C에서 고른 것은?

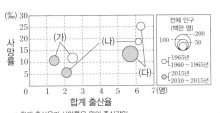

* 합계 출산율과 사망률은 원의 중심값임.
** 전체 인구는 1965년과 2015년 기준이며,
합계 출산율과 사망률은 1960~1965년과 2010~2015년 기준임.

	(가)	(나)	(다)		(가)	(나)	(다)
①	A	B	C	②	A	C	B
③	B	A	C	④	B	C	A
⑤	C	A	B				

02

그래프는 대륙별 인구 변화를 나타낸 것이다. (가)~(마) 대륙에 대한 설명으로 옳은 것은? (단, (가)~(마)는 각각 라틴 아메리카, 아시아, 아프리카, 앵글로아메리카, 유럽 중 하나임.)

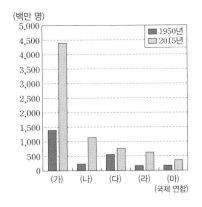

① (가)는 (나)보다 1950~2015년의 인구 증가율이 높다.
② (나)는 (다)보다 노령화 지수가 높다.
③ (다)는 (라)보다 1인당 지역 내 총생산이 적다.
④ (라)는 (마)보다 영어 사용자의 비율이 낮다.
⑤ (마)는 (가)보다 도시화율이 낮다.

03

그래프는 세 국가의 연령층별 인구 비율 변화를 나타낸 것이다. (가)~(다) 국가에 대한 설명으로 옳은 것만을 〈보기〉에서 고른 것은? (단, (가)~(다)는 각각 나이지리아, 미국, 중국 중 하나임.)

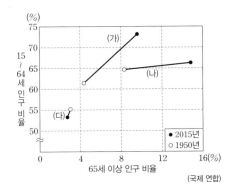

〔보기〕
ㄱ. (가)는 (나)보다 2015년의 총 부양비가 높다.
ㄴ. (나)는 (다)보다 인구 변천 모형의 2단계에 진입한 시기가 늦다.
ㄷ. (다)는 (가)보다 2015년의 유소년층 인구 비율이 높다.
ㄹ. 2015년의 총인구는 (가) > (나) > (다) 순으로 많다.

① ㄱ, ㄴ   ② ㄱ, ㄷ   ③ ㄴ, ㄷ   ④ ㄴ, ㄹ   ⑤ ㄷ, ㄹ

04

그래프는 세 대륙의 연령층별 인구 비율 변화를 나타낸 것이다. (가)~(다) 대륙에 대한 설명으로 옳은 것은? (단, (가)~(다)는 각각 아시아, 아프리카, 유럽 중 하나이고, A, B는 0~14세, 65세 이상 중 하나임.)

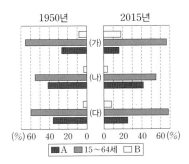

① (가)는 (나)보다 2015년의 도시화율이 낮다.
② (나)는 (다)보다 2015년의 총 부양비가 낮다.
③ (다)는 (가)보다 2015년의 노령화 지수가 낮다.
④ (가)~(다) 중에서 2015년의 총인구는 (나)가 가장 많다.
⑤ A는 65세 이상, B는 0~14세에 해당한다.

05

그래프는 두 국가의 연령층별 인구 비율과 성비를 나타낸 것이다. (가), (나) 국가에 대한 설명으로 옳은 것만을 〈보기〉에서 고른 것은? (단, (가), (나)는 각각 아랍 에미리트, 핀란드 중 하나임.)

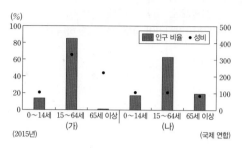

보기
ㄱ. (가)는 (나)보다 석유 수출량이 많다.
ㄴ. (나)는 (가)보다 중위 연령이 높다.
ㄷ. (가)는 유럽, (나)는 건조 아시아에 속한다.
ㄹ. (가), (나) 모두 노년층 여성 인구보다 노년층 남성 인구가 많다.

① ㄱ, ㄴ ② ㄱ, ㄷ ③ ㄴ, ㄷ ④ ㄴ, ㄹ ⑤ ㄷ, ㄹ

06

그래프는 지도에 표시된 세 국가의 인구 특징을 나타낸 것이다. (가)~(다) 국가에 대한 설명으로 옳은 것은?

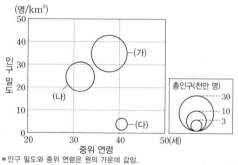
*인구 밀도와 중위 연령은 원의 가운데 값임.
(2015년)　(국제 연합)

① (가)에는 세계 최대의 열대 우림이 형성되어 있다.
② (나)는 세계에서 국내 총생산이 가장 많은 국가이다.
③ (다)는 과거 포르투갈의 식민 지배를 받았다.
④ (나)의 수위 도시는 (가)의 수위 도시보다 세계 도시 체계에서 상위 계층에 속한다.
⑤ (다)는 (나)보다 1인당 국내 총생산이 많다.

주제 2 세계의 인구 이주

07

| 모의평가 |

그래프는 (가), (나) 국가에서 해외로 이주한 인구의 국가별 분포를 나타낸 것이다. (가), (나)에 해당하는 국가를 지도의 A~D에서 고른 것은?

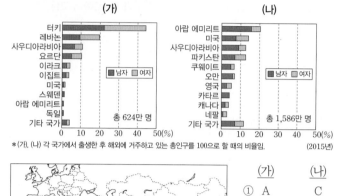
*(가), (나) 각 국가에서 출생한 후 해외에 거주하고 있는 총인구를 100으로 할 때의 비율임.
(2015년)

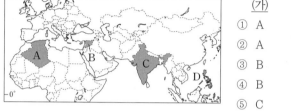

　　(가)　(나)
① A　C
② A　D
③ B　C
④ B　D
⑤ C　B

08

그래프는 대륙별 인구 증가율과 유입·유출 인구를 나타낸 것이다. (가)~(라) 대륙에 대한 설명으로 옳은 것은? (단, (가)~(라)는 각각 아시아, 아프리카, 앵글로아메리카, 유럽 중 하나이고, A와 B는 유입, 유출 중 하나임.)

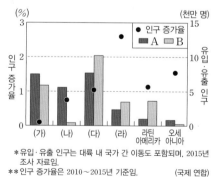
*유입·유출 인구는 대륙 내 국가 간 이동도 포함되며, 2015년 조사 자료임.
**인구 증가율은 2010~2015년 기준임.　(국제 연합)

① (가)는 (나)보다 산업 혁명이 시작된 시기가 이르다.
② (나)는 (다)보다 면적이 넓고 국가 수가 많다.
③ (다)는 (라)보다 출생률이 높다.
④ (라)는 (가)보다 중위 연령이 높다.
⑤ A는 유출, B는 유입에 해당한다.

주제 ③ 세계의 도시화

09

|수능|

그래프의 A~E 대륙에 대한 설명으로 옳은 것은? (단, A~E는 각각 라틴 아메리카, 아시아, 아프리카, 앵글로아메리카, 유럽 중 하나임.)

〈대륙별 도시화율 변화〉 〈대륙별 도시 인구 증가율〉

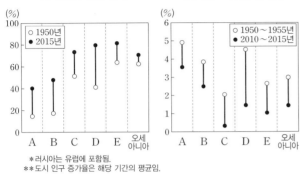

*러시아는 유럽에 포함됨.
**도시 인구 증가율은 해당 기간의 평균임.

① A는 2015년에 도시 인구가 촌락 인구보다 많다.
② C에는 세계적 규모의 첨단 산업 단지인 '실리콘 밸리'가 있다.
③ B는 E보다 국가의 수가 많다.
④ C는 D보다 세계 인구에서 차지하는 비율이 낮다.
⑤ D에서 B로 이주한 인구는 D에서 E로 이주한 인구보다 많다.

10

그래프에 대한 설명으로 옳은 것은? (단, (가)~(다), A~C는 각각 아시아, 아프리카, 앵글로아메리카 중 하나임.)

〈도시 및 촌락 인구〉 〈산업별 종사자 비율〉

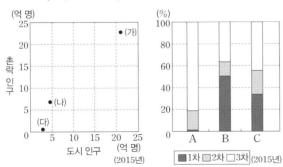

① (가)는 (나)보다 2010~2015년의 도시 인구 증가율이 높다.
② (나)는 (다)보다 3차 산업 종사자 비율이 낮다.
③ B는 C보다 총인구가 많다.
④ A, B는 모두 도시화율이 50% 이상이다.
⑤ (가)는 B, (나)는 C, (다)는 A이다.

11

그래프는 네 국가의 도시 인구와 도시화율을 나타낸 것이다. (가)~(라) 국가에 대한 설명으로 옳은 것은? (단, (가)~(라)는 각각 지도에 표시된 네 국가 중 하나임.)

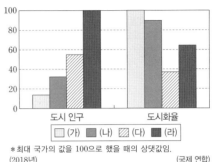

*최대 국가의 값을 100으로 했을 때의 상댓값임.
(2018년) (국제 연합)

① (나)는 (다)보다 도시화의 가속화 단계에 진입한 시기가 늦다.
② (다)는 (라)보다 총인구가 많다.
③ (라)는 (가)보다 1차 산업 종사자 비율이 높다.
④ (가), (나)는 모두 몬순 아시아에 속한다.
⑤ (가)~(라) 중에서 1인당 국내 총생산은 (다)가 가장 많다.

주제 ④ 세계의 도시 체계

12

지도는 세계의 도시 체계를 나타낸 것이다. (가) 도시군과 비교한 (나) 도시군의 상대적 특징으로 옳은 것만을 〈보기〉에서 고른 것은?

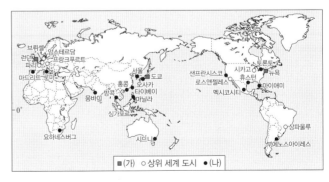

보기
ㄱ. 도시 인구의 자연 증가율이 높다.
ㄴ. 도시 인구 중 슬럼 거주민의 비율이 높다.
ㄷ. 생산자 서비스업의 종사자 수 비율이 높다.
ㄹ. 동일 계층에 속한 도시 간 평균 거리가 멀다.

① ㄱ, ㄴ   ② ㄱ, ㄷ   ③ ㄴ, ㄷ   ④ ㄴ, ㄹ   ⑤ ㄷ, ㄹ

1등급 전략

인구수 변화를 나타낸 그래프가 아니라 인구
증가율 변화를 나타낸 그래프이므로 인구수
순위와는 다른 양상으로 대륙별 순위가 정해
진다는 것에 주의해야 한다. 또한 유소년 부
양비와 노년 부양비가 제시된 경우에는 두
값을 활용하여 총 부양비를 구할 수 있다는
점, 총 부양비는 청장년층 인구 비율에 반비
례한다는 점에 주목하자.

01

그래프에 대한 설명으로 옳은 것은? (단, (가)~(라), A~D는 각각 아시아, 아프리카, 앵글로아메리카, 유럽 중 하나임.)

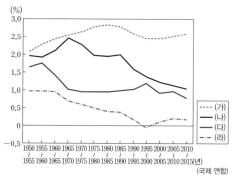

〈인구 증가율 변화〉

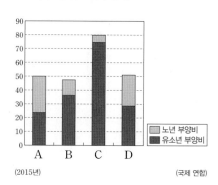

〈유소년 및 노년 부양비〉

① (가)는 (나)보다 2015년에 청장년층 인구 비율이 낮다.

② (다)는 (라)보다 2015년에 노령화 지수가 높다.

③ A는 B보다 2010~2015의 인구 증가율이 높다.

④ C는 D보다 인구 변천 모형의 2단계에 진입한 시기가 이르다.

⑤ 2015년의 총인구는 B>C>D>A 순으로 많다.

02

1등급 전략

인구의 자연적 증감과 사회적 증감, 중위 연
령, 총인구 성비 등의 인구 지표를 토대로 국
가를 추론하는 문항이다. 페르시아만 연안의
산유국과 관련된 인구 이주 현황과 그에 따
른 인구 구조의 변화를 떠올려 보자.

그래프에 대한 설명으로 옳은 것은? (단, (가)~(다), A~C는 각각 지도에 표시된 세 국가 중 하나임.)

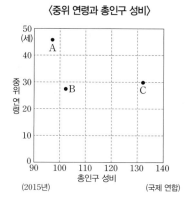

〈인구 변화〉

〈중위 연령과 총인구 성비〉

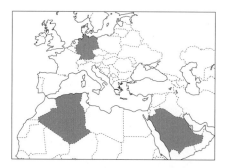

① (가)는 (나)보다 총인구 성비가 높다.

② (나)는 (다)보다 노령화 지수가 낮다.

③ B는 C보다 1인당 국내 총생산이 많다.

④ A, B는 모두 1995~2015년에 인구의 자연 증가가 나타났다.

⑤ (가)는 A, (나)는 C, (다)는 B이다.

03

다음 자료에 대한 설명으로 옳은 것은? (단, (가)~(라), A~D는 각각 아시아, 아프리카, 앵글로아메리카, 유럽 중 하나이고, ㉠과 ㉡은 도시, 촌락 중 하나임.)

〈도시 및 촌락 인구〉

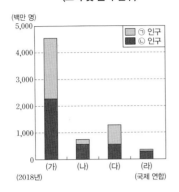

〈도시 인구 증가율 변화〉

(단위 : %)

기간 대륙	1950 ~1955년	2010 ~2015년
A	4.75	3.70
B	3.86	2.43
C	2.63	0.95
D	2.03	0.35

(국제 연합)

① (가)는 (나)보다 2010~2015년의 도시 인구 증가율이 낮다.
② (다)는 (라)보다 2018년의 도시화율이 높다.
③ A는 B보다 2018년에 도시 인구가 많다.
④ C는 D보다 영어 사용자 수 비율이 낮다.
⑤ (가)는 B, (나)는 D, (다)는 A, (라)는 C이다.

🔍 1등급 전략
도시와 촌락 인구, 도시 인구 증가율 변화 자료를 바탕으로 대륙별 도시화의 차이를 알고 있는지 묻는 문항이다. 도시 인구와 촌락 인구를 더한 값이 무엇을 의미하는지 생각해 보고, 도시화율이 높은 대륙과 낮은 대륙을 파악하여 그래프에 제시된 지표가 무엇인지 추론한다.

04

표는 지도에 표시한 네 국가의 도시 관련 지표를 나타낸 것이다. (가)~(라) 국가에 대한 설명으로 옳은 것만을 〈보기〉에서 있는 대로 고른 것은?

구분 국가	도시 인구 (천 명)	도시화율 (%)	도시 인구 증가율 (%)
(가)	17,035	31.6	5.47
(나)	137,635	53.3	2.57
(다)	176,654	85.8	1.25
(라)	20,397	85.7	1.59

* 도시 인구와 도시화율은 2015년 기준, 도시 인구 증가율은 2010~2015년 기준임. (국제 연합)

┌─보기─
ㄱ. (가)는 (나)보다 총인구가 많다.
ㄴ. (다)는 (라)보다 1인당 국내 총생산이 많다.
ㄷ. (라)는 (가)보다 도시화의 가속화 단계에 진입한 시기가 이르다.
ㄹ. (나)는 아시아, (다)는 아메리카에 위치한다.
└

① ㄱ, ㄴ   ② ㄱ, ㄷ   ③ ㄷ, ㄹ
④ ㄱ, ㄴ, ㄹ   ⑤ ㄴ, ㄷ, ㄹ

🔍 1등급 전략
경제 발달 수준에 따른 도시화 특징을 다양한 대륙에 위치한 국가를 통해 비교하는 문항이다. 도시화율이 높은 국가군과 낮은 국가군으로 나눈 뒤, 도시 인구 규모를 비교해 어떤 국가인지 추론해 보자. 라틴 아메리카에 위치한 국가들은 대체로 식민 지배의 영향으로 도시화 양상이 다르게 나타난다는 점을 염두에 두어야 한다.

07강 주요 식량 및 에너지 자원과 국제 이동

출제 POINT

주제 1 주요 식량 자원과 국제 이동		주제 2 주요 가축의 생산과 이동		주제 3 주요 에너지 자원과 국제 이동	
쌀의 생산과 이동 🔓	★★★	소의 사육과 특징	★☆☆	석탄의 특징과 이동 🔓	★★★
밀의 생산과 이동 🔓	★★★	양의 사육과 특징	★☆☆	석유의 특징과 이동 🔓	★★★
옥수수의 생산과 이동 🔓	★★☆	돼지의 사육과 특징	★☆☆	천연가스의 특징과 이동 🔓	★★★

♥ 주요 곡물 자원

주요 곡물 자원으로는 세계 3대 식량 작물인 쌀, 밀, 옥수수가 있다. 쌀은 아시아 계절풍 지역에서, 밀은 유럽·북부 아프리카·서남아시아에서, 옥수수는 중앙아메리카와 아프리카 동부에서 주식 재료로 많이 소비된다. 생산량은 옥수수가 가장 많고, 재배 면적은 밀이 가장 넓다.

주제 ① 주요 식량 자원과 국제 이동

1. 식량 자원 : 식용이 가능하며 인간 생존에 필요한 각종 영양소를 공급하는 자원

곡물 자원	쌀, 밀, 옥수수 등
육류 자원	• 돼지고기, 소고기, 양고기, 닭고기 등 • 사육 두수는 소>양>돼지 순으로 많지만, 육류 생산량은 돼지가 가장 많음(2017년)
기타	채소, 과실, 임산물, 수산물 등

2. 주요 곡물 자원의 생산과 이동

Tip

❶ 지역별 생산과 수출입 자료를 토대로 작물의 종류나 재배지를 추론한 뒤, 각 작물의 특징을 묻는 문항이 고난도로 출제된다. 따라서 작물별 주요 생산 국가(또는 대륙)를 국제 이동과 연계하여 암기해야 한다.

❷ 쌀은 기원지인 아시아가 키워드이다. 아시아의 생산 및 수출량이 가장 많다는 점, 다른 대륙보다 수출량이 많지만 주 생산지인 아시아계절풍 지역은 주로 생산지에서 소비되기 때문에 밀·옥수수보다 국제 이동량이 적다는 점을 기억하자.

3점 공략 🔓

(1) 쌀

기원지	중국 남부 및 동남아시아 지역
재배 조건	성장기에 고온 다습하고 수확기에 건조한 기후 지역의 충적 평야
주요 재배지	• 아시아 계절풍 기후 지역 : 가족 노동력 중심의 자급적 영농 형태로 재배 • 미국 캘리포니아 일대, 브라질 남부 : 기계화된 대규모 상업적 영농 형태로 재배
특징	• 단위 면적당 생산량이 많아 인구 부양력이 높음 • 아시아 계절풍 기후 지역의 쌀은 생산지에서 주로 소비되어 국제 이동량이 적음 → 생산량 대비 수출량 비율이 낮음

♥ 쌀의 국가별 생산 비율

(FAO)

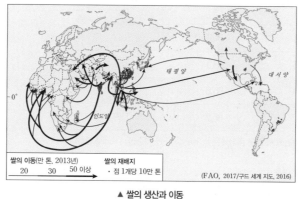

▲ 쌀의 생산과 이동

▲ 쌀의 국가별 수출 비율

Tip

❶ 내건성과 내한성이 커서 재배 범위가 넓은 밀은 쌀·옥수수보다 단위 면적당 생산량은 적지만 국제 이동량이 많다는 것이 핵심이다.

❷ 밀은 쌀처럼 중국과 인도에서 생산량이 가장 많으나, 그밖에 유럽(러시아, 프랑스)과 북아메리카(미국), 오스트레일리아의 생산량이 상대적으로 많음을 알아 두자.

3점 공략 🔓

(2) 밀

기원지	서남아시아의 건조 기후 지역
재배 조건	비교적 기온이 낮고 건조한 지역에서도 잘 자람 → 재배 범위가 넓은 편
주요 재배지	• 중국 화북, 인도 펀자브 지역 : 자급적 영농 형태로 재배 • 미국, 캐나다, 오스트레일리아 : 기계화된 대규모의 상업적 영농 형태로 재배
특징	• 단위 면적당 생산량이 옥수수·쌀보다 적음, 국제 이동량이 가장 많음 • 아메리카와 오세아니아에서 아시아와 유럽으로 이동 활발

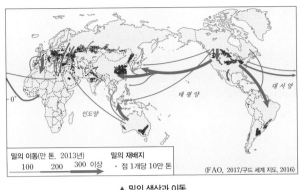

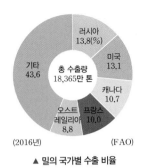

▲ 밀의 생산과 이동   ▲ 밀의 국가별 수출 비율

3점 공략 🔒   Tip

🔑 밀의 국가별 생산 비율

(3) 옥수수

기원지	아메리카 대륙
재배 조건	기후 적응력이 큼 → 다양한 기후 지역에서 재배됨
주요 재배지	미국의 생산량이 가장 많고, 중국 외 브라질 · 아르헨티나 등에서도 많이 생산되어 아메리카의 생산량이 많음
특징	• 가축의 사료로 많이 이용, 최근 바이오 에탄올의 원료로 이용되면서 수요 급증 • 세계 3대 식량 작물 중 단위 면적당 생산량이 가장 많음

❶ 옥수수는 기원지인 아메리카가 키워드이다. 아메리카의 생산 및 수출량이 가장 많다는 점, 쌀 · 밀과 달리 최대 생산 국가가 중국이 아닌 미국이라는 점을 꼭 기억하자.

❷ 쌀 · 밀보다 단위 면적당 생산량이 많고, 가축 사료와 바이오 에탄올 원료로 이용되면서 수요가 급증했다는 점은 옥수수 관련 선택지로 자주 등장하므로 숙지해야 한다.

🔑 옥수수의 국가별 생산 비율

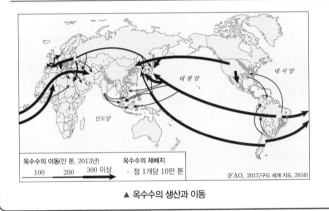

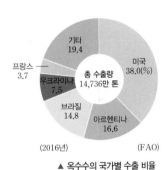

▲ 옥수수의 생산과 이동   ▲ 옥수수의 국가별 수출 비율

주제 ② 주요 가축의 생산과 이동

소	• 농경 사회에서 노동력을 대신하는 동물로 이용, 고기 외 우유 · 치즈 등의 유제품 제공 • 아메리카 · 오스트레일리아에서는 대규모 기업적 방목이 이루어짐 • 브라질 · 인도 · 미국 등에서 많이 사육, 주요 가축 중 사육 두수가 가장 많음(2017년)
양	• 고기, 젖 제공 → 최근 양털 수요 증가로 인해 공업 원료로서의 가치 상승 • 아시아에서는 유목, 오스트레일리아와 아메리카에서는 방목의 형태로 주로 사육 • 중국, 오스트레일리아, 인도 등에서 많이 사육, 나이지리아 · 수단 등 아프리카에서도 많이 사육
돼지	• 유목 생활에 적합하지 않음 → 정착 생활을 하는 지역에서 주로 사육 • 이슬람교 신자의 비율이 높은 서남아시아와 북부 아프리카에서는 거의 사육되지 않음 • 중국의 사육 두수 비율이 매우 높음, 에스파냐 · 독일 등 유럽에서도 많이 사육

🔑 소와 양의 분포

소는 양보다 개체의 크기가 커서 일일 물 섭취량이 많은 편이다. 따라서 소는 강수량이 비교적 풍부한 지역에서, 양은 강수량이 적은 건조 기후 지역에서 사육되는 경우가 많다.

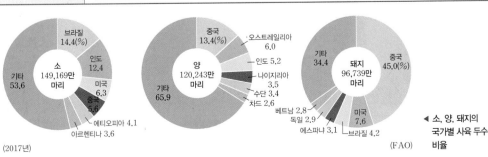

◀ 소, 양, 돼지의 국가별 사육 두수 비율

🔑 유목

가축과 함께 물과 풀을 찾아 이동하는 목축 방식을 말한다. 유목민의 경우 일정한 거주지가 없으므로 설치와 해체가 쉬운 이동식 가옥에 거주하는 경우가 많다.

신·재생 에너지의 분포

수력	유량이 풍부하고 낙차가 큰 곳. 빙하 지형이 발달한 곳
풍력	일정하고 강한 바람이 지속적으로 부는 산지, 고원, 해안
태양광	일사량이 많은 곳
지열	판 경계부

주제 3 주요 에너지 자원과 국제 이동

1. 에너지 자원의 의미와 소비

(1) 의미 : 석유, 석탄, 풍력 등과 같이 인간 생활과 경제 활동에 필요한 동력을 생산할 수 있는 자원

(2) 소비 : 세계 1차 에너지 자원 소비량은 지속적으로 증가 추세에 있음, 세계 1차 에너지 자원별 소비량은 석유＞석탄＞천연가스＞수력＞원자력＞신·재생 순으로 많음

2. 주요 에너지 자원의 특징과 이동

Tip

❶ 주요 에너지 자원의 지역별 생산 및 소비량 자료를 토대로 자원을 추론한 뒤, 그 특징을 묻는 문항이 출제된다. 따라서 자료 분석을 위해 각 자원의 생산·소비량 상위 국가가 어디인지 파악하고, 선지 분석을 위해 자원별 주요 특성을 비교·정리한다.

❷ 석탄은 산업용, 석유는 수송용, 천연가스는 산업용 및 가정용으로 이용되는 비율이 높다는 점,

❸ 석탄은 고기 조산대 주변에, 석유와 천연가스는 신생대 제3기층 배사 구조에 주로 매장되어 있다는 점,

❹ 연소 시 오염 물질 배출량은 석탄＞석유＞천연가스 순으로 많으며, 국제 이동량은 석탄이 가장 적다는 점을 기억하자.

3점 공략

(1) 석탄

특징	산업용(제철 공업, 발전 등)으로 이용되는 비율이 높음, 산업 혁명기 주요 에너지원
매장 및 분포	주로 고기 조산대 주변에 매장 예 애팔래치아산맥(미국), 그레이트디바이딩산맥(오스트레일리아), 푸순(중국) 등
국제 이동	화석 에너지 중 편재성이 작아 국제 이동량이 적은 편

▲ 석탄의 국가별 생산량 비율

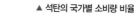

▲ 석탄의 국가별 소비량 비율

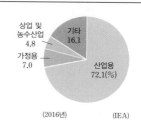

▲ 석탄의 용도별 소비량 비율

(2) 석유

특징	• 수송용으로 이용되는 비율이 높음, 19세기 내연 기관 발명과 자동차 보급으로 소비량 급증 • 세계 1차 에너지 소비 구조에서 차지하는 비율이 가장 높음
매장 및 분포	• 신생대 제3기층 배사 구조에 주로 매장 • 서남아시아의 페르시아만 연안(사우디아라비아, 이란, 쿠웨이트 등)에 많이 매장
국제 이동	편재성이 커서 국제 이동량이 많음

▲ 석유의 국가별 생산량 비율

▲ 석유의 국가별 소비량 비율

▲ 석유의 용도별 소비량 비율

(3) 천연가스

특징	• 산업용 및 가정용으로 이용되는 비율이 높음, 냉동 액화 기술 발달로 소비량 급증 • 석탄·석유보다 연소 시 대기 오염 물질 배출량이 적음
매장 및 분포	• 신생대 제3기층 배사 구조에 주로 매장 • 러시아, 카스피해 연안, 미국 등에 많이 매장
국제 이동	육상 구간에서는 파이프라인, 해상 구간에서는 액화 천연가스 수송선으로 수송

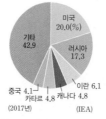

▲ 천연가스의 국가별 생산량 비율

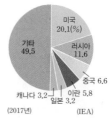

▲ 천연가스의 국가별 소비량 비율

▲ 천연가스의 용도별 소비량 비율

3점 공략 Check

Q1 쌀과 밀의 기원지는 (아시아 / 아메리카)에, 옥수수의 기원지는 (아시아 / 아메리카)에 위치한다.

Q2 가축의 사료로 가장 많이 이용되는 작물은 (쌀 / 밀 / 옥수수)이고, 아시아의 생산량 비율이 가장 높은 작물은 (쌀 / 밀 / 옥수수)이며, 국제 이동량이 가장 많은 작물은 (쌀 / 밀 / 옥수수)이다.

Q3 돼지 사육 두수가 가장 많은 국가는 (아시아 / 아메리카)에 위치한다.

Q4 물음에 해당하는 에너지 자원을 골라 쓰시오.

> 석유, 석탄, 천연가스

(1) 세계 1차 에너지 소비량이 가장 많은 에너지 (   )

(2) 화석 에너지 중 연소 시 대기 오염 물질 배출량이 가장 적은 에너지 (   )

(3) 산업 혁명기의 주요 에너지원 (   )

(4) 화석 에너지 중 수송용으로 이용되는 비율이 가장 높은 에너지 (   )

3점 공략 개념 CHECK 정답 _ Q1 아시아, 아메리카 Q2 옥수수, 쌀, 밀 Q3 아시아 Q4 (1) 석유 (2) 천연가스 (3) 석탄 (4) 석유

531 대표 기출 VS 고난도 기출 PROJECT H

3대 식량 작물의 대륙별 생산·수출량

순한맛 # 수능

그래프는 식량 작물 (가), (나)의 대륙별 생산량과 수출량 비율을 나타낸 것이다. 이에 대한 설명으로 옳은 것만을 〈보기〉에서 고른 것은?

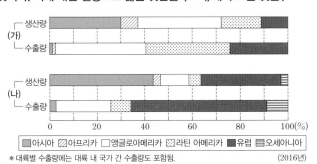

＊대륙별 수출량에는 대륙 내 국가 간 수출량도 포함됨.   (2016년)

〈보기〉
ㄱ. (가)는 대부분 아시아의 계절풍 기후 지역에서 재배된다.
ㄴ. (나)의 최대 생산국은 중국이다.
ㄷ. (가)는 (나)보다 가축의 사료로 이용되는 비율이 높다.
ㄹ. (가)와 (나)의 기원지는 동일한 대륙에 위치한다.

① ㄱ, ㄴ   ② ㄱ, ㄷ   ③ ㄴ, ㄷ   ④ ㄴ, ㄹ   ⑤ ㄷ, ㄹ

매운맛 # 모의평가 # 정답률 71%

그래프는 세계 3대 식량 작물 생산량·수출량의 대륙별 비율을 나타낸 것이다. A~C 작물에 대한 설명으로 옳은 것은?

〈생산량 비율〉

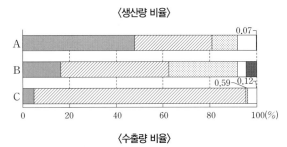

〈수출량 비율〉

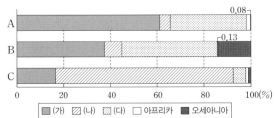

＊대륙별 수출량에는 대륙 내 국가 간 수출량도 포함됨.
＊＊대륙은 아메리카, 아시아, 아프리카, 오세아니아, 유럽으로 구분함.   (2012년)

① A의 최대 수출국은 (나)에 위치한다.
② B는 주로 (다)의 계절풍 기후 지역에서 재배된다.
③ C의 최대 생산국은 (가)에 위치한다.
④ B는 A보다 가축의 사료로 이용되는 비율이 높다.
⑤ C는 B보다 단위 면적당 생산량이 많다.

[유형 분석] 세계 3대 식량 작물인 쌀, 밀, 옥수수의 국가별 또는 대륙별 생산량과 수출량 비율을 나타낸 자료를 제시한 후 각 작물의 특징을 묻는 문항이 자주 출제된다. 각 작물이 어느 국가 또는 대륙에서 많이 생산되고 어떤 특징을 갖고 있는지 알아두어야 한다.

[접근 방법] ❶ (가), (나)의 생산량과 수출량이 많은 대륙이 어디인지 파악한다. ❷ (가), (나) 작물이 어떤 작물인지 파악한다. ❸ (가), (나) 작물에 대한 옳은 설명을 〈보기〉에서 고른다.

답 ③

[유형 분석] 세계 3대 식량 작물인 쌀, 밀, 옥수수의 대륙별 생산량 비율 외에 수출량 비율을 함께 제시하였으며, 작물뿐만 아니라 대륙도 판별해야 하므로 난도가 높은 문항이다. 자료 분석만으로도 상당한 시간이 소요되므로 빠르게 자료를 분석하는 연습을 해야 한다.

[접근 방법] ❶ C 작물과 (나) 대륙이 무엇인지 파악한다. 🔒 이때 쌀은 아시아의 생산량 비율이 매우 높게 나타난다는 점을 떠올리자. ❷ A, B 작물이 무엇인지 파악한다. 🔒 이때 오세아니아는 상대적으로 밀의 생산량과 수출량 비율이 높다는 점을 떠올리자. ❸ (가), (다) 대륙이 무엇인지 파악하고 제시된 선지의 진위를 파악한다.

답 ⑤

🎣 WHY 왜 빠지지 않고 출제될까?

세계 3대 식량 작물의 국가별 생산량과 수출량 비율보다는 **대륙별 생산량과 수출량 비율로 나타낸 자료**를 해석하는 데 조금 더 어려움을 겪는 경우가 많기 때문에 세계 3대 식량 작물의 대륙별 생산량과 수출량 비율 자료가 자주 출제된다. 또한 통계 자료 특성상 **그래프의 형태를 바꾸면 새로운 형식의 문항처럼 느껴지며**, 이를 분석하는 데 상당한 시간이 소요되므로 다양한 형태의 그래프를 활용한 비슷한 주제의 문항이 출제되고 있다.

🔒 HOW 킬러 문항, 어떻게 출제될까?

대륙별 생산량 또는 수출량 비율을 나타낸 자료를 제시할 때 **작물뿐만 아니라 대륙도 판별해야 하는 경우** 자료 해석에 시간이 많이 소요되며 난도도 크게 올라간다. 또한 세계 3대 식량 작물을 모두 제시하는 것이 아니라 세 작물 중 두 작물만 제시하는 경우에는 오히려 자료가 적어졌음에도 자료 분석의 난도가 더 높아지기도 한다. 자료를 무사히 잘 분석해서 **각 작물이 무엇인지 판별한 후에도**, 각 작물의 특징에 대해 설명하고 있는 **선지의 진위를 판별해야 하므로** 답을 찾기까지 많은 시간을 필요로 하는 킬러 문항이 된다.

실전 문제

주제 ① 주요 식량 자원과 국제 이동

01

| 수능 |

그래프는 세계 3대 식량 작물 (가)~(다)의 대륙별 생산량과 수출입량을 나타낸 것이다. 이에 대한 설명으로 옳은 것은? (단, 아메리카는 앵글로 아메리카와 라틴 아메리카로 구분함.)

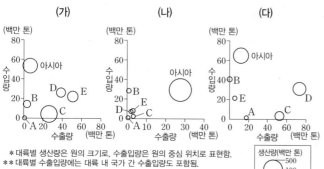

* 대륙별 생산량은 원의 크기로, 수출입량은 원의 중심 위치로 표현함.
** 대륙별 수출입량에는 대륙 내 국가 간 수출입량도 포함됨.

① B는 아프리카, C는 앵글로아메리카에 해당한다.
② (가)의 최대 생산국은 아시아에 위치한다.
③ (나)는 (다)보다 국제적 이동량이 많다.
④ (다)는 (가)보다 가축 사료용으로 사용되는 비율이 높다.
⑤ 라틴 아메리카는 (다)의 생산량이 (가)보다 많다.

02

그래프는 (가)~(다) 작물의 대륙별 수출량을 나타낸 것이다. 이에 대한 설명으로 옳은 것은? (단, (가)~(다)는 세계 3대 식량 작물 중 하나임.)

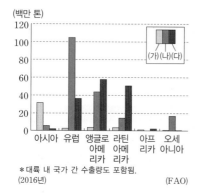

* 대륙 내 국가 간 수출량도 포함됨.
(2016년)   (FAO)

① (가)는 내한성과 내건성이 높아 재배 범위가 넓다.
② (나)는 바이오 에탄올의 원료로 이용되면서 수요가 급증하였다.
③ (다)의 기원지는 아시아에 위치한다.
④ (가)는 (나)보다 단위 면적당 생산량이 많다.
⑤ (나)는 (다)보다 세계 생산량이 많다.

03

그래프는 (가)~(다) 작물의 세계 생산량과 재배 면적을 나타낸 것이다. 이에 대한 설명으로 옳은 것만을 〈보기〉에서 고른 것은? (단, (가)~(다)는 세계 3대 식량 작물 중 하나임.)

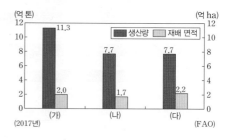

〈보기〉
ㄱ. (가)는 (나)보다 단위 면적당 농업용수 소비량이 많다.
ㄴ. (나)는 (다)보다 세계 생산량에서 아시아가 차지하는 비율이 높다.
ㄷ. (다)는 (가)보다 가축의 사료로 이용되는 비율이 높다.
ㄹ. 단위 면적당 생산량은 (가)>(나)>(다) 순으로 많다.

① ㄱ, ㄴ   ② ㄱ, ㄷ   ③ ㄴ, ㄷ   ④ ㄴ, ㄹ   ⑤ ㄷ, ㄹ

04

지도는 두 작물의 국제 이동을 나타낸 것이다. (가), (나) 작물에 대한 설명으로 옳은 것은? (단, (가), (나)는 세계 3대 식량 작물 중 하나임.)

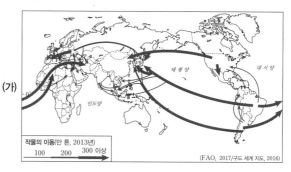

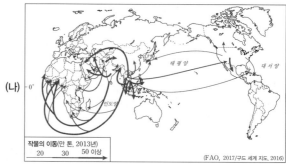

① (가)는 세계 3대 식량 작물 중 단위 면적당 생산량이 가장 적다.
② (나)의 세계 최대 생산 국가는 아메리카에 위치한다.
③ (가)는 (나)보다 기후 적응력이 높다.
④ (나)는 (가)보다 가축의 사료로 많이 이용된다.
⑤ (가), (나)의 기원지는 모두 아시아에 위치한다.

05

그래프는 (가)~(다) 작물의 국가별 생산량 비율을 나타낸 것이다. 이에 대한 설명으로 옳은 것은? (단, (가)~(다)는 세계 3대 식량 작물 중 하나임.)

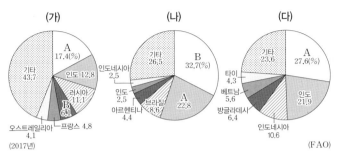

(2017년)

① (가)는 스시, 카오팟, 나시고렝, 리소토 등의 주재료이다.

② (나)는 바이오 에탄올의 원료로 이용되면서 수요가 급증하였다.

③ (나)는 (가)보다 국수나 빵을 만드는 데 많이 이용된다.

④ (가)는 (다)보다 주요 생산 지역의 연평균 기온이 높다.

⑤ A는 유럽, B는 아메리카에 위치한다.

주제 2 주요 가축의 생산과 이동

06

| 모의평가 |

그래프는 3개 국가의 가축 사육 두수의 비율을 나타낸 것이다. 이에 대한 설명으로 옳은 것은? (단, (가), (나)는 각각 오스트레일리아, 인도, 중국 중 하나임.)

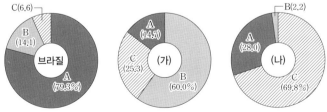

*각 국가별 소, 양, 돼지의 사육 두수 합을 100%로 한 각 가축별 비율을 나타낸 것임. (2014년)

① 브라질에서는 B의 사육이 열대림 파괴의 주요 원인이다.

② (가)에서는 B를 주로 유목 형태로 사육하고 있다.

③ (가)에서는 C를 종교적인 이유로 먹지 않는다.

④ (나)에서는 A를 주로 대찬정 분지에서 사육한다.

⑤ (나)에서는 C를 주로 방목 형태로 사육하고 있다.

07

그래프는 (가)~(다) 가축의 대륙별 사육 두수 비율을 나타낸 것이다. 이에 대한 설명으로 옳은 것은? (단, (가)~(다)는 각각 돼지, 소, 양 중 하나임.)

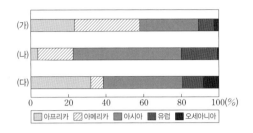

① (가)는 털의 수요가 증가하면서 공업 원료로서의 가치가 높아졌다.

② (나)는 농경 사회에서 노동력을 대신하는 동물이었다.

③ (다)의 세계 최대 사육 국가는 아시아에 위치한다.

④ (가)는 (다)보다 건조 기후 지역에서 사육하기 유리하다.

⑤ (나)는 (다)보다 유목 생활에 적합하다.

08

지도는 (가), (나)의 육류 이동을 나타낸 것이다. 이에 대한 설명으로 옳은 것만을 〈보기〉에서 고른 것은? (단, (가), (나)는 각각 돼지, 소, 양 중 하나임.)

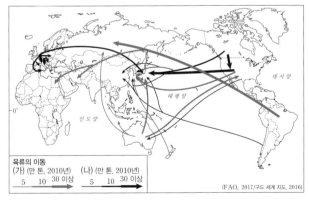

(FAO, 2017/구드 세계 지도, 2016)

보기
ㄱ. (가)는 벼농사 지역에서 노동력 대체 효과가 크다.
ㄴ. (나)의 육류는 이슬람교에서 금기시한다.
ㄷ. (나)는 (가)보다 세계의 사육 두수가 많다.
ㄹ. (가), (나)의 세계 최대 사육 국가는 모두 아시아에 위치한다.

① ㄱ, ㄴ   ② ㄱ, ㄷ   ③ ㄴ, ㄷ   ④ ㄴ, ㄹ   ⑤ ㄷ, ㄹ

주제 ③ 주요 에너지 자원과 국제 이동

09
|수능|

그래프는 해당 국가의 에너지 소비 구조를 나타낸 것이다. A~D 에너지에 대한 설명으로 옳은 것은? (단, A~D는 각각 석유, 석탄, 수력, 천연가스 중 하나임.)

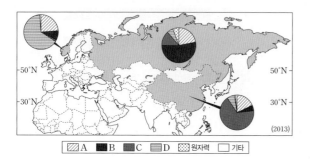

① A는 산업 혁명 시기의 주요 에너지 자원이었다.
② B는 액화 기술의 발달과 수송관 건설로 국제 이동량이 급증하였다.
③ C는 신생대 제3기층의 배사 구조에 주로 매장되어 있다.
④ D는 A보다 수송 부문에서 이용되는 비율이 높다.
⑤ A~D 중 오염 물질 배출량이 가장 많은 에너지 자원은 D이다.

10

그래프는 세계 1차 에너지 소비량 변화를 나타낸 것이다. A~E 에너지에 대한 설명으로 옳은 것은? (단, A~E는 각각 석유, 석탄, 수력, 원자력, 천연가스 중 하나임.)

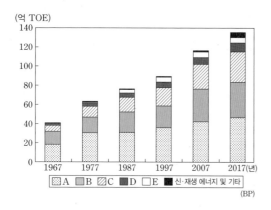

① A는 B보다 세계의 총 발전량에서 차지하는 비율이 높다.
② B는 C보다 전력 발전 시 대기 오염 물질 배출량이 많다.
③ C는 D보다 자원의 재생 가능성이 높다.
④ D는 E보다 상업적 발전에 이용되기 시작한 시기가 늦다.
⑤ A, E는 모두 신생대 제3기층의 배사 구조에 주로 매장되어 있다.

11

그래프는 세 국가의 1차 에너지 소비 구조를 나타낸 것이다. (가)~(라) 에너지에 대한 설명으로 옳은 것은? (단, (가)~(라)는 각각 석유, 석탄, 원자력, 천연가스 중 하나임.)

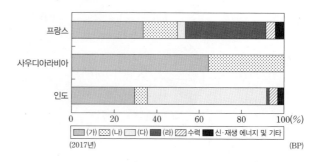

① (가)는 우라늄이나 플루토늄의 핵분열 시 발생하는 열에너지이다.
② (나)는 주로 고기 조산대 주변에 매장되어 있다.
③ (다)의 세계 최대 생산 국가는 아시아에 위치한다.
④ (라)는 육상 구간에서 주로 파이프라인을 통해 수송된다.
⑤ (가)~(라) 중에서 세계의 총 발전량에서 차지하는 비율은 (가)가 가장 높다.

12

그래프는 세 화석 에너지의 용도별 소비량 비율을 나타낸 것이다. (가)~(다)에 대한 설명으로 옳은 것은? (단, (가)~(다)는 각각 석유, 석탄, 천연가스 중 하나임.)

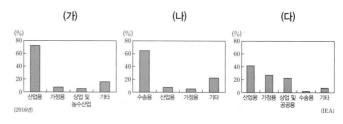

① (가)는 19세기 내연 기관의 발명과 자동차 보급이 확산되면서 소비량이 급증하였다.
② (나)는 주로 고기 조산대 주변에 매장되어 있다.
③ (다)는 세계 1차 에너지 소비 구조에서 차지하는 비율이 가장 높다.
④ (가)는 (나)보다 국제 이동량이 적다.
⑤ (다)는 (가)보다 세계 생산량에서 아시아가 차지하는 비율이 높다.

13

그래프는 (가)~(라) 에너지의 국가별 생산량 비율을 나타낸 것이다. 이에 대한 설명으로 옳은 것은? (단, (가)~(라)는 각각 바이오 에너지, 석유, 석탄, 천연가스 중 하나임.)

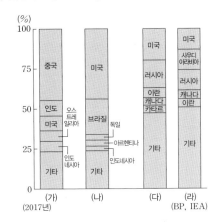

(2017년) (BP, IEA)

① (가)는 신생대 제3기층의 배사 구조에 주로 매장되어 있다.
② (나)는 자원의 편재성이 높은 화석 에너지이다.
③ (다)는 냉동 액화 기술의 발달로 소비량이 급증하였다.
④ (라)는 수송용보다 산업용으로 많이 소비된다.
⑤ (가)~(라) 중에서 세계 1차 에너지 소비 구조에서 차지하는 비율은 (다)가 가장 높다.

14

그래프는 두 에너지의 대륙별 생산량 및 소비량 비율을 나타낸 것이다. (가), (나) 에너지에 대한 설명으로 옳은 것만을 〈보기〉에서 고른 것은? (단, (가), (나)는 각각 석유, 석탄, 천연가스 중 하나임.)

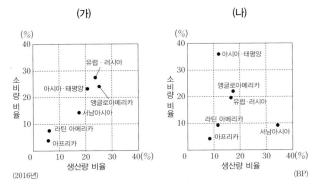

(2016년) (BP)

┌ 보기 ┐
ㄱ. (가)는 산업 혁명 당시 주요 에너지원이었다.
ㄴ. (나)는 내연 기관의 발명과 자동차 보급의 확산으로 소비량이 급증하였다.
ㄷ. (가)는 (나)보다 세계 소비량이 많다.
ㄹ. (나)는 (가)보다 산업에 본격적으로 이용되기 시작한 시기가 이르다.

① ㄱ, ㄴ   ② ㄱ, ㄷ   ③ ㄴ, ㄷ   ④ ㄴ, ㄹ   ⑤ ㄷ, ㄹ

15

그림의 (가)~(다) 에너지에 대한 설명으로 옳은 것은?

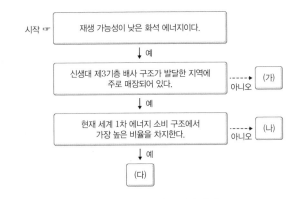

① (가)는 육상 운송 시 주로 파이프라인을 이용한다.
② (다)는 수송용보다 산업용으로 이용되는 비율이 높다.
③ (가)는 (나)보다 연소 시 대기 오염 물질 배출량이 적다.
④ (다)는 (가)보다 국제 이동량이 많다.
⑤ (가)~(다) 중 세계 생산량에서 아시아가 차지하는 비율이 가장 높은 것은 (나)이다.

16

| 모의평가 |

지도는 신·재생 에너지의 발전 양식별 설비 용량 상위 5개 국가를 나타낸 것이다. (가)~(다) 발전 양식에 대한 설명으로 옳은 것만을 〈보기〉에서 고른 것은? (단, (가)~(다)는 각각 수력, 지열, 풍력 중 하나임.)

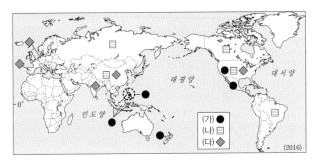

(2016)

┌ 보기 ┐
ㄱ. (가)는 지각판의 경계 지역에 입지하는 것이 유리하다.
ㄴ. (나)는 낙차가 크고 유량이 풍부한 지역이 생산에 유리하다.
ㄷ. (가)는 (다)보다 기후에 대한 의존성이 크다.
ㄹ. (가)~(다) 중 전 세계에서 발전량이 가장 큰 것은 (다)이다.

① ㄱ, ㄴ   ② ㄱ, ㄷ   ③ ㄴ, ㄷ   ④ ㄴ, ㄹ   ⑤ ㄷ, ㄹ

킬러 문항 완전 정복

🔑 1등급 전략

작물의 종류와 주요 생산국을 연이어 추론하는 문항이다. 생산량 대비 수출량 비율이 가장 높거나 낮은 작물이 무엇인지, 식량 작물의 수출량이 가장 많은 국가가 어디이고, 그 국가에서 주로 수출하는 작물은 무엇인지 등 자료 해석의 단서가 될 만한 포인트를 찾아 가려진 정보를 차근차근 파악해 보자.

01

그래프에 대한 설명으로 옳은 것은? (단, (가)~(다), A~C는 각각 세계 3대 식량 작물 중 하나이고, ㉠~㉢은 각각 미국, 오스트레일리아, 인도 중 하나임.)

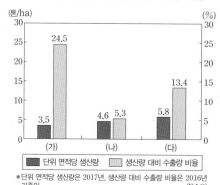

〈단위 면적당 생산량과 생산량 대비 수출량 비율〉

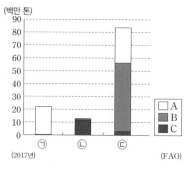

〈주요 국가의 작물별 수출량〉

*단위 면적당 생산량은 2017년, 생산량 대비 수출량 비율은 2016년 기준임. (FAO)

① (나)의 세계 최대 생산국은 ㉡이다.
② ㉢은 (가)의 수출량보다 (다)의 수출량이 많다.
③ A는 B보다 단위 면적당 생산량이 많다.
④ B는 C보다 생산량 대비 수출량 비율이 낮다.
⑤ (가)는 A, (나)는 B, (다)는 C이다.

🔑 1등급 전략

세계 3대 식량 작물의 수출입 현황을 대륙 수준에서 비교하는 문항이다. 작물의 종류뿐만 아니라 대륙까지 판별해야하기 때문에 주어진 정보를 활용하여 빠르게 분석하는 것이 좋다. 특히 오세아니아의 수출량에 주목하자.

02

그래프는 (가)~(다) 작물의 대륙별 수출량과 수입량을 나타낸 것이다. 이에 대한 설명으로 옳은 것은? (단, (가)~(다)는 세계 3대 식량 작물 중 하나이고, A~C는 각각 아메리카, 아시아, 유럽 중 하나임.)

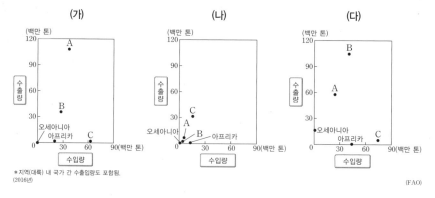

*지역(대륙) 내 국가 간 수출입량도 포함됨.
(2016년)
(FAO)

① (가)의 기원지는 A, (나)의 기원지는 C에 위치한다.
② (다)의 세계 최대 생산 국가는 B에 속한다.
③ (가)는 (나)보다 단위 면적당 농업용수 사용량이 많다.
④ (나)는 (다)보다 국제 이동량이 많다.
⑤ (다)는 (가)보다 세계 생산량이 많다.

03

그래프에 대한 설명으로 옳은 것은? (단, (가)~(다)는 각각 러시아, 미국, 중국 중 하나이고, A~D는 석유, 석탄, 원자력, 천연가스 중 하나임.)

〈화석 에너지 소비량 비율 변화〉

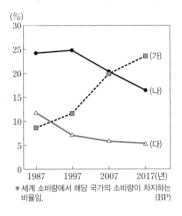

*세계 소비량에서 해당 국가의 소비량이 차지하는 비율임. (BP)

〈1차 에너지 소비 구조〉

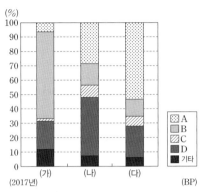

(2017년)　(BP)

① (가)는 (나)보다 1인당 1차 에너지 소비량이 많다.
② (나)는 (다)보다 1차 에너지 소비 구조에서 천연가스가 차지하는 비율이 높다.
③ A는 B보다 산업에 본격적으로 이용되기 시작한 시기가 늦다.
④ B는 C보다 발전에 이용 시 온실 가스 배출량이 적다.
⑤ D는 A보다 수송용으로 이용되는 비율이 낮다.

· 정답 및 해설 p.28~29

1등급 전략

세계적으로 화석 에너지 소비량이 많은 국가 간 에너지 소비량 변화 추이와 에너지 소비 구조를 비교하는 문항이다. 급성장하는 중국의 경제 상황을 고려하여 국가를 추론하고, 추론한 내용을 바탕으로 각 국가에서 특히 많이 소비되는 자원을 떠올려 1차 에너지를 파악한다.

04

그래프는 (가)~(다) 에너지의 대륙 내 소비량 비율을 나타낸 것이다. 이에 대한 설명으로 옳은 것은? (단, (가)~(다)는 각각 석유, 석탄, 천연가스 중 하나이고, A~C는 라틴 아메리카, 아시아·태평양, 유럽 중 하나임.)

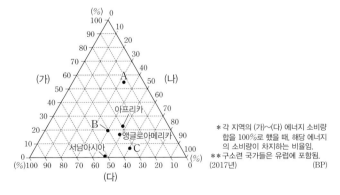

*각 지역의 (가)~(다) 에너지 소비량 합을 100%로 했을 때, 해당 에너지의 소비량이 차지하는 비율임.
**구소련 국가들은 유럽에 포함됨.
(2017년)　(BP)

① (나)의 세계 최대 생산 국가는 C에 속한다.
② (가)는 (나)보다 국제 이동량이 많다.
③ (다)는 (나)보다 연소 시 대기 오염 물질 배출량이 많다.
④ (가), (나)는 모두 신생대 제3기층의 배사 구조에 매장되어 있다.
⑤ B는 A보다 1인당 천연가스 소비량이 많다.

1등급 전략

삼각 그래프로 제시된 에너지 소비량 자료를 토대로 에너지의 종류와 대륙을 함께 추론하는 문항이다. 어느 것부터 파악해야 할지 헷갈린다면 먼저 서남아시아의 값을 활용하여 에너지를 추론해 보자. 또한 그래프 안의 점에서 (가)~(다) 세 축을 연결해 100%가 되는지 체크하여 삼각 그래프를 옳게 읽었는지 확인하도록 한다.

08강 몬순 아시아와 오세아니아 ~ 건조 아시아와 북부 아프리카

출제 POINT

주제 ① 몬순 아시아와 오세아니아

몬순 아시아의 자연환경	★★☆
몬순 아시아의 농업	★★☆
몬순 아시아의 의식주 문화 🔒	★★★

주요 자원의 분포와 이동	★★☆
산업 구조와 경제 협력 🔒	★★★
민족(인종)·종교 다양성과 지역 갈등	★☆☆

주제 ② 건조 아시아와 북부 아프리카

자연환경과 의식주 문화	★☆☆
자원 분포와 산업 구조 🔒	★★★
사막화 문제	★★☆

 몬순

계절이라는 뜻을 가진 아랍어 '마우심(mausim)'에서 유래한 용어로, 대륙과 해양의 비열 차이로 인해 계절에 따라 풍향이 바뀌는 바람을 말한다.

❷ 몬순 아시아의 지형

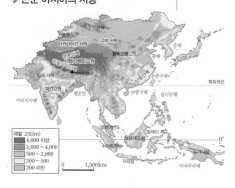

해발 고도(m)
- 4,000 이상
- 2,000~4,000
- 500~2,000
- 200~500
- 200 미만

0 1,500km

주제 ① 몬순 아시아와 오세아니아

1. 몬순 아시아의 지리적 범위 : 계절풍의 영향을 받는 유라시아 대륙 동안의 동아시아, 동남아시아, 남부 아시아 지역을 포함

2. 몬순 아시아의 자연환경

기후	유라시아 대륙 동안에 위치 → 계절풍의 영향으로 계절에 따라 풍향과 강수 차이가 뚜렷함	
	여름	남풍 계열의 계절풍 탁월, 기온이 높고 다습함
	겨울	북풍 계열의 계절풍 탁월, 기온이 낮고 건조함
지형❷	동아시아	• 중국 : 서고동저 지형 • 일본 : 판 경계에 위치해 화산 활동과 지진 활발
	동남아시아	알프스-히말라야 조산대와 환태평양 조산대 분포, 메콩강·짜오프라야강·이라와디강 주변에 충적 평야 분포
	남부 아시아	데칸고원(안정육괴), 서고츠산맥·동고츠산맥·히말라야산맥 분포, 갠지스강 중·하류의 힌두스탄 평원(충적 평야) 분포

❷ 몬순 아시아의 주요 농작물 분포

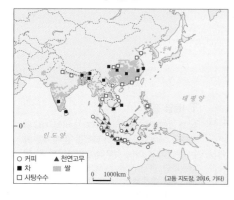

○ 커피 ▲ 천연고무
■ 차   ▨ 쌀
□ 사탕수수

0 1000km

(고등 지도장, 2016, 기타)

3. 몬순 아시아의 농업

농업적 토지 이용	• 쌀 : 하천 주변의 충적지에서 주로 재배 • 차 : 중국 창장강(양쯔강) 이남, 인도 북동부, 스리랑카에서 생산량이 많음 • 커피 : 베트남, 인도네시아에서 생산량이 많음 • 목화 : 중국 화중 지방, 인도 데칸고원에서 생산량이 많음	
농업 특징	동아시아	중국 화남 지방에서는 벼의 2기작, 북동부에서는 밀·옥수수 등의 밭농사 발달, 몽골에서는 유목과 관개 농업 실시
	동남아시아	메콩강 등 주요 하천 주변의 충적 평야에서 벼의 2기작 또는 3기작, 플랜테이션을 통한 상품 작물 재배 활발
	남부 아시아	갠지스강 하류·인도반도의 해안·방글라데시 삼각주 등에서 벼농사 발달, 인도의 데칸고원에서 목화 재배

Tip

3점 공략 🔒

❶ 의식주와 관련된 자료가 특정 지역의 기후·지형·문화적 배경 등과 연계하여 출제되는 경우가 많다. 지역별로 어떤 전통 음식과 가옥, 의복이 발달하였는지 대표 국가의 위치와 함께 알아 두자.

❷ 특히 전통 가옥은 기후적 특징을 많이 반영하므로 앞에서 배운 열대 기후, 건조 기후, 온대 기후 등의 특징과 함께 공부하면 학습 효과를 높일 수 있다.

4. 몬순 아시아의 의식주 문화

전통 음식	• 우리나라, 일본, 중국 북동부 지역 : 찰기가 있는 쌀로 만든 음식 발달
	  예) 스시(일본) 등
	• 중국 남부, 동남 및 남부 아시아 : 찰기가 적은 쌀과 향신료를 많이 사용함
	  예) 쌀국수(베트남), 나시고렝(인도네시아), 똠얌꿍(타이), 탈리 정식(인도) 등
	• 산지와 고원 지역 : 고기와 젖을 이용한 음식 발달
	  예) 수유차(시짱(티베트)고원 지역) 등

전통 가옥	• 사합원 : 중국 화북 지방의 전통 가옥 → 겨울철 추위에 대비한 폐쇄적인 구조가 나타남 • 고상 가옥 : 동남아시아 열대 기후 지역의 전통 가옥 → 가옥의 바닥을 지면에서 띄우고 많은 강수에 대비하여 지붕을 급경사로 지음, 통풍을 위해 창을 크게 만듦 • 합장 가옥 : 일본 다설지의 전통 가옥 → 눈이 흘러내리도록 지붕을 급경사로 지음
전통 의복	여름에는 더위와 습도에 적응할 수 있는 옷, 겨울에는 보온에 유리한 옷을 입음 예) 치파오(중국), 아오자이(베트남), 사리와 도티(인도), 론지(미얀마), 바롱(필리핀) 등

5. 몬순 아시아와 오세아니아의 자원 분포와 이동

🔑 석탄 및 철광석의 분포와 이동

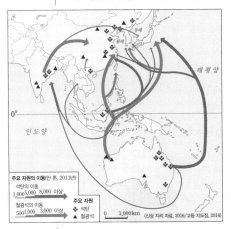

자원 분포		• 중국 : 세계 최대의 석탄 · 희토류 생산국, 급격한 산업화로 자원 소비량 급증 • 동남 및 남부 아시아 : 석유 · 천연가스 생산(인도네시아, 브루나이 등), 주석 생산(인도네시아, 말레이시아 등), 플랜테이션을 통한 상품 작물 생산 활발 • 오스트레일리아 : 철광석과 석탄의 생산 및 수출 활발, 보크사이트 · 구리 등의 매장량 풍부
자원 이동	석탄	공업 발달 국가에서 산업용으로 많이 소비, 오스트레일리아와 인도네시아에서 동아시아 · 인도 등으로 많이 수출
	철광석	'산업의 쌀'로 불리며 국제 이동량이 많음, 오스트레일리아에서 철강 공업이 발달한 대한민국 · 중국 · 일본 등으로 많이 수출
	주석	동남아시아에서 동아시아로 많이 수출
	천연고무	타이 · 인도네시아에서 동아시아로 많이 수출

3점 공략 🔒

6. 몬순 아시아와 오세아니아의 산업 구조

중국	• 넓은 영토, 풍부한 지하자원과 노동력을 바탕으로 세계적인 공업국으로 성장 • 1970년대 말 개혁 · 개방 정책 실시 → 경제특구 중심으로 외국 자본 유치 • 최근 중화학 공업 외에 첨단 산업 분야도 급속하게 성장하고 있음
일본	• 원료의 해외 의존도가 높아 가공 무역 발달 • 높은 기술력을 바탕으로 한 첨단 산업 및 자동차 공업 발달 • 세계적인 금융 중심지, 생산자 서비스업 발달
인도네시아	플랜테이션을 바탕으로 한 1차 산업 발달, 최근 노동 집약적 공업이 빠르게 발달하고 있음
인도	벵갈루루와 하이데라바드를 중심으로 정보 통신 기술 산업이 급성장
오스트레일리아	• 풍부한 지하자원을 바탕으로 광업 발달, 노동력이 부족하고 국내 시장이 협소해 제조업 발달은 미약 • 석탄 · 철광석 등 지하자원뿐만 아니라 밀 · 소고기 · 양모 등의 농축산물 수출도 많음
뉴질랜드	양모 · 버터 등의 축산물 수출이 많음, 최근 목재 산업 · 어업 · 관광 산업이 발달

Tip

❶ 몬순 아시아와 오세아니아 주요국의 산업 구조를 비교하는 문항이 주로 출제되는데, 대체로 탈공업화가 진행돼 3차 산업 비율이 높은 선진국과 1차 산업 비율이 높은 개발 도상국을 중심으로 출제된다.

❷ 일본 · 오스트레일리아 · 뉴질랜드와 같은 선진국은 인도 등의 남부 아시아, 인도네시아 등의 동남아시아의 개발 도상국보다 3차 산업 비율이 높은 반면 1차 산업 비율이 낮다. 세계적 공업 국가인 중국은 자원 개발과 제조업 발달로 2차 산업 비율이 높다는 점을 기억해 두자.

7. 몬순 아시아와 오세아니아의 경제 협력

교역	몬순 아시아는 오세아니아의 지하자원(석탄, 철광석 등)을 수입하여 공업 발달 → 공산품을 오세아니아로 수출
역내포괄적 경제동반자 협정(RCEP)	• 동남아시아 10개국과 대한민국, 중국, 일본, 인도, 오스트레일리아, 뉴질랜드가 포함된 총 16개국의 지역 내 무역 자유화를 위한 다자간 자유 무역 협정(FTA) • (2019년 기준 국가 간 협상 진행 중) 협정이 체결되면 거대한 경제 블록이 형성되어 역내 국가의 경제적 · 정치적 역량이 커질 것으로 기대됨

🔑 오스트레일리아의 무역 상대국 변화

영국의 식민 지배를 받았으며, 영국 연방에 속하는 오스트레일리아는 과거에 영국을 비롯한 유럽 국가 및 미국과의 교역 비율이 높았다. 그러나 1980년대 이후 우리나라, 일본 등 지리적으로 가까운 몬순 아시아 국가들의 경제가 빠르게 성장하자 이들 국가로 공업의 원료 자원을 수출하고, 이들 국가로부터 공산품을 수입하면서 몬순 아시아와 교역 비율이 높아지고 있다.

8. 몬순 아시아와 오세아니아의 민족(인종) · 종교 다양성과 지역 갈등

중국	• 한족(漢族)과 55개의 소수 민족으로 구성 • 소수 민족 자치구를 설정하여 민족의 고유성을 인정하는 정책 시행 • 분리 독립을 요구하는 티베트족 · 위구르족이 중국 정부와 갈등을 겪고 있음
남부 아시아	• 카슈미르 지역 : 힌두교를 믿는 인도와 이슬람교를 믿는 파키스탄 간의 갈등 • 스리랑카 : 불교를 믿는 신할리즈족과 힌두교를 믿는 타밀족 간의 갈등
동남아시아	• 필리핀 민다나오섬 : 이슬람교도와 크리스트교도 간의 갈등 • 미얀마 : 대부분 불교를 믿는 미얀마의 정부에서 이슬람교를 믿는 로힝야족 탄압
오세아니아	• 오스트레일리아 : 유럽인들이 오스트레일리아에 진출하면서 원주민인 애버리지니와 갈등 시작 → 거주 환경이 열악한 오지로 애버리지니를 강제 이주 • 뉴질랜드 : 유럽인이 뉴질랜드에 진출하면서 원주민인 마오리족과 갈등

🔑 몬순 아시아의 종교 분포 및 갈등 지역

🔎 외래 하천

환경이 다른 지역에서 발원하는 하천으로, 주로 습윤 지역에서 발원하여 사막을 통과한다.

🔎 바드기르

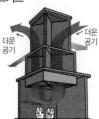

더운 공기 / 더운 공기

카나트를 활용하여 공기를 냉각·정화하여 실내 온도를 조절하는 윈드타워의 일종으로, 서남아시아 지역의 전통 가옥에 설치된 탑이다.

주제 ② 건조 아시아와 북부 아프리카

1. 자연환경

기후	사막 기후(북부 아프리카 일대, 아라비아반도, 중앙아시아), 스텝 기후(터키와 이란의 고원 지대, 중앙아시아 북쪽), 지중해성 기후(지중해 및 흑해 연안)가 나타남
지형	높고 험준한 산지(아틀라스산맥, 아나톨리아고원, 이란고원, 파미르고원 등), 외래 하천(나일강, 티그리스·프라테스강), 해안 평야(지중해, 흑해 연안) 등이 분포

2. 의식주 문화

전통 음식		빵, 고기와 유제품, 대추야자, 케밥 등
전통 가옥	사막 기후	지붕이 평평하고 창문이 작으며 벽이 두꺼운 흙벽돌집 발달, 가옥 간 간격이 좁은 편, 윈드타워(바드기르)가 설치된 가옥이 있음
	스텝 기후	유목을 하면서 이동하기 쉬운 이동식 가옥 예 게르, 유르트 등
전통 의복		헐렁하게 늘어지는 천으로 온몸을 감싸는 형태의 의복 발달

3. 농목업과 대상 무역

농목업	• 오아시스 농업과 지하수를 이용한 관개 농업이 주로 이루어짐 • 카나트(이란): 배후에 높은 산지가 있는 지역에서 수분 증발을 막기 위해 설치한 지하 관개 수로 → 마을로 보내진 지하수는 농업 및 생활용수로 이용 • 유목: 물과 목초지를 찾아 이동하면서 가축을 사육
대상 무역	여러 지역의 소식을 알려주고 상품을 거래하여 다양한 문화 교류에 큰 역할을 함

Tip

❶ 화석 에너지가 풍부한 국가와 그렇지 않은 국가의 산업·무역 구조가 자원 분포와 관련해 출제될 가능성이 높다. 석유와 천연가스 생산량이 많지만 석탄은 거의 생산되지 않고, 석유와 천연가스의 생산·수출이 많은 국가는 2차 산업 종사자 비율이 높다는 점을 기억하자.

❷ 석유와 천연가스의 생산량이 많은 국가를 구분하여 알아 두면 좋다.

석유	사우디아라비아, 이라크, 이란, 아랍 에미리트, 쿠웨이트 등
천연가스	이란, 카타르, 사우디아라비아, 알제리, 아랍 에미리트 등

3점 공략 🔒

4. 자원 분포와 산업 구조

화석 에너지 자원의 분포와 지역 변화		• 석유·천연가스: 페르시아만 연안(세계 석유 매장량의 절반 정도 집중), 북부 아프리카, 카스피해 연안 등지에 매장량이 매우 많음 • 송유관(파이프라인)과 유조선을 통해 유럽, 북아메리카, 동아시아 등으로 수출 활발 • 석유 수출국 기구(OPEC)를 결성해 석유 생산량과 가격에 영향력 행사, 석유·천연가스 수출로 벌어들인 외화를 통해 경제 성장 및 급속한 도시화 진행 → 산유국−비산유국 간 빈부 격차 발생, 해외 경제 의존도 심화
산업 구조	자원이 풍부한 국가	석유·천연가스 채굴업이 속한 2차 산업 발달, 석유와 천연가스의 수출액 비율이 높음 예 사우디아라비아, 아랍 에미리트, 카타르, 쿠웨이트, 알제리, 리비아, 카자흐스탄 등
	자원이 부족한 국가	1차 산업과 3차 산업의 비율이 상대적으로 높음, 최근 경제 성장을 위해 제조업 육성, 관광 산업 발달 예 터키, 이스라엘 등

🔒 3점 공략 Check

Q1 (사합원 / 고상 가옥 / 합장 가옥)은 중국 화북 지방, (사합원 / 고상 가옥 / 합장 가옥)은 일본 다설 지역의 전통 가옥이다.

Q2 물음에 해당하는 국가를 골라 쓰시오.

> 사우디아라비아, 오스트레일리아, 이집트, 인도네시아

(1) 대표적인 산유국으로 이슬람교의 최대 성지인 메카가 위치함 ( )

(2) 영국 연방 국가로, 철광석의 주요 수출국이며 원주민인 애버리지니 보호 구역이 있음 ( )

5. 사막화 문제

의미		건조 또는 반건조 지역에서 식생이 감소하고 토양이 황폐화되는 현상
발생 원인		• 자연적 원인: 기후 변화로 인한 장기간의 가뭄 • 인위적 원인: 무분별한 벌목, 경작지와 방목지의 확대, 지나친 관개로 인한 토지의 염도 상승 등
발생 지역	사헬 지대	급격한 인구 증가로 인한 가축의 과도한 방목 및 땔감 획득을 위한 벌목은 토양 침식과 토양 황폐화를 가속화시킴 예 말리, 니제르, 차드, 수단 등
	아랄해 연안	아무다리야·시르다리야강 유역의 과도한 관개 농업은 아랄해 면적을 축소시켜 호수 주변 토양을 황폐화시킴 예 카자흐스탄, 우즈베키스탄, 투르크메니스탄 등
지역 문제		• 삼림과 초원 훼손으로 인한 생물 종 감소 • 토양 황폐화로 인한 호흡기 질환 등의 질병 증가 • 물 부족과 기근으로 난민과 식량 확보를 둘러싼 갈등 발생
해결 노력		• 사막화 방지 협약(UNCCD) 체결 • 사막화 진행 지역의 주민들에 대한 지원과 조림 사업 시행

3점 공략 개념 CHECK 정답 _ Q1 사합원, 합장 가옥 Q2 (1) 사우디아라비아 (2) 오스트레일리아

아시아 주요 국가의 무역 구조

대표 기출 ⟨531 PROJECT H⟩ VS 고난도 기출

순한맛 # 모의평가

그래프는 세 국가의 국가별 무역 구조를 나타낸 것이다. (가)~(다)에 해당하는 국가를 지도의 A~C에서 고른 것은?

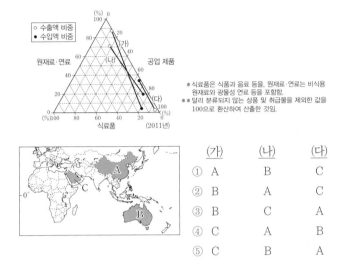

*식료품은 식품과 음료 등을, 원재료·연료는 비식용 원재료와 광물성 연료 등을 포함함.
**달리 분류되지 않는 상품 및 취급물을 제외한 값을 100으로 환산하여 산출한 것임.

	(가)	(나)	(다)
①	A	B	C
②	B	A	C
③	B	C	A
④	C	A	B
⑤	C	B	A

매운맛 # 모의평가 # 정답률 84%

그래프는 (가)~(다) 국가의 주요 수출 품목 비율을 나타낸 것이다. 이에 대한 추론으로 가장 적절한 것은? (단, (가)~(다)는 각각 인도네시아, 일본, 중국 중 하나임.)

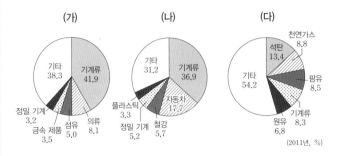

(가) 기계류 41.9 / 기타 38.3 / 정밀 기계 3.2 / 금속 제품 3.5 / 섬유 5.0 / 의류 8.1

(나) 기계류 36.9 / 기타 31.2 / 자동차 17.7 / 플라스틱 3.3 / 정밀 기계 5.2 / 철강 5.7

(다) 기타 54.2 / 천연가스 8.8 / 석탄 13.4 / 팜유 8.5 / 기계류 8.3 / 원유 6.8

(2011년, %)

① (가)는 (나)보다 1인당 국민 소득이 높을 것이다.
② (가)는 (다)보다 1차 상품의 수출 비율이 높을 것이다.
③ (나)는 (가)보다 서비스업 종사자 수 비율이 높을 것이다.
④ (나)는 (다)보다 노동 집약적 산업 비율이 높을 것이다.
⑤ (다)는 (나)보다 첨단 산업 제품의 수출 비율이 높을 것이다.

[유형 분석] 아시아와 오세아니아에 위치한 주요 국가의 무역 구조를 나타낸 자료를 보고 어느 국가인지를 판별하는 문항이다. 자주 출제되는 국가로는 제조업이 빠르게 성장하고 있는 중국, 대표적인 산유국인 사우디아라비아, 광물 자원과 밀 수출량이 많은 오스트레일리아가 있다. 주요 국가의 산업 구조가 무역 구조에 반영되므로 이를 토대로 문항을 풀어야 한다.

[접근 방법] ❶ 지도에 제시된 A~C 국가가 무엇인지 파악한다. ❷ 각국의 수출액 비율에서 원재료·연료, 공업 제품, 식료품 중 어느 제품의 수치가 높게 나타나는지 파악한다. ❸ (가)~(다) 국가의 산업 구조를 토대로 A~C 중에서 무엇에 해당하는지 생각해 본다.

답 ⑤

[유형 분석] 아시아에 위치한 주요 국가의 수출 품목별 비율을 나타낸 자료를 보고 어느 국가인지를 판별한 후 해당 국가의 특징에 대해 옳은 선지를 찾는 문항이다. (가)~(다) 국가가 무엇인지 판별해야 하는 것뿐만 아니라 해당 국가의 특징에 대한 선지의 진위도 판별해야 하므로, 두 번의 풀이 과정이 요구되어 비교적 난도가 높다. 특히 (가), (나) 국가를 판별할 때 주의를 기울이지 않으면 오답을 고를 확률이 높으므로 자료 분석에 신중해야 한다.

[접근 방법] ❶ 각 국가의 수출액 1~3위 품목이 무엇인지 파악한다. 🔒 이때 해당 국가에서 생산이 활발한 품목이 수출액도 많다는 점을 떠올리자. ❷ 수출액 1위 품목이 동일한 (가), (나)는 2, 3위 품목까지 고려하여 구분하도록 한다. ❸ (가)~(다) 국가에 대한 선지의 진위를 판단한다.

답 ③

⚓ WHY 왜 빠지지 않고 출제될까?

한 국가의 산업 구조를 잘 나타낼 수 있는 지표로는 산업별 생산액, 산업별 종사자 수 비율 외에 품목별 수출입액 비율이 있다. 특히 품목별 수출액 비율의 경우 해당 국가에서 **생산이 활발한 품목이 수출액도 많기 때문에** 이를 토대로 해당 국가에서 발달한 산업을 파악할 수 있다. 이에 **아시아 주요 국가의 산업 구조에 대한 내용을 묻는 과정**에서 품목별 수출액 비율 자료가 반복적으로 출제되고 있으므로 해당 국가의 산업 구조와 연관지어 자료를 분석하는 연습을 해 두어야 한다.

🔒 HOW 킬러 문항, 어떻게 출제될까?

주요 국가의 무역 및 산업 구조를 묻는 문항이 고난도로 출제될 때는 **해당 국가를 찾는 것 외에 해당 국가에 대한 설명의 진위를 판단하도록 문항이 구성**된다. 또는 **자료를 다양한 형태의 그래프로 제시**하여 해석이 복잡하도록 만들거나 **두 개 이상의 자료를 함께 제시**하여 자료 해석에 오랜 시간이 소요되도록 만든다. 따라서 이러한 유형의 문항을 풀이할 때는 제시된 국가가 무엇인지 먼저 파악하고, 제시된 국가의 산업 구조, 인구 구조 등의 다양한 특징을 떠올려 이를 토대로 자료를 빠르게 분석할 수 있어야 한다. 특정 국가의 산업 구조뿐만 아니라 전반적인 특징을 묻는 문항으로 확장하기 쉬운 주제이므로 몬순 아시아와 오세아니아의 주요 국가인 **중국, 일본, 사우디아라비아, 오스트레일리아, 인도** 등의 **지도상 위치와 특징을 정리**해 두는 것이 좋다.

주제 ① 몬순 아시아와 오세아니아

01

| 학력평가 변형 |

다음 자료의 ㉠~㉢에 들어갈 내용으로 옳은 것은? (단, (가)월, (나)월은 1월, 7월 중 하나임.)

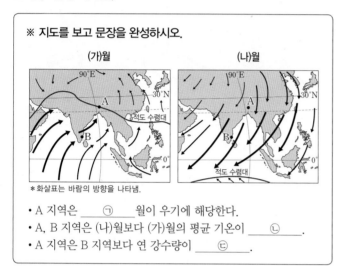

※ 지도를 보고 문장을 완성하시오.

* A 지역은 _____ ㉠ _____ 월이 우기에 해당한다.
* A, B 지역은 (나)월보다 (가)월의 평균 기온이 _____ ㉡ _____ .
* A 지역은 B 지역보다 연 강수량이 _____ ㉢ _____ .

	㉠	㉡	㉢		㉠	㉡	㉢
①	(가)	높다	많다	②	(가)	높다	적다
③	(가)	낮다	적다	④	(나)	낮다	많다
⑤	(나)	낮다	적다				

02

지도의 A~E에 대한 설명으로 옳은 것은?

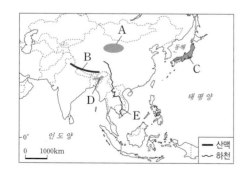

① A - 침엽수림으로 이루어진 타이가가 나타난다.
② B - 고기 습곡 산지에 해당하며 석탄 매장량이 풍부하다.
③ C - 시·원생대에 조산 운동을 받은 안정육괴에 해당한다.
④ D - 계절풍의 바람받이에 해당하여 지형성 강수가 많다.
⑤ E - 하구의 삼각주에서는 주로 밀 재배가 이루어지고 있다.

03

그림은 세 지역의 전통 가옥을 나타낸 것이다. (가)~(다) 지역에 대한 설명으로 옳은 것만을 〈보기〉에서 고른 것은? (단, (가)~(다)는 각각 말레이시아, 일본 기후현, 중국 화북 지방 중 하나임.)

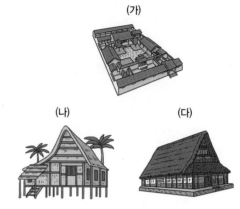

보기
ㄱ. (가)는 (나)보다 기온의 연교차가 크다.
ㄴ. (나)는 (다)보다 최한월 평균 기온이 높다.
ㄷ. (다)는 (가)보다 겨울 강수량이 적다.
ㄹ. (가)~(다) 중에서 1월의 밤 길이는 (나)가 가장 길다.

① ㄱ, ㄴ ② ㄱ, ㄷ ③ ㄴ, ㄷ ④ ㄴ, ㄹ ⑤ ㄷ, ㄹ

04

그림은 세 국가의 전통 의복을 나타낸 것이다. (가)~(다) 국가에 대한 설명으로 옳은 것은? (단, (가)~(다)는 각각 베트남, 인도, 중국 중 하나임.)

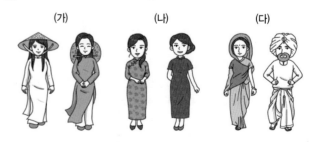

① (가)는 (나)보다 제조업 출하액이 많다.
② (나)는 (다)보다 소 사육 두수가 많다.
③ (다)는 (가)와 국경을 맞대고 있다.
④ (가)는 동남아시아, (나)는 남부 아시아, (다)는 동아시아에 속한다.
⑤ 총인구는 (나)>(다)>(가) 순으로 많다.

05

그림은 세 국가의 전통 음식을 나타낸 것이다. (가)~(다) 국가에 대한 설명으로 옳은 것만을 〈보기〉에서 고른 것은? (단, (가)~(다)는 각각 베트남, 일본, 타이 중 하나임.)

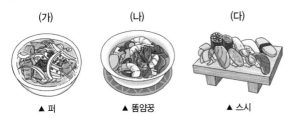

▲ 퍼 　　　▲ 똠얌꿍 　　　▲ 스시

〈보기〉

ㄱ. (다)의 수도는 세계 도시 체계에서 최상위 세계 도시에 해당한다.
ㄴ. (가)는 (나)보다 커피 생산량이 많다.
ㄷ. (나)는 (다)보다 1인당 국내 총생산이 많다.
ㄹ. (가), (다)는 동남아시아, (나)는 동아시아에 속한다.

① ㄱ, ㄴ　② ㄱ, ㄷ　③ ㄴ, ㄷ　④ ㄴ, ㄹ　⑤ ㄷ, ㄹ

06

지도는 몬순 아시아의 주요 농작물 분포를 나타낸 것이다. (가)~(라) 작물에 대한 설명으로 옳은 것은? (단, (가)~(라)는 각각 쌀, 차, 천연고무, 커피 중 하나임.)

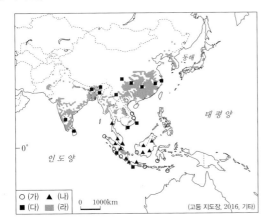

○ (가) ▲ (나) ■ (다) ▨ (라)
0 1000km
(고등 지도장, 2016, 기타)

① (가)는 주로 잎을 상품화한다.
② (나)는 세계 3대 식량 작물 중 하나이다.
③ (다)의 세계 최대 생산 국가는 아메리카에 위치한다.
④ (라)는 주로 수출을 목적으로 재배되는 상품 작물이다.
⑤ (가)는 (다)보다 국제 이동량이 많다.

07

지도는 몬순 아시아와 오세아니아의 (가), (나) 자원 이동을 나타낸 것이다. 이에 대한 설명으로 옳은 것만을 〈보기〉에서 고른 것은? (단, (가), (나)는 각각 석유, 석탄, 철광석 중 하나임.)

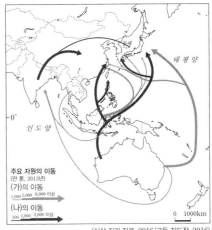

주요 자원의 이동
(만 톤, 2013년)
(가)의 이동
1,000 5,000 8,000 이상
(나)의 이동
500 1,000 3,000 이상
0 1000km
(신상 지리 자료, 2016/고등 지도장, 2016)

〈보기〉

ㄱ. (가)는 산업의 쌀이라 불린다.
ㄴ. (나)는 주로 신생대 제3기층의 배사 구조에 매장되어 있다.
ㄷ. (가), (나)는 모두 제철 공업이 발달한 국가에서 소비량이 많다.
ㄹ. (가)는 화석 연료, (나)는 금속 광물 자원이다.

① ㄱ, ㄴ　② ㄱ, ㄷ　③ ㄴ, ㄷ　④ ㄴ, ㄹ　⑤ ㄷ, ㄹ

08

| 모의평가 |

다음 글의 (가), (나) 지역이 속한 국가를 지도의 A~C에서 고른 것은?

• (가) 지역에는 수많은 정보 통신 관련 다국적 기업들이 진출해 있으며, 첨단 산업이 급성장하고 있다. 지역 내에 공과 대학 및 과학원이 있고, 영어가 공용어인 관계로 이를 능숙하게 구사하는 고급 기술 인력이 풍부하다. 이로 인하여 미국과의 유기적인 업무 협력도 가능해졌다.

• (나) 지역은 개혁·개방 정책으로 급속한 경제 성장을 이룩한 이 나라의 수도에 위치한다. 이 지역은 대학 및 연구 기관, 정보 통신 기업들이 집적되어 있는 클러스터로 빠르게 성장하였다. 또한, 각종 전자 제품을 판매하는 전자 상가도 함께 형성되어 있다.

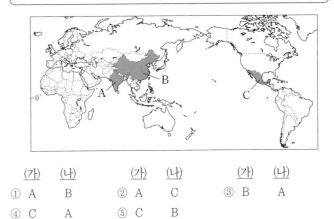

	(가)	(나)		(가)	(나)		(가)	(나)
①	A	B	②	A	C	③	B	A
④	C	A	⑤	C	B			

09

지도에 표시된 지역에서 발생한 분쟁과 관련된 공통적인 종교에 대한 설명으로 옳은 것은?

① 기원지가 인도에 위치한다.

② 세계에서 신자 수가 가장 많다.

③ 소를 신성시하는 민족 종교이다.

④ 술과 돼지고기를 금기시하며 유일신을 믿는다.

⑤ 대표적인 종교 경관으로 불상과 불탑을 들 수 있다.

주제 2 건조 아시아와 북부 아프리카

10

지도는 건조 아시아와 북부 아프리카의 인구 분포를 나타낸 것이다. A~D 지역에 대한 설명으로 옳은 것만을 〈보기〉에서 있는 대로 고른 것은?

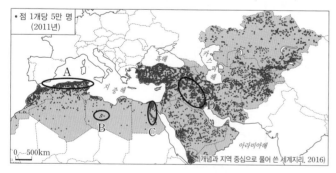

┌ 보기 ┐
ㄱ. A는 겨울 강수량보다 여름 강수량이 많다.
ㄴ. B는 오아시스를 중심으로 취락이 형성되어 있다.
ㄷ. C는 강수량보다 증발량이 많다.
ㄹ. C, D에서는 외래 하천이 흐른다.

① ㄱ, ㄴ   ② ㄱ, ㄷ   ③ ㄷ, ㄹ
④ ㄱ, ㄴ, ㄹ   ⑤ ㄴ, ㄷ, ㄹ

11

그림은 두 지역의 전통 가옥을 나타낸 것이다. (가), (나) 지역에 대한 설명으로 옳은 것만을 〈보기〉에서 고른 것은? (단, (가), (나)는 지도에 표시된 두 지역 중 하나임.)

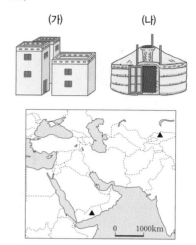

┌ 보기 ┐
ㄱ. (가)는 상록 활엽수가 울창한 숲을 이루고 있다.
ㄴ. (나)에서는 가축을 유목의 형태로 사육한다.
ㄷ. (가)는 (나)보다 연 강수량이 많다.
ㄹ. (나)는 (가)보다 토양 내 유기물 함량 비율이 높다.

① ㄱ, ㄴ   ② ㄱ, ㄷ   ③ ㄴ, ㄷ   ④ ㄴ, ㄹ   ⑤ ㄷ, ㄹ

12

그림은 어느 지역의 전통 의복을 나타낸 것이다. 이 지역의 특징에 대한 설명으로 옳은 것은?

① 설원에서 순록 유목이 활발하다.

② 주민의 대부분이 크리스트교를 믿는다.

③ 전통 가옥으로 고상 가옥을 쉽게 볼 수 있다.

④ 이동식 경작의 형태로 얌, 카사바 등을 재배한다.

⑤ 지하 관개 수로, 원형 스프링클러를 이용한 농법이 발달해 있다.

13

그래프는 건조 아시아와 북부 아프리카 내 (가), (나) 에너지의 생산량 상위 5개국을 나타낸 것이다. 이에 대한 설명으로 옳은 것만을 〈보기〉에서 고른 것은? (단, (가), (나)는 각각 석유, 석탄, 천연가스 중 하나임.)

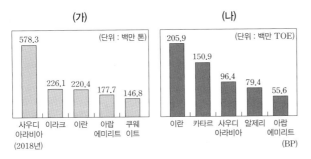

보기

ㄱ. (가)는 냉동 액화 기술의 발달로 생산량이 급증하였다.
ㄴ. (가)는 (나)보다 세계 소비량이 많다.
ㄷ. (나)는 (가)보다 연소 시 대기 오염 물질 배출량이 많다.
ㄹ. (가), (나)는 모두 신생대 제3기층의 배사 구조에 많이 매장되어 있다.

① ㄱ, ㄴ   ② ㄱ, ㄷ   ③ ㄴ, ㄷ   ④ ㄴ, ㄹ   ⑤ ㄷ, ㄹ

14

그래프는 세 국가의 품목별 수출 및 수입액을 나타낸 것이다. (가)~(다) 국가에 대한 설명으로 옳은 것은? (단, (가)~(다)는 각각 사우디아라비아, 카자흐스탄, 터키 중 하나임.)

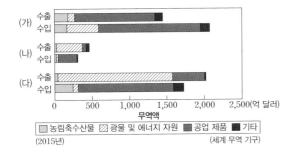

① (가)에는 이슬람교의 최대 성지가 위치해 있다.
② (나)는 페르시아만 연안에 위치한다.
③ (다)는 1차 산업 생산액보다 2차 산업 생산액이 많다.
④ (나)는 (다)보다 1인당 국내 총생산이 많다.
⑤ (다)는 (가)보다 인구 밀도가 높다.

15

(가) 환경 문제에 대한 설명으로 옳은 것만을 〈보기〉에서 고른 것은?

제○○○호   □□일보   2011년 ○월 ○일

녹색 장벽[Great Green Wall] 조성 현장에 가다!

사헬 지역 국가들은 _____(가)_____ 에 공동 대응하고 있다. 사헬의 서쪽 끝 세네갈부터 동쪽 끝 지부티까지 폭 약 15km, 길이 약 7,700km의 숲을 조성하여 _____(가)_____ 을/를 막기 위한 사업이 진행 중이다.

보기

ㄱ. 사막 주변 지역에서 주로 발생한다.
ㄴ. 장기간 가뭄과 과도한 경작이 주요 원인이다.
ㄷ. 호수의 산성화와 건물 부식 피해를 일으킨다.
ㄹ. 국제 사회가 몬트리올 의정서를 채택하는 계기가 되었다.

① ㄱ, ㄴ   ② ㄱ, ㄷ   ③ ㄴ, ㄷ   ④ ㄴ, ㄹ   ⑤ ㄷ, ㄹ

16

그래프에 대한 설명으로 옳은 것은? (단, (가), (나)와 A, B는 각각 지도에 표시된 두 국가 중 하나임.)

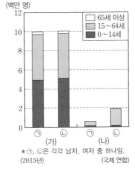
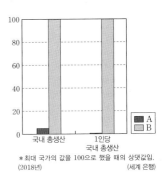
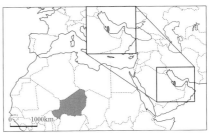

① (가)는 (나)보다 1인당 국내 총생산이 많다.
② (나)는 (가)보다 국토 면적이 넓다.
③ B는 아프리카의 사헬 지대에 위치한다.
④ A는 B보다 총인구 성비가 낮다.
⑤ (가)는 B, (나)는 A이다.

01

표는 지도에 표시된 세 국가의 산업별 생산액 비율과 국내 총생산을 나타낸 것이다. (가)∼(다) 국가에 대한 설명으로 옳은 것만을 〈보기〉에서 있는 대로 고른 것은? (단, A∼C는 각각 1차, 2차, 3차 산업 중 하나임.)

구분	산업별 생산액 비율(%)			국내 총생산 (십억 달러)
	A	B	C	
(가)	73.1	24.3	2.6	1,205
(나)	71.3	27.5	1.2	4,123
(다)	45.2	40.8	14.0	932

(2016년)

> 보기
>
> ㄱ. (가)에서 (나)로 수출하는 품목은 주로 공산품이다.
> ㄴ. (나)는 (가)보다 1차 산업 생산액이 많다.
> ㄷ. (다)는 (나)보다 1인당 국내 총생산이 많다.
> ㄹ. (가)와 (다)는 모두 석탄 수출량이 수입량보다 많다.

① ㄱ, ㄷ   ② ㄴ, ㄷ   ③ ㄴ, ㄹ
④ ㄱ, ㄴ, ㄹ   ⑤ ㄱ, ㄷ, ㄹ

02

그래프에 대한 설명으로 옳은 것은? (단, (가)∼(다), A∼C는 각각 사우디아라비아, 알제리, 터키 중 하나임.)

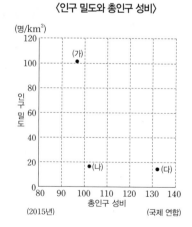

〈인구 밀도와 총인구 성비〉

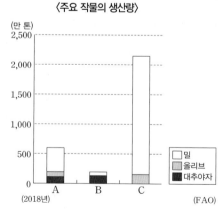

〈주요 작물의 생산량〉

① (가)는 (나)보다 밀 생산량이 많다.
② (나)는 (다)보다 석유 수출량이 많다.
③ B는 C보다 총인구가 많다.
④ A, C는 모두 여성 인구보다 남성 인구가 많다.
⑤ (가)는 A, (나)는 C, (다)는 B이다.

03

다음 자료에 대한 설명으로 옳은 것은? (단, (가), (나)와 A, B는 각각 석유, 석탄, 천연가스 중 하나임.)

〈(가), (나)의 건조 아시아와 북부 아프리카 내 생산량 상위 5개국〉

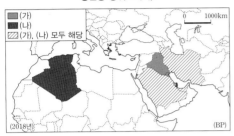

〈A, B의 지역별 매장량 비율〉

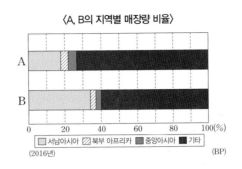

① (가)는 산업 혁명 당시 주요 에너지원이었다.

② (나)는 (가)보다 세계의 총 발전량에서 차지하는 비율이 낮다.

③ B는 냉동 액화 기술의 발달로 생산량이 급증하였다.

④ A는 B보다 수송용으로 이용되는 비율이 낮다.

⑤ (가)는 A, (나)는 B이다.

♀: 1등급 전략

건조 아시아와 북부 아프리카 주요 자원의 분포를 국가별, 지역별로 파악하는 문항이다. 전 세계를 대상으로 하지 않고 건조 아시아와 북부 아프리카만을 대상으로 조사한 에너지 통계임에 유의하자.

04

그래프는 (가)~(다) 국가의 품목별 수출입액 비율을 나타낸 것이다. 이에 대한 설명으로 옳은 것은? (단, (가)~(다)는 지도에 표시된 세 국가 중 하나임.)

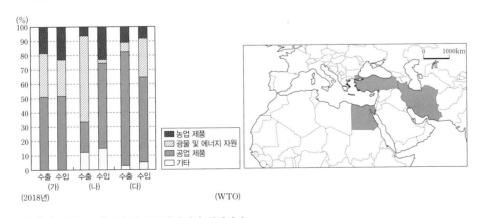

① (가)에는 메소포타미아 문명의 발상지가 위치한다.

② (나)는 나일강 유역에서 관개 농업이 활발하다.

③ (다)의 수위 도시는 여름 강수량보다 겨울 강수량이 많다.

④ (가)와 (다)는 티그리스 · 유프라테스강의 물 자원을 놓고 갈등을 빚고 있다.

⑤ (가)~(다) 중에서 천연가스 생산량은 (가)가 가장 많다.

♀: 1등급 전략

각 국가의 품목별 수출입액 비율을 토대로 산업 구조를 비교해 지역을 추론하는 문항이다. 지도에 표시된 국가를 화석 에너지 자원이 풍부한 국가와 부족한 국가로 나누어, 어떤 제품을 주로 수출·수입하는지 비교해 보자.

09강 유럽과 북부 아메리카 ~ 사하라 이남 아프리카와 중·남부 아메리카

VI. 유럽과 북부 아메리카 ~ VII. 사하라 이남 아프리카와 중·남부 아메리카

출제 POINT

주제 **1** 유럽과 북부 아메리카

유럽과 북부 아메리카의 공업 지역	★★★
유럽과 북부 아메리카의 도시 특색	★★☆
유럽과 북부 아메리카의 통합과 분리 운동 🔒	★★★

주제 **2** 사하라 이남 아프리카와 중·남부 아메리카

중·남부 아메리카의 도시, 문화 및 민족(인종) 🔒	★★★
자원 개발을 둘러싼 과제 🔒	★★★
사하라 이남 아프리카의 지역 분쟁과 저개발	★★☆

주제 **1** 유럽과 북부 아메리카

1. 유럽과 북부 아메리카의 공업 지역

♀ 유럽의 공업 지역

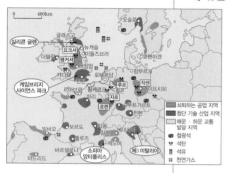

유럽	전통 공업 지역	석탄 및 철광석 산지를 중심으로 공업 지역 형성 ⑩ 랭커셔·요크셔 지방(영국), 루르·자르 지방(독일), 로렌 지방(프랑스) 등
	임해 공업 지역	원료의 수입과 제품의 수출이 유리한 곳으로 공업의 중심지 이동 ⑩ 카디프와 미들즈브러(영국), 됭케르크(프랑스), 로테르담(네덜란드) 등
	첨단 산업 지역	첨단 산업 클러스터의 형성 ⑩ 케임브리지 사이언스 파크(영국), 소피아 앙티폴리스(프랑스), 시스타 사이언스 파크(스웨덴), 오울루 테크노폴리스(핀란드), 제3 이탈리아(이탈리아) 등
북부 아메리카	전통 공업 지역	• 미국 : 뉴잉글랜드 공업 지역(경공업), 중부 대서양 연안 공업 지역, 오대호 연안 공업 지역(중화학 공업) • 캐나다 : 오대호(토론토)와 세인트로렌스강(몬트리올) 연안 중심
	변화	• 북동부 및 중서부 지역의 러스트 벨트에서 남부 및 서부 지역의 선벨트로 공업의 중심지 이동 • 첨단 산업의 성장 : 태평양 연안 공업 지역(컴퓨터, 영화, 항공 등), 멕시코만 연안 공업 지역(항공·우주, 석유 화학 등)

2. 유럽과 북부 아메리카의 도시 특색

♀ 미국 공업 지역의 이동

산업이 쇠퇴한 미국 중서부와 북동부 지역을 러스트 벨트, 북위 37° 이남 지역을 선벨트라고 한다. 선벨트 지역은 온화한 기후, 풍부한 석유와 천연가스, 지방 정부의 지원 등을 바탕으로 공업이 빠르게 성장하고 있다.

특색	오랜 기간 도시화 진행, 도시화율이 높음(종착 단계), 교외화 현상, 세계 도시 발달
유럽	• 영국(런던~리버풀), 네덜란드(란트슈타트 지역)에 메갈로폴리스 발달 • 역사가 오래되어 시대별 도시 모습이 어우러짐, 도심에 역사적 건축물이 많이 남아 있음 • 도심과 주변 지역 간 건물의 높이 차이가 작은 편, 좁고 복잡한 도로망이 나타남 • 경제력 및 민족(인종)에 따른 거주지 분리 현상이 나타남 → 도심에 고소득층 거주
북부 아메리카	• 미국 북동부(보스턴~뉴욕~필라델피아~볼티모어~워싱턴)에 메갈로폴리스 발달 • 도심에 중심 업무 지구가 형성되어 고층 빌딩이 많음, 외곽으로 갈수록 건물 높이가 낮아짐 • 경제력 및 민족(인종)에 따른 거주지 분리 현상이 나타남 → 외곽 지역에 고급 주택지 형성

Tip

유럽 연합과 북아메리카 자유 무역 협정의 회원국 수, 지역 내 총생산, 역내 무역액 비율 등의 지표를 비교·정리하고, 각각이 지역에 미친 영향과 함께 알아 두자.

♀ 벨기에와 이탈리아의 분리 운동

벨기에 북부의 플랑드르(네덜란드어 사용)는 지식 산업이 발달해 남부의 왈로니아(프랑스어 사용)보다 소득 수준이 높고, 이탈리아 북부 파다니아는 섬유 산업 등의 제조업이 발달해 농업 중심의 남부 지역보다 소득 수준이 높아 갈등을 겪고 있다.

3점 공략 🔒

3. 유럽과 북부 아메리카의 통합과 분리 운동

유럽	통합	유럽 연합(EU) 형성 : 1993년 12개국으로 출범, 2019년 28개 국가로 확대(2020년에 영국이 탈퇴하면서 회원국은 27개국이 됨), 단일 시장 형성으로 역외 무역보다 역내 무역 비율이 높음 → 동서 유럽 간 경제적 격차 확대, 난민 유입 등의 문제점 발생
	분리 운동	북아일랜드 및 스코틀랜드(영국), 카탈루냐 및 바스크(에스파냐), 플랑드르(벨기에), 파다니아(이탈리아), 코르시카섬(프랑스) 등
북부 아메리카	통합	북아메리카 자유 무역 협정(NAFTA) 체결 : 유럽 연합의 지역 내 총생산을 넘어서는 경제 블록으로 성장 → 미국 내 제조업 일자리 감소, 환경 오염, 멕시코 경제의 미국 의존도 심화 등의 문제점 발생
	갈등	• 프랑스계가 많이 정착한 캐나다 퀘벡주를 중심으로 분리 운동 발생 • 미국으로의 히스패닉 인구 유입에 따른 사회적 갈등 발생

1. 중·남부 아메리카의 도시, 문화 및 민족(인종)

3점 공략

도시	특징	• 분포 : 고대 문명 도시를 중심으로 고산 지역에 일찍부터 도시 발달, 유럽인의 진출로 연결성이 좋은 대서양 연안 지역에 식민 도시 건설 • 식민 지배의 영향으로 경제 수준에 비해 도시화율(80% 이상)이 높음 • 수위 도시에 인구 집중 → 종주 도시화 현상 발생 예 멕시코시티(멕시코), 보고타(콜롬비아), 부에노스아이레스(아르헨티나) 등
	내부 구조	• 식민 지배에 의한 계획 도시 건설 → 격자형 도로망을 갖춘 도심에 중앙 광장 조성, 광장 주변에 행정 기관과 종교 시설 배치 • 거주지 분리 : 도심과 도시 발전 축을 따라 고소득층의 유럽계, 주변부로 갈수록 사회적 지위가 낮은 원주민과 아프리카계가 거주
	문제	이촌 향도로 인한 대도시 과밀화 현상이 심각함 → 스프롤 현상 발생, 도시 주변에 대규모 불량 주거 지역(슬럼) 형성 예 브라질의 파벨라
문화 및 민족(인종)		• 에스파냐어와 포르투갈어(브라질)의 사용 비율이 높음 • 원주민 : 안데스 산지와 아마존강 유역에 분포 • 유럽계 : 기후 환경이 유럽과 비슷한 아르헨티나, 브라질 남동부 해안에 분포 • 아프리카계 : 플랜테이션이 발달한 자메이카, 브라질 북동부 해안에 분포

Tip

주요 국가의 민족(인종) 구성 특징은 암기해 두자. 멕시코는 혼혈과 원주민, 자메이카는 아프리카계, 브라질은 유럽계와 혼혈, 아르헨티나는 유럽계, 페루는 원주민의 비율이 높다.

❯ 중·남부 아메리카 민족(인종) 구성과 언어 분포

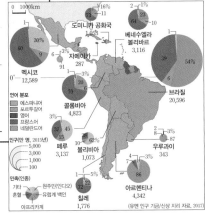

2. 사하라 이남 아프리카와 중·남부 아메리카의 자원 개발을 둘러싼 과제

3점 공략

(1) 자원 분포와 개발

석유, 천연가스	• 사하라 이남 아프리카의 기니만 연안 예 나이지리아, 앙골라 등 • 중·남부 아메리카의 베네수엘라 볼리바르, 에콰도르, 멕시코 등
구리, 코발트	• 구리, 코발트 : 아프리카의 코퍼 벨트(콩고 민주 공화국~잠비아) • 구리 : 중·남부 아메리카의 칠레
기타	석탄(남아프리카 공화국), 철광석(브라질), 보크사이트(자메이카), 은(멕시코)

(2) 자원 개발에 따른 문제

이용과 분배의 문제	• 외국 기업에 자원 개발을 의존하는 국가가 많고, 특정 자원에 대한 수출 의존도가 높음 → 국제 원자재 가격의 영향을 많이 받음 예 칠레(구리), 베네수엘라 볼리바르(석유) • 상품 작물 중심의 플랜테이션 → 불공정 무역으로 생산국에 돌아가는 이익이 적음 • 소수의 권력자와 결탁된 자원 개발 → 빈부 격차, 아동 노동 문제 등이 심각
환경 문제	열대림 파괴, 토양 침식, 수질 오염 등의 문제 예 나이저강 삼각주(나이지리아)의 원유 유출 사고

Tip

❶ 주요 자원의 매장(생산)량이 많은 국가를 지도에서 찾아보고, 해당 국가의 지형 특징과 연계해 알아 두자.
❷ 생산량이 많으면 수출량도 많다는 점을 염두에 두고, 수출 통계가 제시되었을 때 해당 국가의 자원 생산과 산업 구조를 연결해 생각해 보자.

🔒 3점 공략 Check

Q1 영국 랭커셔·요크셔 지방은 (전통 공업 / 첨단 산업) 지역, 프랑스 소피아 앙티폴리스는 (전통 공업 / 첨단 산업) 지역에 해당한다.

Q2 미국의 선벨트는 러스트 벨트보다 공업 발달의 역사가 (짧다 / 길다).

Q3 물음에 해당하는 국가를 골라 쓰시오.

| 나이지리아, 브라질, 아르헨티나, 잠비아 |

(1) 아프리카 코퍼 벨트에 위치하여 구리 생산량이 많은 국가 (　　　)
(2) 기니만에 위치하여 석유 생산량이 많고, 이슬람교와 크리스트교 간 갈등이 발생한 국가 (　　　)
(3) 포르투갈어를 공용어로 사용하는 중·남부 아메리카의 국가 (　　　)
(4) 중·남부 아메리카에서 우루과이와 함께 유럽계 비율이 높은 국가 (　　　)

3. 사하라 이남 아프리카의 지역 분쟁과 저개발

지역 분쟁	배경	민족·언어·종교의 다양성, 유럽 열강의 임의적 국경선 획정, 식민지 정책 등
	사례	• 독립 후 부족 간 갈등 → 르완다 내전, 부룬디 내전 • 이슬람교와 크리스트교의 점이 지대 → 나이지리아 분쟁, 수단 내전 • 인종 차별 정책(아파르트헤이트)과 인종 간 빈부 격차 → 남아프리카 공화국
저개발	현황	식량난 지속, 빈곤과 기아 문제, 보건 의료 시설 부족으로 유아 사망률이 높음
	원인	• 사회 기반 시설 부족 : 과거 자원 반출을 위한 내륙−해안 위주의 철도망 건설 • 상품 작물 위주의 생산 : 식량을 수입하는 국가가 많음, 식량 부족에 취약 • 1차 생산품 중심의 산업 구조, 선진국 투자에 의존하는 경제 구조
	극복 노력	• 아프리카 연합(AU)의 결성 : 아프리카의 공동 이익과 통합 및 발전 추구 • 국제 사회의 협력으로 도로, 철도, 의료 시설 분야 등의 공적 개발 원조 활발 • 민주주의 제도가 정착되고, 적극적인 교육 투자를 하는 국가가 증가하고 있음

순한맛 # 모의평가

다음 자료는 (가)~(라) 국가의 민족(인종)별 구성비를 나타낸 것이다. 이에 대한 설명으로 옳은 것은? (단, A~D는 각각 백인, 원주민, 혼혈, 흑인 중 하나임.)

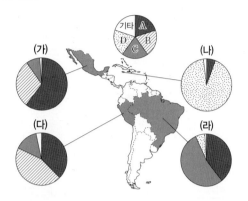

① C는 과거 플랜테이션 노동력 확보를 위해 강제로 이주되었다.
② D의 조상들은 잉카 문명과 아스테카 문명을 발달시켰다.
③ A는 D보다 라틴 아메리카 전체 인구에서 차지하는 비율이 높다.
④ B는 C보다 라틴 아메리카에서 경제적 지위가 높다.
⑤ (가)~(라) 중 백인의 비율이 가장 높은 국가의 공용어는 에스파냐어이다.

모의평가 # 정답률 58% 매운맛

그래프는 A~C 민족(인종)의 국가별 인구의 합을 나타낸 것이다. 이에 대한 설명으로 옳은 것만을 〈보기〉에서 고른 것은? (단, (가)~(다)는 지도에 표시된 국가 중 하나임.)

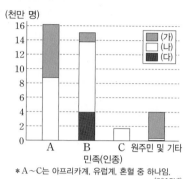

(천만 명)

* A~C는 아프리카계, 유럽계, 혼혈 중 하나임.
(2015년)

보기

ㄱ. 유럽계 인구는 아르헨티나가 가장 많다.
ㄴ. (가)는 에스파냐어를 공용어로 사용한다.
ㄷ. (나)에서는 매년 리우 카니발이 열린다.
ㄹ. 브라질은 멕시코보다 국가 전체 인구에서 A의 비율이 높다.

① ㄱ, ㄴ   ② ㄱ, ㄷ   ③ ㄴ, ㄷ   ④ ㄴ, ㄹ   ⑤ ㄷ, ㄹ

[유형 분석] 중·남부 아메리카 주요 국가의 민족(인종)별 구성을 제시하고 각 민족(인종)의 특징에 대해 묻는 문항이다. 각 국가별로 어느 민족(인종)의 인구 비율이 높게 나타나는지, 각 민족(인종)의 특징이 무엇인지 알아야 정답을 찾을 수 있다.

[접근 방법] ❶ 지도에 제시된 국가가 어디인지 파악한다. ❷ 각 국가에서 인구 비율이 높은 민족(인종)이 무엇인지 파악한다. ❸ 각 민족(인종)에 대해 설명한 선지의 진위를 파악한다.

답 ③

[유형 분석] 중·남부 아메리카 주요 국가의 민족(인종) 구성이 각 민족(인종)의 국가별 인구의 합으로 제시되었고, 이를 바탕으로 민족(인종)과 국가를 함께 추론하는 문항이다. 세 국가의 민족(인종)별 인구수가 아닌 세 민족(인종)의 국가별 인구수가 제시된 점에 유의해야 한다.

[접근 방법] ❶ 지도에 제시된 국가가 어디인지 파악한다. ❷ 각 민족(인종)의 합이 가장 큰 국가와 어느 한 민족(인종)으로만 구성된 국가를 찾는다. 이때 세 국가 중 브라질의 인구가 가장 많고, 아르헨티나는 대부분이 유럽계로 구성되어 있다는 점을 떠올린다. ❸ 각 민족(인종)과 국가에 대해 설명한 선지의 진위를 파악한다.

답 ③

WHY 왜 빠지지 않고 출제될까?

중·남부 아메리카는 과거 유럽의 식민 지배로 인해 다양한 민족(인종)이 유입되었고, 이 과정에서 광범위한 혼혈이 이루어져 지리적 환경에 따라 국가별로 다양한 민족(인종) 구성이 나타난다. 또한 민족(인종)별 특징도 독특하다. 이러한 까닭으로 중·남부 아메리카의 많은 국가 중에서 어떤 국가를 선택하여 제시하느냐에 따라 다양한 문항 구성이 가능하기 때문에, 중·남부 아메리카 국가의 민족(인종) 구성과 특징을 묻는 문항이 자주 출제된다.

HOW 킬러 문항, 어떻게 출제될까?

고난도 기출에서는 대표 기출과 반대로 국가의 민족(인종)별 구성이 아닌 민족(인종)의 국가별 인구수를 제시하였고, 민족(인종)과 국가의 정보를 모두 가려 자료 분석의 난도를 높였다. 이러한 유형은 주요 국가의 총인구, 대륙 전체의 민족(인종) 구성, 특정 민족(인종)의 비율이 높은 국가 등 더 많은 지리적 사실을 적용해야 정답을 찾을 수 있다. 따라서 중·남부 아메리카의 민족(인종) 구성을 묻는 문항에서는 인구가 가장 많은 브라질, 유럽계 민족(인종) 대부분을 차지하는 아르헨티나와 우루과이, 원주민의 비율이 높은 안데스 산지의 국가 등을 중심으로 자료 분석을 시작하는 것이 좋다.

주제 ① 유럽과 북부 아메리카

01

| 모의평가 |

지도는 미국과 멕시코의 주요 공업 지역을 나타낸 것이다. A~E에 대한 설명으로 옳지 않은 것은?

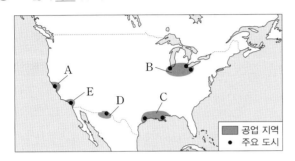

① A에서는 첨단 산업 클러스터가 성장하였다.

② B는 오대호의 수운을 바탕으로 발달하였다.

③ C에서는 유전을 기반으로 한 석유 화학 공업이 발달하였다.

④ E는 선벨트 지역에 속한다.

⑤ D는 B보다 역사가 오래된 자동차 공업 지역이다.

02

지도는 유럽의 주요 공업 지역을 나타낸 것이다. (가)~(다) 공업 지역에 대한 설명으로 옳은 것만을 〈보기〉에서 고른 것은?

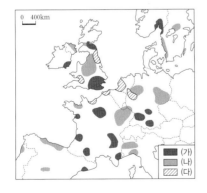

┌ 보기 ┐
ㄱ. (다)는 석탄과 철광석 산지로 원료 지향형 공업이 발달하였다.
ㄴ. (가)는 (나)보다 지식 집약적 산업의 집적 정도가 높다.
ㄷ. (나)는 (다)보다 원료의 수입과 제품의 수출에 유리하다.
ㄹ. (가)~(다) 중에서 공업 발달의 역사는 (나)가 가장 오래되었다.

① ㄱ, ㄴ ② ㄱ, ㄷ ③ ㄴ, ㄷ ④ ㄴ, ㄹ ⑤ ㄷ, ㄹ

03

그림은 두 지역의 도시 구조를 나타낸 것이다. (가), (나) 지역에 대한 설명으로 옳은 것만을 〈보기〉에서 고른 것은? (단, (가), (나)는 각각 북부 아메리카, 유럽 중 하나임.)

┌ 보기 ┐
ㄱ. (가)는 (나)보다 도시 발달의 역사가 오래되었다.
ㄴ. (가)는 (나)보다 도시의 도로망이 직교형에 가깝다.
ㄷ. (나)는 (가)보다 도심과 주변 지역 간 건물의 높이 차이가 크다.
ㄹ. (가)는 북부 아메리카, (나)는 유럽이다.

① ㄱ, ㄴ ② ㄱ, ㄷ ③ ㄴ, ㄷ ④ ㄴ, ㄹ ⑤ ㄷ, ㄹ

04

지도는 미국 어느 도시의 민족(인종)별 거주 지역을 나타낸 것이다. 이 도시에 대한 설명으로 옳은 것은?

① 미국의 수도이다.

② 세계 도시 체계에서 하위 세계 도시에 해당한다.

③ A는 B보다 인구 공동화 현상이 뚜렷하다.

④ B는 A보다 지대 및 접근성이 높다.

⑤ A는 도심, B는 주변 지역에 해당한다.

05

지도의 (가)~(마) 지역에 대한 설명으로 옳은 것은?

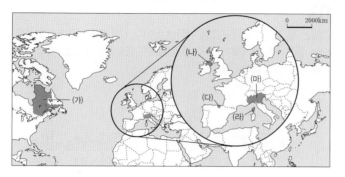

① (가)는 과거 독일의 식민 지배를 받았다.

② (나)에서는 바스크족이 분리 독립을 요구하고 있다.

③ (다)에서는 가톨릭교와 개신교 간의 갈등이 심각하다.

④ (라)는 현재 이탈리아가 실효 지배하고 있다.

⑤ (마)는 자국 내 남부 지방보다 소득 수준이 높다.

06

그림은 북아메리카 자유 무역 협정 회원국 간 무역액 변화를 나타낸 것이다. (가)~(다) 국가에 대한 설명으로 옳은 것만을 〈보기〉에서 있는 대로 고른 것은?

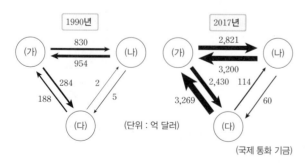

┌ 보기 ┐
ㄱ. (가)는 (나)보다 총인구가 많다.
ㄴ. (나)는 (다)보다 1인당 지역 내 총생산이 많다.
ㄷ. (다)는 (가)와의 국경 지대에 마킬라도라가 형성되어 있다.
ㄹ. (가)는 미국, (나)는 멕시코, (다)는 캐나다이다.

① ㄱ, ㄴ   ② ㄱ, ㄹ   ③ ㄷ, ㄹ

④ ㄱ, ㄴ, ㄷ   ⑤ ㄴ, ㄷ, ㄹ

주제 **2**   **사하라 이남 아프리카와 중·남부 아메리카**

07

| 모의평가 |

그래프는 지도에 표시된 (가)~(다) 국가의 민족(인종)별 인구 구성비를 나타낸 것이다. 이에 대한 설명으로 옳은 것은? (단, A~C는 각각 원주민, 유럽계, 혼혈 중 하나임.)

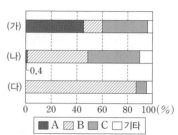

① 라틴 아메리카 전체 인구에서 차지하는 비율은 C가 가장 낮다.

② 라틴 아메리카에 정착한 시기는 B가 A보다 늦다.

③ (나)에서 A는 B보다 경제적 지위가 높다.

④ (다)에는 한류의 영향을 받아 형성된 해안 사막이 있다.

⑤ (가)는 포르투갈어, (나)는 에스파냐어를 공용어로 사용한다.

08

지도는 중·남부 아메리카의 도시 인구 분포를 나타낸 것이다. 이에 대한 설명으로 옳은 것은?

① C는 인구의 대부분이 원주민으로 구성되어 있다.

② B는 A보다 연평균 기온이 높다.

③ A~C는 모두 소속된 국가의 수도이다.

④ 인구 100만 명 이상의 도시는 해안보다 내륙에 많다.

⑤ 중·남부 아메리카에서 도시 인구가 가장 많은 국가는 멕시코이다.

09

지도는 (가) 도시의 민족(인종)별 거주지 분포를 나타낸 것이다. 이에 대한 설명으로 옳은 것만을 〈보기〉에서 고른 것은? (단, A, B는 각각 원주민, 유럽계 중 하나임.)

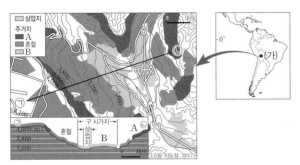

〈보기〉

ㄱ. (가)는 상춘 기후가 나타난다.
ㄴ. (가)는 세계 도시 체계의 최상위 세계 도시에 해당한다.
ㄷ. B는 A보다 평균 소득 수준이 높다.
ㄹ. A는 유럽계, B는 원주민에 해당한다.

① ㄱ, ㄴ   ② ㄱ, ㄷ   ③ ㄴ, ㄷ   ④ ㄴ, ㄹ   ⑤ ㄷ, ㄹ

10

| 학력평가 |

자료를 보고 옳게 추론한 학생만을 〈보기〉에서 있는 대로 고른 것은?

□□일보   2011년 ○월 ○일

1956년 영국의 식민 지배로부터 독립한 이후, 수단에서는 아프리카계 원주민이 다수인 남부 지역과 아랍계 민족이 다수인 북부 지역 간의 갈등이 끊이지 않았다. 특히 수단 남부 지역에 주로 매장되어 있는 석유 자원의 이권 확보를 위한 각축전이 더해지면서 내전이 더욱 심화되었다. …(중략)… 장기적인 내전 끝에 2011년 수단 남부 지역은 남수단으로 분리·독립하였다.

〈보기〉

갑 : 분쟁은 이슬람교 종파 간의 대립이었어.
을 : 분쟁은 종교 분쟁뿐 아니라 자원 분쟁이기도 해.
병 : 남수단이 석유를 수출하기 위해서는 수단과의 협력이 필요할 거야.
정 : 식민 지배 당시 종족 분포 범위를 고려하지 않고 국경을 설정한 것도 분쟁의 배경 중 하나야.

① 갑, 을   ② 을, 병   ③ 갑, 을, 병
④ 갑, 병, 정   ⑤ 을, 병, 정

11

지도는 아프리카의 종교 분포를 나타낸 것이다. (가)~(다) 종교에 대한 설명으로 옳은 것은? (단, (가)~(다)는 각각 이슬람교, 크리스트교, 토속 신앙 중 하나임.)

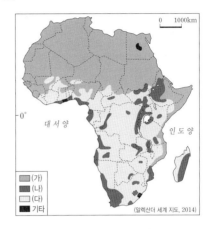

① (가)의 대표적인 종교 경관으로 십자가와 종탑을 들 수 있다.
② (나)의 신자들은 술과 돼지고기를 금기시한다.
③ (다)는 유럽의 식민 지배 영향으로 전파되었다.
④ (나)는 (다)보다 최근 50년간 신자 수 증가율이 높다.
⑤ (가)~(다) 중에서 아프리카 내 신자 수는 (가)가 가장 많다.

12

그래프는 세 국가의 수출 구조를 나타낸 것이다. (가)~(다) 국가를 지도의 A~C에서 고른 것은?

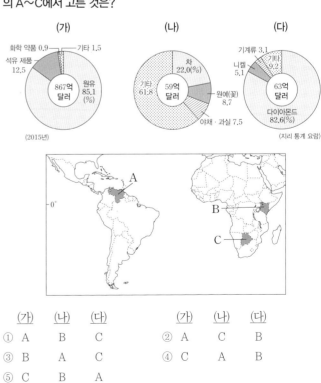

	(가)	(나)	(다)		(가)	(나)	(다)
①	A	B	C	②	A	C	B
③	B	A	C	④	C	A	B
⑤	C	B	A				

01

그래프는 (가)~(라) 국가의 민족(인종)별 인구 비율을 나타낸 것이다. 이에 대한 설명으로 옳은 것은? (단, (가)~(라)는 지도에 표시된 네 국가 중 하나이고, A~D는 각각 아프리카계, 원주민, 유럽계, 혼혈 중 하나임.)

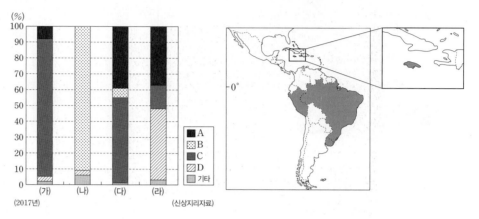

① (가)는 (나)보다 영어 사용자의 비율이 높다.
② (라)는 (다)보다 총인구가 많다.
③ A는 B보다 중·남부 아메리카의 총인구에서 차지하는 비율이 높다.
④ B는 C보다 사회·경제적인 지위가 높다.
⑤ D는 C보다 중·남부 아메리카에 정착한 시기가 늦다.

02

그래프에 대한 설명으로 옳은 것은? (단, (가), (나)는 각각 이슬람교, 크리스트교 중 하나이고, A~C는 지도에 표시된 세 국가 중 하나임.)

〈사하라 이남 아프리카의 종교별 신자 수 비율 변화〉

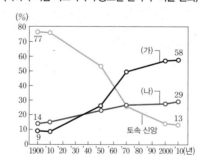

〈A~C의 종교별 신자 수 비율〉

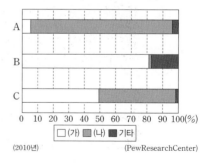

① (나)의 신자 수 비율 증가는 유럽인의 진출과 관련 깊다.
② 북부 아프리카에는 (나)의 신자 수보다 (가)의 신자 수가 많다.
③ A는 B보다 1인당 국내 총생산이 많다.
④ B는 C보다 석유 생산량이 적다.
⑤ C는 A보다 이슬람교 신자 수 비율이 높다.

03

그래프는 (가)~(라) 국가의 수출 상품별 수출액 비율을 나타낸 것이다. 이에 대한 설명으로 옳은 것만을 〈보기〉에서 고른 것은? (단, (가)~(라)는 지도에 표시된 네 국가 중 하나임.)

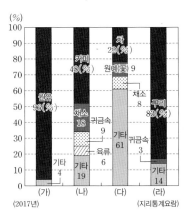

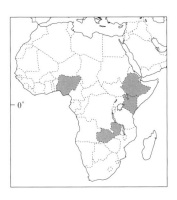

보기
ㄱ. (가)는 (나)보다 총인구가 많다.
ㄴ. (나)와 (다)는 국경의 일부가 서로 맞닿아 있다.
ㄷ. (다)는 (라)보다 고위도에 위치한다.
ㄹ. (라)는 (가)보다 동아프리카 지구대로부터의 거리가 멀다.

① ㄱ, ㄴ   ② ㄱ, ㄷ   ③ ㄴ, ㄷ   ④ ㄴ, ㄹ   ⑤ ㄷ, ㄹ

• 정답 및 해설 p.36~37

🔑 1등급 전략

사하라 이남 아프리카의 국가별 수출 구조와 자원 개발을 연계한 문항으로, 2015 개정 교육과정에 새롭게 포함된 내용이다. 지도에 표시된 국가가 어디인지 파악했다면, 각국의 지리적 환경을 고려해 주력 수출 상품을 떠올려 보자. 원유, 커피, 구리 등은 아프리카 내 몇몇 국가의 수출 의존도가 매우 높기 때문에 지역 추론에 힌트가 된다.

04

그래프에 대한 설명으로 옳은 것은? (단, (가)~(다)는 각각 1차, 2차, 3차 산업 중 하나이고, A~C는 지도에 표시된 세 국가 중 하나임.)

〈사하라 이남 아프리카의 산업별 종사자 수 비율〉

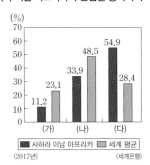

〈A~C의 산업별 종사자 수 비율〉

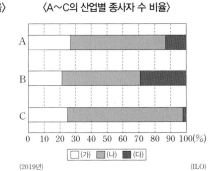

① (나)는 (다)보다 생산 요소로서 토지의 중요도가 높다.
② 농림어업은 (가), 서비스업은 (나), 광공업은 (다)에 해당한다.
③ C는 남아메리카 공동 시장의 회원국이다.
④ A는 B보다 석유 생산량이 적다.
⑤ B는 C보다 총인구 중 유럽계의 비율이 높다.

🔑 1등급 전략

사하라 이남 아프리카의 산업 구조와 중·남부 아메리카 주요국의 산업 특징을 함께 묻는 통합형 문항이다. 아프리카는 다른 대륙에 비해 산업 구조의 고도화가 더딘 점을 염두에 두고 그래프를 분석해 보자. 사하라 이남 아프리카와 중·남부 아메리카는 유럽의 식민 지배 경험, 다양한 민족(인종) 분포, 풍부한 지하자원 등 공통점이 많은 만큼 관련 내용을 비교하여 정리해 두는 것이 좋다.

10강 평화와 공존의 세계

주제 **1** 경제의 세계화와 경제 블록의 형성		주제 **2** 지구적 환경 문제와 국제 사회의 노력		주제 **3** 세계의 분쟁과 평화를 위한 노력	
경제의 세계화	★☆☆	지구적 환경 문제🔒	★★★	세계의 분쟁과 국제 난민	★★☆
주요 경제 블록의 형성과 특징🔒	★★★	주요 환경 협약	★★☆	평화와 정의를 위한 노력	★☆☆

🔎 무역 장벽

국가 간 경쟁에서 자국의 상품을 보호하고 교역 협상을 유리하게 타결하기 위해 정부가 인위적으로 취하는 법적·제도적 조치를 말한다. 일반적으로 특정 국가로부터 수입하는 물품에 고율의 관세를 부과하는 방식으로 조치가 이루어진다.

🔎 경제 블록의 영향

긍정적 영향	• 회원국 간 무역 증가 • 국제적 영향력 증대 • 자원의 효율적 이용 가능
부정적 영향	비회원국에 대한 차별 → 국가 간 무역 분쟁 발생 가능

주제 **1** 경제의 세계화와 경제 블록의 형성

1. 경제의 세계화

배경		• 교통 및 정보 통신 기술 발달로 전 세계의 경제적 상호 의존성 심화 • 세계 무역 기구(WTO) 출범, 다국적 기업의 성장 및 영향력 확대
영향	긍정적 영향	• 국제 분업 확산으로 자원 이용의 효율성 향상 • 무역 장벽 완화로 국제 거래 규모 증가 • 기업의 제품 판매 시장 확대, 소비자의 상품 선택 기회 증가
	부정적 영향	• 선진국과 개발 도상국 간 빈부 격차 확대 • 산업 기반이 미약한 개발 도상국 생산자의 다국적 기업 종속 심화 • 경쟁력이 약한 산업 부문의 약화 및 쇠퇴
세계 무역 기구 (WTO)		• 관세 및 무역에 관한 일반 협정(GATT) 체제 이후 우루과이 라운드 합의 사항에 대한 이행을 감시하기 위해 1995년에 만들어진 국제기구 • 공산품은 물론 농산물과 서비스업에서도 자유 무역 추구 • 무역 분쟁 조정 및 해결을 위한 법적 권한과 구속력 행사 가능

Tip

① 경제 블록 간 주요 지표의 크기를 비교하여 정리하고, 지도상에서 각 경제 블록의 회원국 위치도 알아 두어야 한다. 아이슬란드, 노르웨이, 스위스는 유럽 연합의 회원국이 아니므로 주의한다.

② 주요 경제 블록 간 특징을 비교하면 다음과 같다.(2017년)

회원국 수
EU > ASEAN > MERCOSUR > NAFTA
총인구
ASEAN이 가장 많고, MERCOSUR가 가장 적음
역내 총생산
NAFTA > EU 순으로 많음
총 교역액
EU > NAFTA > ASEAN > MERCOSUR

3점 공략 🔒

2. 주요 경제 블록의 형성과 특징

(1) **경제 블록** : 지리적으로 인접하고 경제적으로 상호 의존도가 높은 국가들이 공동의 이익을 위해 구성하는 배타적 경제 협력체로, 다자주의를 표방하는 세계 무역 기구의 단점을 보완하기 위해 형성

(2) **주요 경제 블록의 특징**

유럽 연합 (EU)	• 회원국 간 상품·자본·노동력의 이동 보장 → 현존하는 경제 블록 중 정치·경제적 통합 수준이 가장 높음 • 역내 관세 철폐 및 유로화 사용, 영국은 2020년 1월 탈퇴
북아메리카 자유 무역 협정 (NAFTA)	• 미국, 멕시코, 캐나다 간의 자유 무역 협정 • 역내 관세 철폐, 저임금 노동력이 풍부한 멕시코에 대한 외국 기업의 투자 증대 배경 • 최근 재협상을 통해 미국·멕시코·캐나다 협정(USMCA)으로 명칭 변경
동남아시아 국가 연합 (ASEAN)	싱가포르, 인도네시아, 타이, 필리핀 등 동남아시아에 위치한 10개국 간의 기술 및 자본 교류와 자원의 공동 개발을 추진하기 위해 결성
남아메리카 공동 시장 (MERCOSUR)	• 브라질, 아르헨티나, 우루과이, 파라과이 등으로 구성 • 역내 관세를 철폐하고 역외 공동 관세를 부과하는 등 공동의 경제 정책 시행을 목적으로 함

🔎 주요 경제 블록의 무역액

2017년 기준 총 무역액은 유럽 연합이 가장 많으며, 그다음으로 북아메리카 자유 무역 협정이 많다. 특히 유럽 연합은 총 무역액 대비 역내 무역액 비율이 다른 경제 블록에 비해 매우 높다.

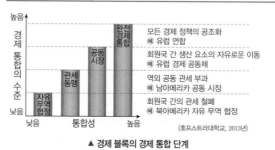

▲ 경제 블록의 경제 통합 단계

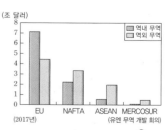

▲ 경제 블록의 역내·역외 무역액

3점 공략 🔒

❶ 주요 환경 문제의 원인, 영향, 대책과 관련된 국제 협약을 한번에 정리해 두어야 한다.

❷ 각 환경 문제의 피해가 심각한 지역이 어디인지, 어떠한 피해가 나타나고 있는지 지도상의 위치와 함께 알아 두자. 특히 사막화와 열대 우림 파괴 문제는 기후 지역과 관련지어 출제될 가능성이 높다.

1. 지구적 환경 문제

기후 변화 (지구 온난화)	의미	온실가스 배출량 증가에 따른 온실 효과의 영향으로 지구의 평균 기온이 상승
	원인	화석 에너지 사용량 증가에 따른 이산화 탄소 배출량 증가, 가축 사육 두수 증가에 따른 메테인 배출량 증가, 방목지 확대 및 경지 개간으로 인한 삼림 면적 감소 등
	영향	• 빙하가 녹아 해수면이 상승하면서 해안 저지대의 침수 피해 발생 • 열대성 질병 증가, 동식물 멸종, 기상 이변에 따른 피해 증가 등
	대책	• 화석 에너지 사용량 줄이기, 삼림 보호 및 조림 사업 실시 등 • 교토 의정서(1997년), 파리 협정(2015년) 체결
오존층 파괴	원인	염화 플루오린화 탄소(CFCs)의 사용량 증가로 인한 성층권의 오존층 감소
	영향	자외선 투과량 증가로 인한 피부암 · 백내장 발병률 증가, 식물 성장 저해 등
	대책	몬트리올 의정서(1987년) 체결
사막화	원인	기후 변화로 인한 가뭄, 과도한 방목 및 개간, 삼림 벌채 등
	대책	삼림 보호 및 조림 사업 실시, 사막화 방지 협약(1994년) 체결
열대 우림 파괴	원인	무분별한 벌목, 농경지와 목장 확대, 자원 개발, 도로 건설 등
	영향	생물 종 다양성의 감소, 이산화 탄소 흡수 능력(지구 자정 능력) 약화 등
산성비	원인	공업 지역과 대도시의 자동차 · 공장 · 발전소 등에서 배출되는 황산화물과 질소 산화물 등의 오염 물질이 대기 중의 수증기 또는 비와 만나 발생
	영향	삼림 파괴, 건물 부식, 오염 물질의 이동으로 인한 주변국과의 분쟁 등
	대책	제네바 협약(1979년) 체결
쓰레기 섬		해양으로 유입된 쓰레기(플라스틱, 비닐)가 해류를 따라 이동해 거대 쓰레기 섬 형성

❷ 산성비 피해 지역

산성비는 오염원 배출국과 피해국이 일치하지 않는 경우가 많다. 북부 유럽은 상대적으로 인구 규모가 작고, 화석 에너지를 대량 소비하는 산업이 크게 발달하지 않았지만 서부 유럽의 대규모 공업 지역에서 편서풍을 타고 날아온 대기 오염 물질로 인해 산성비 피해가 발생하였다.

❷ 기타 환경 협약

람사르 협약	습지의 보호와 지속 가능한 이용 목적(1971년)
런던 협약	폐기물의 해양 투기로 인한 해양 오염 방지 목적(1972년)
바젤 협약	유해 폐기물의 국가 간 이동에 관한 규제 목적(1989년)
스톡홀름 협약	인체와 동물, 환경에 유해한 12가지 유독성 화학 물질의 사용 금지(2001년)

2. 주요 환경 협약 ❷

교토 의정서	선진국의 온실가스 감축 목표 구체화, 탄소 배출권 거래제 도입
파리 협정	선진국과 개발 도상국 모두 온실가스 감축을 포함한 포괄적 대응에 동참
몬트리올 의정서	염화 플루오린화 탄소, 할론 등 오존층 파괴 물질의 사용 규제 명시
사막화 방지 협약	국제적 노력을 통해 사막화를 방지, 사막화를 겪는 개발 도상국 지원 목적
제네바 협약	대기 오염 물질 장거리 이동에 관한 협약. 국경을 넘는 대기 오염 물질 통제 목적

주제 ③ 세계의 분쟁과 평화를 위한 노력

세계의 분쟁	특징	영역이나 자원의 소유권 확보, 민족 · 종교와 같은 문화적 차이 등 다양한 이유로 발생 → 여러 가지 원인이 복잡하게 얽혀 나타나는 경우가 많음
	자원	• 에너지 분쟁 : 카스피해, 아부무사섬, 기니만, 동중국해(센카쿠 열도), 남중국해(시사 군도, 난사 군도), 북극해 오리노코강 유역 등 • 물 분쟁 : 요르단강, 나일강, 갠지스강, 티그리스 · 유프라테스강 등
	민족, 종교	티베트족의 분리 독립 운동, 쿠르드족의 자치권 확대 독립 운동, 팔레스타인(이슬람교-유대교), 카슈미르(이슬람교-힌두교), 스리랑카(불교-힌두교) 분쟁 등
	영토	영유권 분쟁 예 쿠릴 열도(러시아-일본), 포클랜드 제도(영국-아르헨티나) 등
국제 난민		최근 전쟁 또는 종교적 박해로 증가 추세 → 내전이 잦은 아프리카와 서남아시아, 중 · 남부 아메리카에서 주로 발생, 시리아>아프가니스탄>남수단 순으로 많음(2016년)
평화와 정의를 위한 노력		• 국제 연합(UN) : 국제 사법 재판소, 유엔 평화 유지군, 유엔 안전 보장 이사회, 유엔 난민 기구 등을 통해 세계의 분쟁과 난민 문제에 적극적으로 대응 • 비정부 기구(NGO) : 인류의 존엄과 공공의 이익을 추구하는 시민들이 자발적으로 조직하여 세계 평화를 위해 노력 예 국경 없는 의사회, 국제 사면 위원회(앰네스티) 등

🔒 3점 공략 Check

Q1 북아메리카 자유 무역 협정은 동남아시아 국가 연합에 비하여 회원국 수가 (적고 / 많고), 역내 총생산이 (적으며 / 많으며), 총인구가 (적다 / 많다).

Q2 물음에 해당하는 환경 문제를 골라 쓰시오.

> 산성비, 열대 우림 파괴,
> 오존층 파괴, 지구 온난화

(1) 염화 플루오린화 탄소 배출량 증가가 원인이며, 몬트리올 의정서 체결의 배경이 됨 ( )

(2) 아마존강 유역, 보르네오섬 일대에서 문제가 심각함 ( )

(3) 삼림 파괴와 구조물 및 건물 부식 등을 유발하며, 제네바 협약 체결의 배경이 됨 ( )

(4) 해안 저지대의 침수 피해를 유발하며, 교토 의정서와 파리 협정 체결의 배경이 됨 ( )

순한맛 # 모의평가

지도는 분쟁 지역의 일부를 나타낸 것이다. A~E에 대한 설명으로 옳은 것은?

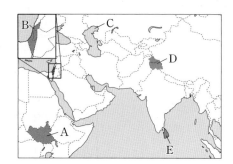

① A는 아랍계로부터 독립하여 수립된 국가이다.
② B는 이슬람교와 힌두교가 대립하는 국가이다.
③ D에서는 쿠르드족의 분리 독립 운동이 국경 분쟁의 원인이다.
④ E에서 분쟁 당사자는 시아파와 수니파이다.
⑤ 분쟁 당사국의 수는 D가 C보다 많다.

🔒 # 수능 # 정답률 27% 매운맛

다음 자료는 세계지리 사이버 학습 장면의 일부이다. (가)~(다)에 대한 설명으로 옳은 것만을 〈보기〉에서 있는 대로 고른 것은?

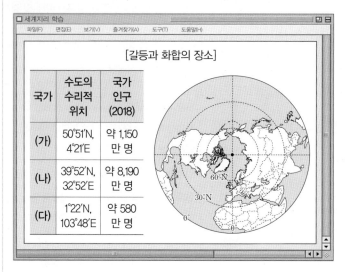

□ 세계지리 학습
파일(F) 편집(E) 보기(V) 즐겨찾기(A) 도구(T) 도움말(H)

[갈등과 화합의 장소]

국가	수도의 수리적 위치	국가 인구 (2018)
(가)	50°51′N, 4°21′E	약 1,150만 명
(나)	39°52′N, 32°52′E	약 8,190만 명
(다)	1°22′N, 103°48′E	약 580만 명

보기
ㄱ. (가)는 스위스로 네 언어가 공존하고 있다.
ㄴ. (나)에서는 쿠르드족의 분리·독립 운동이 일어나고 있다.
ㄷ. (다)에서는 불교, 이슬람교, 크리스트교, 힌두교 등이 공존하고 있다.
ㄹ. (가)와 (나)는 인접 국가와 종교적 갈등으로 인해 분쟁을 겪고 있다.

① ㄱ, ㄴ ② ㄴ, ㄷ ③ ㄱ, ㄴ, ㄷ
④ ㄱ, ㄷ, ㄹ ⑤ ㄴ, ㄷ, ㄹ

[유형 분석] 세계 주요 분쟁 지역의 특징을 묻는 문항이다. 세계 주요 분쟁 지역을 지도에 표시한 후 각 지역의 분쟁 원인과 특징을 묻는 문항이 자주 출제된다. 따라서 자주 출제되는 분쟁 지역의 지도상 위치와 분쟁 원인 등을 정리해 두어야 한다.

[접근 방법] ❶ 지도에 제시된 분쟁 지역이 어디인지 파악한다. ❷ 각 분쟁 지역의 갈등 원인이 무엇인지 파악한다. ❸ 각 분쟁 지역에 대해 설명한 선지의 진위를 파악한다.

답 ①

[유형 분석] 세계 주요 분쟁 지역의 특징을 묻는 문항이다. 기존에는 지역의 위치를 지도에 표시한 문항이 자주 출제되었으나 이 문항은 기존과는 달리 분쟁 지역의 위치를 경위도 값으로 제시하여 위치 파악을 매우 어렵게 하였다. 따라서 지도를 보는 연습을 자주 하면서 주요 위선과 경선이 어느 국가를 지나가는지 알아 둘 필요가 있다.

[접근 방법] ❶ 제시된 지도를 참조하여 대략적인 주요 경위도선이 지나가는 지역을 파악한다. 🔒 이때 적도(0°), 남북위 30°, 45°, 60°, 본초 자오선, 동서경 45°, 90° 정도를 파악해야 한다. ❷ (가)~(다) 국가가 무엇인지 파악한다. ❸ (가)~(다) 국가에서 나타나는 분쟁에 대해 설명한 선지의 진위를 파악한다.

답 ②

🔍 WHY 왜 빠지지 않고 출제될까?

'세계 평화와 정의를 위한 국제 사회의 노력에 대해 학습한다'는 본 단원의 학습 목표를 가장 잘 드러내고 있는 주제가 바로 세계의 주요 분쟁 지역과 관련된 내용이므로 이에 대한 내용은 매년 수능에서 한 문제씩 출제되고 있다. 따라서 남수단, 카스피해 연안, 카슈미르, 스리랑카, 필리핀 민다나오섬 등 자주 출제되는 분쟁 지역을 중심으로 학습을 해 두어야 한다. 또한 세계의 주요 분쟁 지역은 EBS 교재의 문항과 연계하여 출제하기에도 용이하며, 최근 이슈화된 시사 뉴스를 인용하여 출제될 가능성도 높으므로 이에 대한 대비도 해야 한다.

🔒 HOW 킬러 문항, 어떻게 출제될까?

과거에 세계의 분쟁 지역과 관련된 문항들은 비교적 어렵지 않게 출제되었지만, 최근에는 고난도 기출과 같이 분쟁 지역의 위치를 지도상에 정확히 표시하지 않고 경위도 값과 일부 지리 정보만 제시하여 지도상에서 학생들이 분쟁 지역의 위치를 직접 파악하도록 문항을 구성하고 있다. 이러한 문항 구성은 실제로 1등급과 2등급을 가르는 킬러 문항이 되었고, 추후에도 다시 출제될 가능성이 높으므로 지도를 자주 보며 대략적인 위치를 파악해 두는 연습을 자주 해야 한다.

실전 문제

• 정답 및 해설 p.38~39

주제 1 경제의 세계화와 경제 블록의 형성

01

| 모의평가 |

다음 글의 ⊙~@에 대해 옳게 설명한 내용에만 모두 ○ 표시한 학생을 고른 것은?

> 교통과 통신이 발달하여 세계 각 지역 간 상호 교류 및 의존성이 강화되면서 ⊙ 다국적 기업의 등장과 더불어 기업의 ⓒ 공간적 분업이 나타나기 시작하였다. 최근에는 IT 산업이 급속도로 발달하고 경제 활동의 공간적 제약이 감소하면서 서비스업의 성장이 촉진되었다. 이에 따라 산업 구조는 제조업 중심에서 서비스업 중심으로 변화하고 있다. 서비스업은 수요 주체에 따라 ⓒ 와/과 @ 생산자 서비스업으로 구분할 수 있다. 특히 21세기 들어 기업의 생산 활동에 도움을 주는 생산자 서비스업이 크게 발전하고 있다.

내용	학생				
	갑	을	병	정	무
⊙은 국경을 초월하여 생산과 판매 활동을 하는 기업을 말한다.	○	○	○		○
ⓒ은 기업의 기획·관리, 연구, 생산 기능 등이 공간적으로 분화되는 현상이다.		○	○	○	
ⓒ에 들어갈 용어는 '소비자 서비스업'이다.	○		○		○
@에 해당하는 업종으로는 소매업, 요식업, 미용업 등이 있다.	○	○		○	

① 갑　　　② 을　　　③ 병　　　④ 정　　　⑤ 무

02

지도는 어느 국제기구의 가입 현황을 나타낸 것이다. 이 국제기구에 대한 설명으로 옳은 것은?

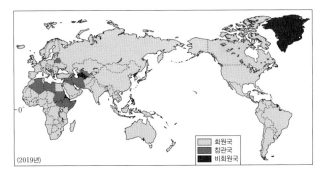

① 회원국 간에는 모두 자유 무역 협정이 체결되어 있다.
② 정치·경제적인 통합의 수준이 가장 높은 경제 블록이다.
③ 대외 공동 관세 부과와 같은 공동의 경제 정책 시행을 목적으로 한다.
④ 무역 분쟁 조정 및 해결을 위한 법적 권한과 구속력의 행사가 가능하다.
⑤ 지리적으로 인접하고 경제적으로 상호 의존도가 높은 국가들이 구성한 배타적인 경제 협력체이다.

03

그래프는 네 경제 블록의 역내 및 역외 무역액을 나타낸 것이다. (가)~(라) 경제 블록을 지도의 A~D에서 고른 것은?

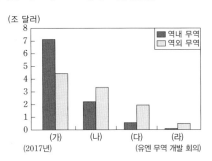

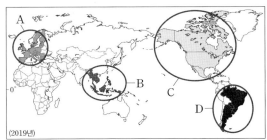

(가)	(나)	(다)	(라)		(가)	(나)	(다)	(라)
① A	C	B	D		② A	C	D	B
③ C	A	B	D		④ C	A	D	B
⑤ D	B	A	C					

04

그래프는 세 경제 블록의 총인구와 역내 총생산을 나타낸 것이다. (가)~(다) 경제 블록에 대한 설명으로 옳은 것은? (단, (가)~(다)는 각각 동남아시아 국가 연합, 북아메리카 자유 무역 협정, 유럽 연합 중 하나임.)

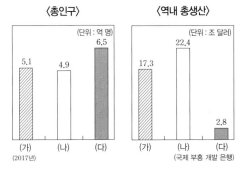

① (가)의 모든 회원국은 단일 통화를 사용하고 있다.
② (나)는 회원국 간 노동력의 이동이 자유롭다.
③ (다)의 회원국은 대부분 선진국으로 구성되어 있다.
④ (가)는 (나)보다 총 무역액 중 역내 무역액의 비율이 높다.
⑤ (나)는 (다)보다 회원국의 수가 많다.

주제 ② 지구적 환경 문제와 국제 사회의 노력

05

| 모의평가 |

지도는 A~C 환경 문제가 발생한 주요 지역을 나타낸 것이다. 이에 대한 설명으로 옳지 <u>않은</u> 것은?

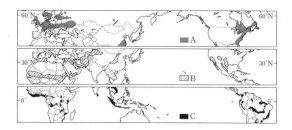

① A는 호수의 산성화나 건축물의 부식을 일으킨다.
② B 문제를 해결하기 위해 몬트리올 의정서가 채택되었다.
③ C가 지속되면 생물 종 다양성이 감소하고 토양 침식이 심화된다.
④ B는 C보다 강수량이 적은 지역에서 발생할 가능성이 높다.
⑤ A~C 모두 식생의 감소를 초래한다.

06

그림은 네 환경 문제의 발생 과정을 나타낸 것이다. (가)~(라) 환경 문제로 옳은 것은?

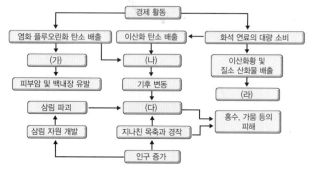

	(가)	(나)	(다)	(라)
①	사막화	오존층 파괴	지구 온난화	산성비
②	사막화	오존층 파괴	산성비	지구 온난화
③	오존층 파괴	지구 온난화	사막화	산성비
④	오존층 파괴	지구 온난화	산성비	사막화
⑤	지구 온난화	산성비	사막화	오존층 파괴

07

표의 (가)~(다)에 들어갈 내용을 〈보기〉에서 고른 것은?

〈주요 환경 협약의 내용〉

협약	내용
몬트리올 의정서	(가)
파리 협정	(나)
런던 협약	(다)

┌─ 보기 ┐
ㄱ. 폐기물의 해양 투기로 인한 해양 오염 방지를 목적으로 함.
ㄴ. 염화 플루오린화 탄소, 할론 등 오존층 파괴 물질의 사용 규제를 명시함.
ㄷ. 선진국과 개발 도상국 모두 온실가스 감축을 포함한 포괄적 대응에 동참하도록 규정함.
└────────┘

	(가)	(나)	(다)			(가)	(나)	(다)
①	ㄱ	ㄴ	ㄷ		②	ㄱ	ㄷ	ㄴ
③	ㄴ	ㄱ	ㄷ		④	ㄴ	ㄷ	ㄱ
⑤	ㄷ	ㄴ	ㄱ					

08

다음 자료의 (가)~(다) 지역에 대한 설명으로 옳은 것만을 〈보기〉에서 고른 것은? (단, (가)~(다)는 각각 북아메리카, 아시아·태평양, 아프리카 중 하나임.)

생태 발자국은 지구에서 사람이 살아가는 동안에 필요한 자원의 생산과 폐기에 드는 비용을 토지 면적으로 환산한 수치이다. 생태 발자국 수치가 클수록 피해를 많이 준다는 의미이다. 지역별 인구와 1인당 생태 발자국은 다음 그래프와 같이 나타난다.

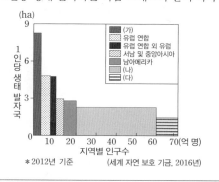

┌─ 보기 ┐
ㄱ. (가)는 (나)보다 1인당 온실 가스 배출량이 많다.
ㄴ. (나)는 (다)보다 지역 내 총생산이 많다.
ㄷ. (다)는 (가)보다 경제 발달 수준이 높다.
ㄹ. (가)는 북아메리카, (나)는 아프리카, (다)는 아시아·태평양이다.
└────────┘

① ㄱ, ㄴ   ② ㄱ, ㄷ   ③ ㄴ, ㄷ   ④ ㄴ, ㄹ   ⑤ ㄷ, ㄹ

주제 3 세계의 분쟁과 평화를 위한 노력

09

| 수능 |

지도는 갈등 및 분쟁 지역을 나타낸 것이다. A~E 지역에 대한 설명으로 옳지 않은 것은?

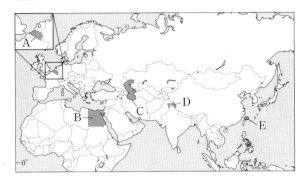

① A – 서로 다른 언어를 사용하는 지역 간에 갈등이 있다.

② B – 수자원을 둘러싸고 하천 상류에 위치한 국가와 갈등이 있다.

③ C – 갈등 당사국에는 러시아가 포함되어 있다.

④ D – 이슬람교와 힌두교 간의 갈등이 있다.

⑤ E – 영유권 문제로 중국과 필리핀 간의 갈등이 있다.

10

지도 표현의 주제가 된 지표로 옳은 것은?

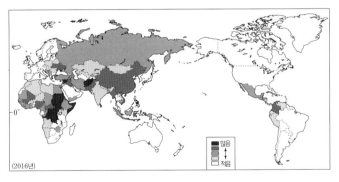

① 석유 생산량

② 국제 난민 수

③ 식량 작물 생산량

④ 1인당 국내 총생산

⑤ 1인당 온실 가스 배출량

11

지도에 표시된 지역의 공통적인 특징으로 옳은 것은?

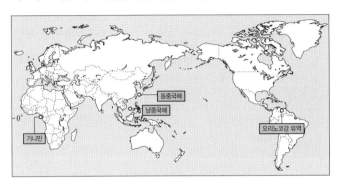

① 인접 지역으로부터 대규모의 난민이 유입되었다.

② 민족(인종) 간 문화적 차이로 인한 갈등이 심각하다.

③ 에너지 자원의 확보를 둘러싸고 분쟁이 발생하고 있다.

④ 이슬람교의 전파 과정에서 토속 종교와 갈등이 나타난다.

⑤ 국제 연합 평화 유지군이 주둔하여 임무를 수행하고 있다.

12

다음 글의 ㉠~㉣에 대한 설명으로 옳은 것만을 〈보기〉에서 있는 대로 고른 것은?

세계는 제1, 2차 세계 대전을 교훈으로 삼아 초국가적 협의체인 ㉠ 을/를 창설하여 국가 간의 상호 이해와 협력 증진을 추구하고 있다. ㉠ 의 산하에는 ㉡ 국제 사법 재판소, 평화 유지군, ㉢ 안전 보장 이사회 등을 두어 국제 사회의 문제에 적극적으로 대응하고 있다. 이 외에 시민들이 자발적으로 조직한 ㉣ 비정부 기구(NGO)도 다양한 국제 사회의 문제를 해결하기 위해 세계 곳곳에서 활동을 지속하고 있다.

〈보기〉

ㄱ. ㉠에 들어갈 용어는 '국제 연합(UN)'이다.

ㄴ. ㉡은 분쟁 지역의 무력 충돌 감시와 주민 보호를 목적으로 한다.

ㄷ. ㉢은 국제 평화와 안전을 유지하기 위한 권한과 책임을 행사한다.

ㄹ. ㉣의 사례로는 국경 없는 의사회, 국제 사면 위원회를 들 수 있다.

① ㄱ, ㄴ   ② ㄱ, ㄷ   ③ ㄷ, ㄹ

④ ㄱ, ㄷ, ㄹ   ⑤ ㄴ, ㄷ, ㄹ

01

그래프에 대한 설명으로 옳은 것은? (단, (가)~(다), A~C는 각각 동남아시아 국가 연합, 북아메리카 자유 무역 협정, 유럽 연합 중 하나임.)

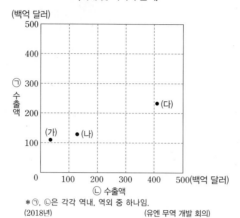

〈역내 및 역외 수출액〉

*㉠, ㉡은 각각 역내, 역외 중 하나임.
(2018년) (유엔 무역 개발 회의)

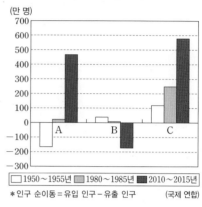

〈인구 순이동 변화〉

□ 1950~1955년 □ 1980~1985년 ■ 2010~2015년
*인구 순이동 = 유입 인구 - 유출 인구 (국제 연합)

① (가), (나)는 모두 2010~2015년에 유출 인구보다 유입 인구가 많다.
② (나)는 (다)보다 정치 · 경제적인 통합의 수준이 높다.
③ A는 B보다 총 수출액 중 역내 무역액 비율이 높다.
④ B는 C보다 1인당 지역 내 총생산이 많다.
⑤ 회원국 수는 C > B > A 순으로 많다.

02

다음 자료의 (가)~(다) 환경 문제에 대한 설명으로 옳은 것은? (단, (가)~(다)는 각각 사막화, 산성비, 열대림 파괴, 오존층 파괴, 지구 온난화 중 하나임.)

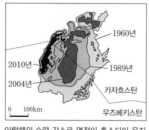

아랄해의 수량 감소로 면적이 축소되어 육지화된 지역은 [(가)]이/가 심각하게 진행되고 있음.

보르네오섬의 산림 범위 변화를 통해 [(나)]의 피해가 심각함을 알 수 있음.

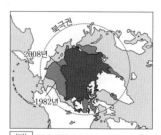

[(다)]이/가 심화되면서 북극해의 해빙(Sea Ice) 면적이 빠르게 축소되고 있음.

① (가)의 해결을 위해 국제 사회는 바젤 협약을 체결하였다.
② (나)의 주요 원인으로 염화 플루오린화 탄소의 사용량 증가를 들 수 있다.
③ (다)가 심화되면 북극해의 해수 염도는 상승하게 된다.
④ (다)로 인한 기후 변화는 (가)의 원인 중 하나이다.
⑤ (가)는 (나)보다 피해 지역의 연 강수량이 많다.

03

지도의 A~E 지역에 대한 설명으로 옳은 것만을 〈보기〉에서 있는 대로 고른 것은?

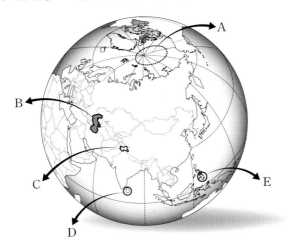

〔보기〕
ㄱ. D는 신할리즈족과 타밀족 간의 대립이 나타났다.
ㄴ. A와 B의 공통적인 분쟁 당사국으로 러시아를 들 수 있다.
ㄷ. C는 B보다 분쟁 당사국의 수가 많다.
ㄹ. C, E에서 발생하는 분쟁과 관련된 공통적인 종교는 크리스트교이다.

① ㄱ, ㄴ　　　　　② ㄱ, ㄷ　　　　　③ ㄷ, ㄹ
④ ㄱ, ㄴ, ㄹ　　　　⑤ ㄴ, ㄷ, ㄹ

04

다음 자료는 세계지리 사이버 학습 장면의 일부이다. (가)~(다)에 대한 설명으로 옳은 것만을 〈보기〉에서 고른 것은?

국가	수도의 수리적 위치	국가 인구(2018)
(가)	4°51′N, 31°36′E	약 1,062만 명
(나)	31°47′N, 35°13′E	약 845만 명
(다)	46°57′N, 7° 27′E	약 792만 명

〔보기〕
ㄱ. (가)는 쿠르드족의 분리 독립 요구에 따른 분쟁이 심각하다.
ㄴ. (나)에서는 유대교 신자와 이슬람교 신자 간의 갈등이 나타난다.
ㄷ. (다)는 서로 다른 언어 사용자 간의 갈등이 심각하다.
ㄹ. (가)는 아프리카, (나)는 서남아시아, (다)는 유럽에 위치한다.

① ㄱ, ㄴ　　② ㄱ, ㄷ　　③ ㄴ, ㄷ　　④ ㄴ, ㄹ　　⑤ ㄷ, ㄹ

01강 세계화와 지역 이해

❓ 핵심 개념

Q1 빈칸에 알맞은 말을 쓰시오.

서양의 세계 지도와 세계관		
고대	( )	• 기원전 600년경 제작, 현존하는 가장 오래된 세계 지도 • 바빌론과 그 주변 지역 및 미지의 세계 표현
	프톨레마이오스 세계 지도	• 150년경 제작, 지구를 ( )로 인식하여 경선과 위선 개념 및 투영법 사용 • 유럽, 아시아, 북부 아프리카 등을 표현
중세	티오(TO) 지도	• 중세 유럽에서 제작 • 지도의 위쪽이 ( ) • 에덴동산(Paradise)이 표현 • 지도의 중심에 예루살렘이 위치 →( ) 세계관 반영
	알 이드리시 세계 지도	• 1154년 이슬람 문화권에서 제작, 지도의 위쪽이 ( ) • 지도의 중심에 메카가 위치 →( ) 세계관 반영
근대		• 대항해 시대가 열리며 지리 지식 확대 → 지도에 아메리카가 표현되기 시작 • 메르카토르 세계 지도(1569년) : 직선으로 그려진 경선과 위선이 수직으로 교차하여 정확한 각도 파악 가능 → 나침반을 이용한 항해에 유용하게 사용

▶▶ 본문 p.05 참고

❓ 고난도 기출

Q2 (가)~(다) 지도에 대한 설명으로 옳은 것은?

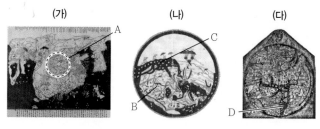

(가) (나) (다)

① (가)는 지구가 구체(球體)라는 인식이 반영되어 있다.
② (나)는 지도의 위쪽이 동쪽이다.
③ (다)는 이슬람교 세계관에 따라 제작되었다.
④ A는 B 대륙에 위치하고 있다.
⑤ C와 D의 바다는 모두 지중해를 나타낸 것이다.

02강 세계 기후 구분과 열대 기후 환경

❓ 핵심 개념

Q3 빈칸에 알맞은 말을 쓰시오.

세계의 기후 구분				
		1차 구분		**2, 3차 구분**
수목 기후	열대 기후(A)		최한월 평균 기온 ( ) 이상	• 열대 우림 기후(Af) • 사바나 기후(Aw) • 열대 몬순 기후(Am)
	온대 기후(C)		최한월 평균 기온 -3~18℃	• 서안 해양성 기후(Cfb) • 지중해성 기후(Cs) • 온난 습윤 기후(Cfa) • 온대 ( ) 건조 기후(Cw)
	( ) 기후(D)		최한월 평균 기온 -3℃ 미만, 최난월 평균 기온 10℃ 이상	• 냉대 습윤 기후(Df) • 냉대 겨울 건조 기후(Dw)
무수목 기후	건조 기후(B)		연 강수량 ( ) 미만	• 스텝 기후(BS) • 사막 기후(BW)
	한대 기후(E)		최난월 평균 기온 ( ) 미만	• 툰드라 기후(ET) • 빙설 기후(EF)

▶▶ 본문 p.12 참고

❓ 고난도 기출

Q4 지도의 A~D 지역에 대한 설명으로 옳은 것은? (단, (가), (나) 시기는 각각 1월과 7월 중 하나임.)

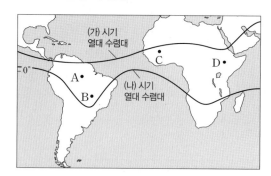

① (가) 시기에 B는 A보다 대류성 강수 일수가 많다.
② (가) 시기에 C는 B보다 정오의 태양 고도가 낮다.
③ (나) 시기에 B는 C보다 아열대 고압대의 영향을 많이 받는다.
④ B는 (나) 시기보다 (가) 시기에 밤의 길이가 길다.
⑤ (가), (나) 시기 모두 D는 A보다 강수량이 많다.

03강 온대, 건조, 냉·한대 기후 환경

핵심 개념

Q5 빈칸에 알맞은 말을 쓰시오.

온대 기후의 구분

1. 대륙 서안 : (   )의 영향으로 기온의 연교차가 작음

( ) 기후(Cfb)	특징	• 연중 바다로부터 불어오는 편서풍의 영향을 크게 받음 • 여름철이 서늘하고 겨울철이 온화함 → 기온의 연교차가 작음 • 연중 강수가 고른 편 → 하천의 유량 변동이 작음
	분포	남·북위 40~60° 부근 → 북·서부 유럽, 북아메리카 북서 해안, 칠레 남부, 뉴질랜드 등 예 런던, 웰링턴
( ) 기후(Cs)	특징	• 여름 : 아열대 고압대의 영향으로 고온 건조함 • 겨울 : 편서풍과 전선대의 영향으로 여름보다 강수량이 많음
	분포	남·북위 30~45° 부근 → 지중해 연안, 미국 캘리포니아, 칠레 중부, 오스트레일리아 남서부, 아프리카 남단 등 예 로마, 샌프란시스코, 퍼스, 케이프타운

2. 대륙 동안 : (   )의 영향으로 기온과 강수량의 계절 차가 큼

( ) 기후(Cfa)	특징	연중 습윤하며, 여름에 매우 덥고 강수량이 많음
	분포	우리나라 남해안, 중국 남동부, 일본 남서부, 미국 남동부, 남아메리카 남동부 등 예 상하이, 부에노스아이레스
( ) 기후(Cw)	특징	여름은 고온 다습, 겨울은 한랭 건조함 → 기온의 연교차와 강수의 계절 차가 매우 큼
	분포	중국 내륙, 인도차이나반도 북부 등 예 칭다오, 하노이

▶▶ 본문 p.20 참고

고난도 기출

Q6 표는 지도에 표시된 세 지역의 낮 길이와 강수량을 나타낸 것이다. A~C 지역에 대한 설명으로 옳은 것은? (단, (가), (나) 시기는 각각 1월과 7월 중 하나임.)

구분	(가) 시기 낮 길이	(나) 시기 강수량
A	10시간 16분	9mm
B	13시간 57분	39mm
C	9시간 31분	78mm

* 낮 길이는 해당 월의 평균값임.

① A는 (가) 시기보다 (나) 시기에 강수량이 많다.
② B는 (가) 시기보다 (나) 시기에 정오의 태양 고도가 높다.
③ A~C 중 (나) 시기에 낮 길이가 가장 짧은 곳은 C이다.
④ A는 C보다 (나) 시기의 평균 기온이 높다.
⑤ C는 B보다 계절풍의 영향을 많이 받는다.

04강 세계의 주요 대지형과 특수 지형들

핵심 개념

Q7 빈칸에 알맞은 말을 쓰시오.

판의 경계 유형

( ) 경계	판과 판이 서로 미끄러질 때의 마찰로 인해 지진이 빈번히 발생 예 태평양판과 북아메리카판 사이의 샌안드레아스 단층
( ) 경계	• 대륙 내부에서 판이 갈라짐 → 일부 지각이 내려앉아 지구대 형성 예 동아프리카 지구대 • 해양에서 판이 갈라짐 → 갈라진 두 판 사이로 마그마가 흘러나와 해령을 형성하며 지각 확장 예 대서양 중앙 해령의 ( )
( ) 경계	• 두 대륙판이 충돌 → 대규모의 습곡 산맥 형성 예 히말라야산맥 • 해양판과 대륙판이 충돌 → 습곡 산맥과 해구 형성 예 안데스산맥

▶▶ 본문 p.30 참고

고난도 기출

Q8 다음 자료의 (가)~(마)에 대한 설명으로 옳은 것은?

〈최근 신기 조산대 주요 지진 발생 지역〉

구분	진앙지	지진 규모	날짜
(가)	34.3°N, 45.7°E	6.3	2018.11.26.
(나)	61.3°N, 149.9°W	6.6	2018.12.01.
(다)	14.8°N, 92.3°W	6.6	2019.02.02.
(라)	28.5°N, 94.6°E	6.1	2019.04.24.
(마)	34.9°N, 140.0°E	5.5	2019.06.24.

* 지도의 외곽 원은 적도임.

① (가)는 '불의 고리'에 속한 지역이다.
② (나)는 알프스-히말라야 조산대에 속한 지역이다.
③ (다)는 두 개의 대륙판이 서로 충돌하는 지역이다.
④ (라)는 새로운 지각이 형성되어 분리되는 지역이다.
⑤ (마)는 대륙판과 해양판이 만나는 지역이다.

05강 주요 종교의 전파와 종교 경관

핵심 개념

Q9 빈칸에 알맞은 말을 쓰시오.

세계 주요 종교의 전파와 분포		
( )	기원	1세기 초 서남아시아의 팔레스타인 지역에서 발생
	전파	로마 제국의 국교가 되면서 유럽 전역으로 전파 → 지리상 발견 시대 이후 유럽 열강의 식민지 개척 과정을 통해 세계 각지로 전파
	분포	유럽, 아메리카, 오세아니아, 중·남부 아프리카에 주로 분포
( )	기원	7세기 초 무함마드에 의해 창시, 서남아시아의 메카에서 발생
	전파	군사적 정복 활동과 상인들의 무역 활동에 의해 아시아 및 북부 아프리카 일대로 전파
	분포	북부 아프리카, 서남·중앙·동남아시아에 주로 분포
불교	기원	기원전 6세기경 석가모니가 창시, ( ) 북부 부다가야에서 발생
	전파	인도에서 크게 번성하지 못하고, 동남 및 동아시아 일대로 전파
	분포	동아시아 및 동남아시아의 인도차이나반도에 주로 분포
( )	기원	브라만교를 바탕으로 고대 인도에서 발생
	전파	인도 전역으로 전파, 민족 종교이지만 주변의 네팔 등에 전파
	분포	남부 아시아(인도, 네팔)에 주로 분포

▶▶ 본문 p.38 참고

고난도 기출

Q10 그래프는 3개 대륙의 A~D 종교별 신자 수 비율을 나타낸 것이다. A~D 종교에 대한 설명으로 옳지 <u>않은</u> 것은? (단, (가), (나)는 각각 아시아와 아프리카 중 하나임.)

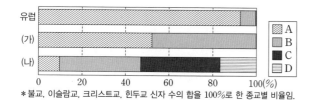

* 불교, 이슬람교, 크리스트교, 힌두교 신자 수의 합을 100%로 한 종교별 비율임.

① A는 하나의 신만을 인정하는 유일신교이다.
② B의 대표적 종교 경관은 첨탑과 둥근 지붕이 있는 모스크이다.
③ C의 사원에는 다양한 신들을 표현한 조각상이 있다.
④ D의 기원지가 있는 곳은 (나)이다.
⑤ A는 보편 종교로, D는 민족 종교로 분류된다.

06강 세계의 인구 변천과 도시화

핵심 개념

Q11 빈칸에 알맞은 말을 쓰시오.

1. 대륙별 인구 변천의 차이

( )	출생률이 여전히 높아 모든 대륙 중 인구의 자연 증가율이 가장 높음
아시아 및 라틴 아메리카	1950년대에는 인구의 자연 증가율이 높았으나 최근 출생률과 인구의 자연 증가율이 ( ) 추세에 있음
( ) 및 앵글로아메리카	인구의 자연 증가율이 매우 낮으며 일부 국가에서는 인구의 자연 감소가 나타남 → 저출산·고령화 현상이 심각함

2. 대륙별 도시화 특징

( )	모든 대륙 중에서 도시 인구가 가장 많음
( )	최근 도시화가 빠르게 진행되어 모든 대륙 중에서 도시 인구 증가율이 가장 높음
유럽	산업 혁명과 함께 가장 먼저 도시화 진행 → 현재 모든 대륙 중에서 도시 인구 증가율이 가장 낮음

▶▶ 본문 p.46~47 참고

고난도 기출

Q12 그래프는 지도에 표시된 세 국가의 연령층별 인구 비율 변화를 나타낸 것이다. 이에 대한 설명으로 옳은 것은? (단, (가), (나)는 각각 0~14세, 15~64세, 65세 이상 인구 비율 중 하나이고, A~C는 지도에 표시된 세 국가 중 하나임.)

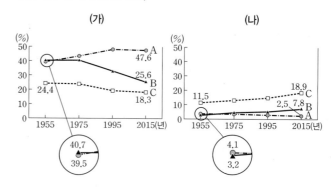

① (가)는 15~64세, (나)는 0~14세 인구 비율이다.
② A는 유럽, C는 아프리카에 위치한다.
③ 1955년 대비 2015년 A의 총 부양비는 감소하였다.
④ 1955년 대비 2015년 B의 노년 부양비는 증가하였다.
⑤ 2015년 B는 C보다 중위 연령이 높다.

07강 주요 식량 및 에너지 자원과 국제 이동

핵심 개념

Q13 빈칸에 알맞은 말을 쓰시오.

1. 식량 자원의 생산과 이동

쌀	• 기원지 : 중국 남부 및 동남아시아 지역 • 특징 : 인구 부양력이 높음 • 생산 : (　　　)>(　　　)>인도네시아 순 (2017년)
밀	• 기원지 : 서남아시아의 건조 기후 지역 • 특징 : 국제 이동량이 많음, 단위 면적당 생산량이 적음 • 생산 : (　　　)>(　　　)>러시아 순 (2017년)
(　　　)	• 아메리카에서 기원, 바이오 에탄올 연료로 이용 • 생산 : (　　　)>중국>브라질 순 (2017년)

2. 에너지 자원의 생산과 이동

석탄	• 주로 산업용, 국제 이동량이 적음 • 생산 : (　　　)>인도>미국>오스트레일리아 순 (2017년)
(　　　)	• 주로 수송용·산업용, 세계 1차 에너지 소비에서 차지하는 비율이 가장 높음, 국제 이동량이 많음 • 생산 : 미국>사우디아라비아>러시아 순 (2017년)
(　　　)	• 주로 산업용·가정용, 대기 오염 물질 배출량이 적음 • 생산 : 미국>러시아>이란>캐나다 순 (2017년)

▶▶ 본문 p.54~56 참고

고난도 기출

Q14 그래프는 세계 3대 식량 작물 생산량·수출량의 대륙별 비율을 나타낸 것이다. A~C 작물에 대한 설명으로 옳은 것은?

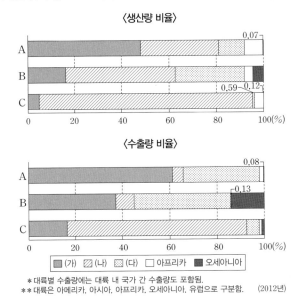

〈생산량 비율〉

〈수출량 비율〉

범례: (가) (나) (다) 아프리카 오세아니아

* 대륙별 수출량에는 대륙 내 국가 간 수출량도 포함됨.
** 대륙은 아메리카, 아시아, 아프리카, 오세아니아, 유럽으로 구분함.　(2012년)

① A의 최대 수출국은 (나)에 위치한다.

② B는 주로 (다)의 계절풍 기후 지역에서 재배된다.

③ C의 최대 생산국은 (가)에 위치한다.

④ B는 A보다 가축의 사료로 이용되는 비율이 높다.

⑤ C는 B보다 단위 면적당 생산량이 많다.

08강 몬순 아시아와 오세아니아 ~ 건조 아시아와 북부 아프리카

핵심 개념

Q15 빈칸에 알맞은 말을 쓰시오.

1. 몬순 아시아와 오세아니아 주요국의 산업 구조

중국	• 넓은 영토, 풍부한 자원과 노동력 → 세계적 공업국 • 경제특구 중심으로 외국 자본 유치
일본	• 원료의 해외 의존도가 높아 (　　　) 발달 • 높은 기술력 → 첨단 산업, 자동차 공업 발달
인도 네시아	• (　　　)을 바탕으로 한 1차 산업 발달 • 최근 노동 집약적 공업 급성장
(　　　)	• 풍부한 지하자원 → 광업 발달, 제조업 미약 • 밀·소고기·양모 등 농축산물 수출이 많음

2. 건조 아시아와 북부 아프리카의 자원 분포와 산업 구조

자원 분포	페르시아만 연안, 북부 아프리카, 카스피해 연안 등지에 석유와 (　　　) 매장량이 매우 많음 → 유럽, 북아메리카, 동아시아 등으로 수출 활발
산업 구조	• 자원이 풍부한 국가 : 채굴업이 속한 (　　　) 산업 발달 ⟨예⟩ 사우디아라비아, 카타르, 알제리 등 • 자원이 부족한 국가 : 1·3차 산업 비율이 상대적으로 높음, 관광 산업 발달 ⟨예⟩ 터키, 이스라엘 등

▶▶ 본문 p.65~66 참고

고난도 기출

Q16 그래프는 (가)~(다) 국가의 주요 수출 품목 비율을 나타낸 것이다. 이에 대한 추론으로 가장 적절한 것은? (단, (가)~(다)는 각각 인도네시아, 일본, 중국 중 하나임.)

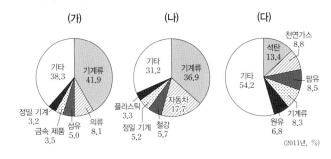

(2011년, %)

① (가)는 (나)보다 1인당 국민 소득이 높을 것이다.

② (가)는 (다)보다 1차 상품의 수출 비율이 높을 것이다.

③ (나)는 (가)보다 서비스업 종사자 수 비율이 높을 것이다.

④ (나)는 (다)보다 노동 집약적 산업 비율이 높을 것이다.

⑤ (다)는 (나)보다 첨단 산업 제품의 수출 비율이 높을 것이다.

09강 유럽과 북부 아메리카 ~ 사하라 이남 아프리카와 중·남부 아메리카

핵심 개념

Q17 빈칸에 알맞은 말을 쓰시오.

1. 유럽과 북부 아메리카의 분리 운동

유럽	북아일랜드 및 스코틀랜드(영국), 카탈루냐 및 바스크(에스파냐), 플랑드르(벨기에), 파다니아(이탈리아), 코르시카섬(프랑스) 등
북부 아메리카	• 캐나다 ( ) : 프랑스계의 분리 운동 발생 • 미국으로 히스패닉 인구 유입 급증 → 갈등 발생

2. 중·남부 아메리카의 문화 및 민족(인종) 분포

문화	( )와 포르투갈어(브라질) 사용 비율이 높음
민족 (인종)	• 원주민 : ( ) 산지와 아마존강 유역에 분포 • ( ) : 기후 환경이 비슷한 아르헨티나, 브라질 남동부 해안에 주로 분포 • ( ) : 플랜테이션이 발달한 자메이카, 브라질 북동부 해안에 주로 분포

3. 사하라 이남 아프리카와 중·남부 아메리카의 자원 분포

( ), 천연가스	• 사하라 이남 아프리카 : 기니만 연안 예 나이지리아 • 중·남부 아메리카 예 베네수엘라 볼리바르
구리, 코발트	• 아프리카의 코퍼 벨트(콩고 민주 공화국~잠비아) • 구리 : 중·남부 아메리카의 ( )

▶▶ 본문 p.74~75 참고

고난도 기출

Q18 그래프는 A~C 민족(인종)의 국가별 인구의 합을 나타낸 것이다. 이에 대한 설명으로 옳은 것만을 〈보기〉에서 고른 것은? (단, (가)~(다)는 각각 지도에 표시된 국가 중 하나임.)

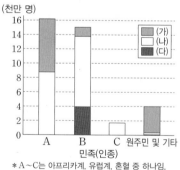

(천만 명)

*A~C는 아프리카계, 유럽계, 혼혈 중 하나임.
(2015년)

보기

ㄱ. 유럽계 인구는 아르헨티나가 가장 많다.
ㄴ. (가)는 에스파냐어를 공용어로 사용한다.
ㄷ. (나)에서는 매년 리우 카니발이 열린다.
ㄹ. 브라질은 멕시코보다 국가 전체 인구에서 A의 비율이 높다.

① ㄱ, ㄴ   ② ㄱ, ㄷ   ③ ㄴ, ㄷ   ④ ㄴ, ㄹ   ⑤ ㄷ, ㄹ

10강 평화와 공존의 세계

핵심 개념

Q19 빈칸에 알맞은 말을 쓰시오.

1. 주요 경제 블록의 특징

( )	회원국 수와 총 교역액이 가장 많고, 총 교역액 대비 역내 무역액 비율이 가장 높음(2017년)
북아메리카 자유 무역 협정	• 미국, 멕시코, 캐나다 간의 자유 무역 협정 • 멕시코에 대한 외국 기업의 투자 증대 배경 • 역내 총생산이 가장 ( )(2017년)
동남아시아 국가 연합	• 동남아시아 10개국 간 결성된 경제 블록 • 총인구가 가장 많음(2017년)
( )	브라질, 아르헨티나, 우루과이, 파라과이 등으로 구성

2. 세계의 분쟁 지역 사례 : 여러 원인이 복잡하게 얽혀 나타남

자원	카스피해, 기니만, 남중국해, 북극해, 나일강 등
민족, 종교	터키의 ( ), 팔레스타인(이슬람교-유대교), 카슈미르(이슬람교-힌두교), 스리랑카(불교-힌두교)
영토	쿠릴 열도(러시아-일본), 포클랜드 제도(영국-아르헨티나) 등

▶▶ 본문 p.82~83 참고

고난도 기출

Q20 다음 자료는 세계지리 사이버 학습 장면의 일부이다. (가)~(다)에 대한 설명으로 옳은 것만을 〈보기〉에서 있는 대로 고른 것은?

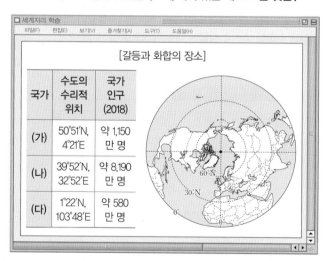

세계지리 학습
파일(F) 편집(E) 보기(V) 즐겨찾기(A) 도구(T) 도움말(H)

[갈등과 화합의 장소]

국가	수도의 수리적 위치	국가 인구 (2018)
(가)	50°51'N, 4°21'E	약 1,150 만 명
(나)	39°52'N, 32°52'E	약 8,190 만 명
(다)	1°22'N, 103°48'E	약 580 만 명

보기

ㄱ. (가)는 스위스로 네 언어가 공존하고 있다.
ㄴ. (나)에서는 쿠르드족의 분리·독립 운동이 일어나고 있다.
ㄷ. (다)에서는 불교, 이슬람교, 크리스트교, 힌두교 등이 공존하고 있다.
ㄹ. (가)와 (나)는 인접 국가와 종교적 갈등으로 인해 분쟁을 겪고 있다.

① ㄱ, ㄴ   ② ㄴ, ㄷ   ③ ㄱ, ㄴ, ㄷ
④ ㄱ, ㄷ, ㄹ   ⑤ ㄴ, ㄷ, ㄹ

MEMO

MEMO

531 PROJECT

효과 빠른 약점 처방전

[사람] **세계지리 H**

정답 및 해설

I. 세계화와 지역 이해

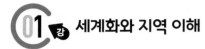

본문 p.06

순한맛 ④   매운맛 ④

순한맛 고지도에 나타난 세계관 비교   정답 ④

문제 분석 (가)는 150년경에 제작되었다가 르네상스 시대에 복원된 프톨레마이오스의 세계 지도입니다. (나)는 1569년에 제작되어 항해용으로 널리 사용된 메르카토르의 세계 지도입니다. (다)는 조선 전기에 제작된 혼일강리역대국도지도입니다.

정답 찾기 ④ 프톨레마이오스의 세계 지도(가)와 메르카토르의 세계 지도(나)에는 모두 경위선이 표현되어 있습니다.

오답 피하기 ① 프톨레마이오스의 세계 지도(가)는 지도의 위쪽이 북쪽입니다. 지도의 위쪽이 남쪽인 지도로는 알 이드리시의 세계 지도가 있습니다. ② 메르카토르의 세계 지도(나)는 저위도 지역의 면적은 비교적 정확하게 표현되지만, 고위도 지역으로 갈수록 면적이 크게 왜곡됩니다. ③ 조선 후기 서양의 지리 지식을 수용하여 최한기가 제작한 지도는 지구전후도입니다. ⑤ 메르카토르의 세계 지도(나)에는 아메리카 대륙이 나타나 있지만, 혼일강리역대국도지도(다)는 신대륙 발견 이전에 제작되어 아메리카 대륙이 표현되어 있지 않습니다.

매운맛 고지도에 나타난 세계관 비교   정답 ④

①	②	③	④ 함정	⑤
3%	6%	3%	75%	13%

눈으로 보는 해설

(가)~(다) 지도에 대한 설명으로 옳은 것은?

(가) 혼일강리역대국도지도   (나) 알 이드리시의 세계 지도   (다) 헤리퍼드 마파문디 지도(티오 지도)

① (가)는 지구가 구체(球體)라는 인식이 반영되어 있다.
└ 예 지구전후도, 프톨레마이오스 세계 지도, 메르카토르 세계 지도
② (나)는 지도의 위쪽이 동쪽이다.
                    남쪽
③ (다)는 이슬람교 세계관에 따라 제작되었다.
        크리스트교
④ A는 B 대륙에 위치하고 있다.
⑤ C와 D의 바다는 모두 지중해를 나타낸 것이다.
└ 인도양

문제 분석 (가)는 조선 전기에 제작된 혼일강리역대국도지도입니다. (나)는 1154년 이슬람교의 영향을 받아 제작된 알 이드리시의 세계 지도입니다. (다)는 1300년경 제작된 헤리퍼드 마파문디 지도로, 여러 유형의 티오(TO) 지도 중 하나입니다. 지도의 A는 중국, B는 아시아 대륙, C는 인도양, D는 지중해입니다.

정답 찾기 ④ 중국(A)은 아시아(B) 대륙에 위치하고 있습니다.

오답 피하기 ① 혼일강리역대국도지도(가)는 지구가 구체(球體)라는 인식이 반영된 지도가 아닙니다. ② 알 이드리시의 세계 지도(나)는 지도의 위쪽이 남쪽입니다. 티오 지도에 속하는 헤리퍼드 마파문디 지도(다)는 지도의 위쪽이 동쪽입니다. ③ 헤리퍼드 마파문디 지도(다)는 크리스트교 세계관에 따라 제작되었습니다. 이슬람교 세계관에 따라 제작된 지도는 알 이드리시의 세계 지도(나)입니다. ⑤ C는 인도양, D는 지중해를 나타낸 것입니다.

함정 피하기
고지도의 방위를 파악하지 못하면 A~D가 어느 지역에 해당하는지를 찾기 어렵다. 알 이드리시의 세계 지도는 메카를 중심으로 지도의 위쪽이 남쪽이며, 헤리퍼드 마파문디 지도를 포함한 티오(TO) 지도는 예루살렘을 중심으로 지도의 위쪽이 동쪽임을 알아 두자.

실전 문제   본문 p.07~09

| 01 ③ | 02 ① | 03 ③ | 04 ① | 05 ② | 06 ⑤ |
| 07 ④ | 08 ④ | 09 ① | 10 ② | 11 ⑤ | 12 ① |

01 세계화 속의 현지화 전략   정답 ③

문제 분석 조사 내용 I에서 미국의 치킨 업체와 피자 업체는 중국인들의 입맛에 맞는 메뉴를 개발하였습니다. 조사 내용 II에서 우리나라의 자동차 업체는 인도인의 편의에 맞춘 차량을 개발하였습니다.

정답 찾기 ③ 미국의 치킨 업체 A사와 피자 업체 B사, 우리나라의 자동차 업체 C사는 모두 해외에 판매 지점을 둔 다국적 기업입니다. 해당 기업들은 해외 판매 지점이 설치된 국가의 고유한 지역성에 맞추어 제품을 개량하고 서비스를 개선하는 현지화 전략을 실행하였습니다.

오답 피하기 ① 세계 도시는 세계의 경제 활동을 조절하고 통제하는 중심지로, 세계적인 교통·통신망의 핵심이자 세계의 자본이 집적되는 장소입니다. ② 정보 통신 기술의 발달로 시·공간적 제약이 축소되어 교류가 활발해지게 되었습니다. ④ 첨단 산업은 주로 전문 인력이 풍부한 지역에 입지합니다. ⑤ 세계화로 본국의 공장이 해외로 이전하면 생산 시설 이전에 따른 산업 공동화가 나타납니다.

02 세계화 속의 현지화 전략   정답 ①

문제 분석 지도의 A는 사우디아라비아, B는 인도, C는 타이입니다.

정답 찾기 ① 종교적 이유로 돼지고기를 금기시하는 ㉠은 이슬람교를 국교로 신봉하는 사우디아라비아(A)입니다. 힌두교가 가장 많고, 이슬람교도 많아서 소고기와 돼지고기를 원료로 한 젤라틴을 만들 수 없는 ㉡은 인도(B)입니다. 타이(C)의 국민들은 대부분 불교를 신봉합니다.

03 여러 지역의 고지도에 나타난 세계관   정답 ③

문제 분석 (가)는 알 이드리시의 세계 지도, (나)는 티오(TO) 지도, (다)는 혼일강리역대국도지도입니다.

정답 찾기 ③ 알 이드리시의 세계 지도(가)는 지도의 위쪽이 남쪽이며, 지도의 아래쪽은 북쪽입니다. 티오 지도(나)는 지도의 위쪽이 동쪽입니다.

오답 피하기 ① 알 이드리시의 세계 지도(가)는 이슬람교적 세계관을 반영하여 제작되었습니다. 도교적 세계관이 반영된 세계 지도로는 조선 중기 이후에 제작된 천하도가 있습니다. ② 혼일강리역대국도지도(다)는

신대륙 발견 이전에 제작되어 아메리카 대륙이 표현되어 있지 않습니다. ④ 알 이드리시의 세계 지도(가)는 이슬람 문화권에서 제작되었으며, 혼일강리역대국도지도(다)는 우리나라에서 조선 전기에 제작된 세계 지도입니다. ⑤ 제시된 지도에는 모두 경위선이 표현되어 있지 않습니다.

04 여러 지역의 고지도에 나타난 세계관 정답 ①

문제 분석 (가)는 이슬람교의 영향을 받아 제작된 알 이드리시의 세계 지도이며, (나)는 크리스트교의 영향을 받아 제작된 티오(TO) 지도입니다. (다)는 조선 중기 이후에 제작된 천하도입니다.

정답 찾기 ① 티오 지도(나)에는 에덴동산(Paradise)이 표현되어 있으며, 천하도(다)에도 다양한 상상의 세계가 표현되어 있습니다. 반면, 알 이드리시의 세계 지도(가)에는 상상의 세계가 표현되어 있지 않습니다. 따라서 (가)는 A에 해당합니다. 지도의 위쪽이 동쪽인 지도는 티오 지도(나)이므로 (나)는 B에 해당합니다. 천하도(다)는 중화사상이 반영되어 중국이 지도의 중앙에 위치합니다. 따라서 (다)는 C에 해당합니다.

05 여러 지역의 고지도에 나타난 세계관 정답 ②

문제 분석 (가)는 프톨레마이오스의 저서에 수록된 내용을 토대로 15세기에 구현한 프톨레마이오스의 세계 지도입니다. (나)는 메르카토르가 고안한 투영법으로 제작된 메르카토르의 세계 지도입니다. (다)는 알 이드리시의 지도책에 수록된 알 이드리시의 세계 지도입니다.

정답 찾기 ② 메르카토르의 세계 지도(나)는 경위선이 직각으로 교차하여 항해에 필요한 정확한 각도를 파악할 수 있다는 장점이 있습니다.

오답 피하기 ① 프톨레마이오스의 세계 지도(가)는 지도의 위쪽이 북쪽입니다. 지도의 위쪽이 남쪽인 지도는 알 이드리시의 세계 지도(다)입니다. ③ 알 이드리시의 세계 지도(다)의 중심부에는 메카가 위치하고 있습니다. ④ 알 이드리시의 세계 지도(다)는 이슬람교 세계관에 따라 제작되었지만, 프톨레마이오스의 세계 지도(가)는 이슬람교 세계관에 따라 제작된 지도가 아닙니다. ⑤ 메르카토르의 세계 지도(나)에는 아메리카 대륙이 표현되어 있지만, 프톨레마이오스의 세계 지도(가)와 알 이드리시의 세계 지도(다)에는 아메리카 대륙이 표현되어 있지 않습니다.

06 여러 지역의 고지도에 나타난 세계관 정답 ⑤

문제 분석 (가)는 조선 전기에 제작된 혼일강리역대국도지도이며, (나)는 150년경에 제작된 프톨레마이오스의 세계 지도입니다.

정답 찾기 ㄷ. 프톨레마이오스의 세계 지도(나)는 지구를 구체(球體)로 인식하여 제작하는 과정에서 경위선을 사용하였습니다. ㄹ. 혼일강리역대국도지도(가)와 프톨레마이오스의 세계 지도(나)에는 모두 아프리카 대륙이 표현되어 있습니다.

오답 피하기 ㄱ. (가)의 A와 (나)의 B는 모두 인도양입니다. ㄴ. 혼일강리역대국도지도(가)는 우리나라에서 조선 전기에 국가 주도로 제작된 세계 지도입니다.

07 지리 정보 시스템(GIS)을 활용한 입지 선정 정답 ④

문제 분석 A는 이집트, B는 에티오피아, C는 케냐, D는 우간다, E는 탄자니아입니다.

정답 찾기 ④ 각 후보 국가의 평가 항목별 합산 점수를 구하면 다음 표와 같습니다.

국가	1인당 GDP	도시화율	출생률	합산 점수
이집트(A)	1	1	1	3
에티오피아(B)	3	3	2	8
케냐(C)	2	3	2	7
우간다(D)	3	3	3	9
탄자니아(E)	3	2	2	7

따라서 출산 의료 센터 건립에 가장 적합한 국가는 합산 점수가 9점으로 가장 높은 우간다(D)입니다.

08 지리 정보의 유형과 특징 정답 ④

문제 분석 제시된 (가) 국가는 수도가 19°30′N, 99°08′W에 위치하는 것으로 보아 북반구에 위치하며 영국보다 서쪽에 위치합니다. 따라서 (가) 국가는 북아메리카에 위치하며, 에스파냐어를 사용하고 인구가 1억 명이 넘은 것을 보아 멕시코임을 알 수 있습니다. ㉠은 멕시코의 수도인 멕시코시티입니다.

정답 찾기 ㄴ. ㉠은 서경 99° 부근에 위치하는 것으로 보아 영국보다 표준시가 늦습니다. ㄹ. ㉢의 기후 분포는 장소가 가진 자연적·인문적 특성을 나타낸 속성 정보입니다.

오답 피하기 ㄱ. 멕시코(가)는 북아메리카에 위치합니다. ㄷ. ㉡은 북위 19° 부근으로 북반구에 위치하기 때문에 우리나라와 계절이 정반대라고 볼 수 없습니다.

09 지리 정보 수집 방법 정답 ①

문제 분석 제시된 지리 정보 수집 방법은 인공위성을 이용하여 관측 대상과의 접촉 없이 지리 정보를 수집하는 원격 탐사입니다.

정답 찾기 ㄱ, ㄴ. 동아시아의 황사 이동 경로, 칠레 화산 폭발로 인한 화산재의 이동 범위는 모두 인공위성을 통한 원격 탐사로 얻기에 유리한 지리 정보입니다.

오답 피하기 ㄷ, ㄹ. 아프리카의 의료 수준과 이에 따른 기대 수명, 라틴 아메리카의 민족 분포와 연령별 인구 구조는 인공위성을 통한 원격 탐사로 지리 정보를 얻기 어렵습니다.

10 지리 정보 시스템(GIS)을 활용한 입지 선정 정답 ②

문제 분석 지도의 A는 에콰도르, B는 페루, C는 볼리비아, D는 아르헨티나, E는 우루과이입니다.

정답 찾기 ② 각 후보 국가의 평가 항목별 합산 점수를 구하면 아래 표와 같습니다.

국가	천 명당 자동차 수	실업률	인구	합산 점수
볼리비아(C)	3	3	2	8
아르헨티나(D)	1	2	3	6
에콰도르(A)	2	3	2	7
우루과이(E)	1	1	1	3
페루(B)	3	2	3	8

합산 점수가 가장 높은 곳은 볼리비아(C)와 페루(B)입니다. 단, 두 국가의 점수가 같을 시 인구가 많은 국가를 선택한다고 하였으므로 자동차 판매 대리점 개설에 가장 적합한 국가는 페루(B)입니다.

11 세계의 문화 지역 정답 ⑤

문제 분석 ▶ 지도의 A는 유럽 문화권, B는 동아시아 문화권, C는 앵글로아메리카 문화권, D는 아프리카 문화권, E는 라틴 아메리카 문화권입니다.

정답 찾기 ▶ ⑤ 원주민과 이주민의 혼혈 비율이 높고, 주민 대부분이 에스파냐어와 포르투갈어를 사용하며, 다른 지역에서 볼 수 없는 독특한 모습의 성모 마리아상이 나타나는 문화권은 라틴 아메리카 문화권(E)입니다.

오답 피하기 ▶ ① 유럽 문화권(A)은 주로 크리스트교도의 비율이 높으며, 인도·유럽 어족의 언어를 사용합니다. ② 동아시아 문화권(B)은 주로 유교와 불교의 영향을 크게 받았으며, 한자를 사용합니다. ③ 앵글로아메리카 문화권(C)은 크리스트교도의 비율이 높으며, 대부분의 주민들이 영어를 사용합니다. ④ 아프리카 문화권(D)은 대부분의 주민들이 토속 신앙이나 크리스트교를 신봉합니다.

12 세계 지도의 지역 구분 기준 정답 ①

문제 분석 ▶ 지도를 보면 대체로 위도대에 따라 구분되고 있음을 알 수 있습니다.

정답 찾기 ▶ ① 적도 주변에 위치한 중부 아프리카, 동남아시아, 아메리카 아마존 일대에는 열대 기후가 나타납니다. 북부 아프리카와 서남 아시아, 오스트레일리아 등지에서는 건조 기후가 넓게 나타납니다. 유럽과 동아시아 등의 중위도 지역에서는 온대 기후가 나타나며, 시베리아와 캐나다 일대에서는 냉대 기후가 나타납니다. 북극해 주변과 그린란드에는 한대 기후가 나타납니다. 따라서 제시된 세계 지도는 세계의 기후를 구분한 지도입니다.

킬러 문항 완전 정복

본문 p.10~11

01 ③   02 ①   03 ③   04 ②

01 지역 브랜드화와 지역화 전략 정답 ③

자료 분석

수행 평가 보고서

지역 브랜드화를 활용한 지역화 전략 ◀─── 지역을 하나의 브랜드로 인식

제목 : [　(가)　] 사례 탐구

3학년 ○반 ○번 이름 : ○○○

• 오른쪽의 로고는 미국 뉴욕(New York)에서 1977년 관광객 유치 전략의 일환으로 제안된 홍보 캠페인에서 시작되었다.
이 로고는 많은 제품의 디자인에 활용되고 있으며, 지역 로고의 세계적인 성공 사례로 꼽힌다.

• 덴마크 코펜하겐(Copenhagen)의 슬로건은 'Open for You'이다. 오른쪽 로고를 보면 도시 이름과 OPEN(열다)이 결합되었다. 'OPEN'은 창의적 아이디어가 가득한 도시이자 관광객을 환영하는 뜻이 담겨 있다.

문제 분석 ▶ 주어진 자료에서는 'I♥NY'이라는 로고를 통해 미국의 뉴욕이 홍보된 사례와 'Open for You'라는 슬로건과 함께 덴마크의 코펜하겐(Copenhagen)을 홍보한 사례가 제시되었습니다.

정답 찾기 ▶ ③ 미국의 뉴욕과 덴마크의 코펜하겐은 모두 지역의 로고를 만들고 이를 활용하여 지역을 홍보하였습니다. 이는 지역 브랜드화를 활용한 지역화 전략의 사례로 볼 수 있습니다.

오답 피하기 ▶ ① 다국적 기업의 공간적 분업이란 기업의 기획 및 관리, 연구, 생산, 판매 기능이 공간적으로 분리되는 현상을 말합니다. ② 주어진 자료를 통해 문화 경관이 획일화되고 있음을 알 수 없으며 이에 따른 갈등 사례로 볼 수도 없습니다. ④ 주어진 사례가 지역 간 교류 확대에 영향을 미칠 수 있으나 지역 축제의 사례로 볼 수는 없습니다. ⑤ 특정 지역의 지리적 특성을 반영한 우수 상품이 그 지역에서 생산·가공되었음을 증명하고 표시하는 지리적 표시제의 사례로 볼 수 없습니다.

02 여러 지역의 고지도에 나타난 세계관 정답 ①

자료 분석

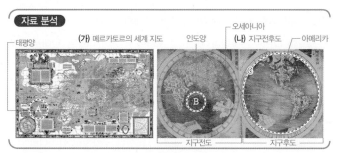

문제 분석 ▶ (가)는 16세기 유럽에서 제작된 메르카토르의 세계 지도입니다. (나)는 조선 후기 최한기·김정호가 제작한 지구전후도입니다. A는 태평양, B는 인도양이며, 지구후도(C)에는 신대륙인 아메리카와 오세아니아가 그려져 있습니다.

정답 찾기 ▶ ㄱ. 메르카토르 세계 지도(가)는 1569년에 유럽에서 제작되었으며, 지구전후도(나)는 조선 후기 1834년에 우리나라에서 제작되었습니다. ㄴ. 메르카토르 세계 지도(가)와 지구전후도(나)는 모두 지구가 구체(球體)라는 인식에 기초하여 제작되어 경위선이 표현되어 있습니다.

오답 피하기 ▶ ㄷ. A는 태평양, B는 인도양입니다. ㄹ. 지구후도(C)에 표현된 대륙은 신대륙인 아메리카와 오세아니아입니다. 150년경에 제작된 프톨레마이오스 세계 지도는 신대륙 발견 이전에 제작되었으므로 신대륙이 표현되어 있지 않습니다.

03 지리 정보의 유형과 특징 정답 ③

자료 분석

특징	국가	(가) 독일	(나) 소말리아	(다) 아르헨티나
공간 정보	㉠ 수도의 위치	52°31′N, 13°24′E	2°02′N, 45°21′E	34°36′S, 58°23′W
속성 정보	㉡ 면적(만 km²)	35.7	63.8	278.0
	㉢ 인구(만 명)	8,179	1,380	4,308

표준시 : (나)>(가)>(다) 순으로 이름

(2015년)

문제 분석 ▶ (가)는 수도의 위치가 52°31′N, 13°24′E이므로 북반구 중위도이면서 본초 자오선(영국)의 동쪽 부근에 위치하는 유럽 국가입니다. (실제로 독일입니다.) (나)는 수도의 위치가 2°02′N, 45°21′E이므로 적도 부근에 위치하며 본초 자오선(영국)의 동쪽에 위치하여 영국보다 표준시

가 이른 아프리카의 국가입니다.(실제로 소말리아입니다.) (다)는 수도의 위치가 34°36′S, 58°23′W이므로 남반구의 중위도에 위치하고, 본초 자오선(영국)의 서쪽에 위치하여 영국보다 표준시가 늦은 남아메리카의 국가입니다.(실제로 아르헨티나입니다.)

정답 찾기 ㄷ. 인구 밀도는 인구를 면적으로 나누어 비교할 수 있습니다. (가)는 세 국가 중 면적이 가장 좁은 반면, 인구는 가장 많으므로 인구 밀도가 가장 높습니다. ㄹ. (가)는 유럽, (나)는 아프리카, (다)는 남아메리카에 위치합니다.

오답 피하기 ㄱ. ㉠은 장소의 위치와 형태 등을 나타낸 공간 정보에, ㉡과 ㉢은 장소가 가진 자연적·인문적 특성을 나타낸 속성 정보에 해당합니다. ㄴ. 표준시는 본초 자오선을 기준으로 가장 동쪽에 위치한 (나)가 가장 이르며, 본초 자오선을 기준으로 서쪽에 위치한 (다)가 가장 늦습니다.

04 지리 정보 시스템(GIS)을 활용한 입지 선정   정답 ②

자료 분석

〈점수 산정 기준〉

점수 \ 평가 항목	합계 출산율(명)	유소년 부양비	1인당 GDP(달러)
1점	2 미만	40 미만	2,000 미만
2점	2~2.5	40~50	1,000~3,000
3점	2.5 이상	50 이상	3,000 이상

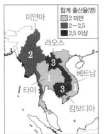 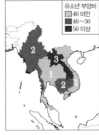 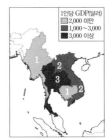

문제 분석 지도에 표시된 국가는 미얀마, 타이, 라오스, 캄보디아, 베트남입니다.

정답 찾기 ② 각 후보 국가의 평가 항목별 합산 점수를 구하면 아래 표와 같습니다.

국가	합계 출산율	유소년 부양비	1인당 GDP	합산 점수
미얀마	2	2	1	5
타이	1	1	3	5
라오스	3	3	2	8
캄보디아	3	2	1	6
베트남	1	1	2	4

따라서 어린이용품 판매 대리점 개설에 가장 적합한 국가는 합산 점수가 8점으로 가장 높은 라오스입니다.

02강 세계 기후 구분과 열대 기후 환경

대표 기출 vs 고난도 기출   본문 p.14

순한맛 ⑤   매운맛 ④

순한맛 적도 수렴대의 계절에 따른 회귀   정답 ⑤

문제 분석 적도 수렴대는 1월에 적도 남쪽으로, 7월에 적도 북쪽으로 이동합니다. (가)는 중·남부 아프리카에서 적도 이남 지역에 강수가 집중되는 것으로 보아 적도 수렴대가 적도 이남에 위치하는 1월입니다. (나)는 중·남부 아프리카에서 적도 이북 지역에 강수가 집중되는 것으로 보아 적도 수렴대가 적도 이북에 위치하는 7월입니다. A는 북반구의 지중해성 기후 지역, B는 사막 기후 지역, C는 북반구의 사바나 기후 지역, D는 남반구의 사바나 기후 지역, E는 남반구의 지중해성 기후 지역입니다.

정답 찾기 ⑤ 1월(가)에서 7월(나)로 갈수록, 남쪽으로 치우쳤던 적도 수렴대는 대체로 북쪽으로 이동합니다.

오답 피하기 ① 북반구의 지중해성 기후 지역인 A에서는 편서풍대의 영향을 크게 받는 1월에 우기, 아열대 고압대의 영향을 크게 받는 7월에 건기가 나타납니다. ② 북반구에 위치한 B는 1월(가)의 평균 기온이 7월(나)의 평균 기온보다 낮습니다. ③ 1월(가)에 북반구에 위치한 A가 남반구에 위치한 E보다 낮의 길이가 짧습니다. ④ 7월(나)에 북반구의 사바나 기후에 해당하는 C에서는 적도 수렴대의 영향을 크게 받아 우기가 나타나며, 남반구의 사바나 기후에 해당하는 D에서는 아열대 고압대의 영향을 크게 받아 건기가 나타납니다.

매운맛 적도 수렴대의 계절에 따른 회귀   정답 ④

함정

①	②	③	④	⑤
4%	6%	13%	74%	3%

눈으로 보는 해설

지도의 A~D 지역에 대한 설명으로 옳은 것은? (단, (가), (나) 시기는 각각 1월과 7월 중 하나임.)

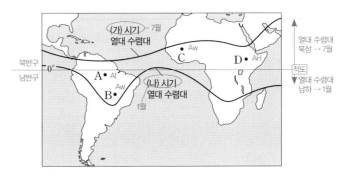

① (가) 시기에 B는 A보다 대류성 강수 일수가 많다.
   ┕건기   └적다
② (가) 시기에 C는 B보다 정오의 태양 고도가 낮다.
                              └높다
③ (나) 시기에 B는 C보다 아열대 고압대의 영향을 많이 받는다.
                              └적게
④ B는 (나) 시기보다 (가) 시기에 밤의 길이가 길다.
⑤ (가), (나) 시기 모두 D는 A보다 강수량이 많다.
                   └연중 강수량이 많은 열대 우림 기후

문제 분석 (가) 시기는 열대(적도) 수렴대가 북쪽으로 치우친 7월입니다. (나) 시기는 열대(적도) 수렴대가 남쪽으로 치우친 1월입니다. 지도의 A는 열대 우림 기후, B는 남반구의 사바나 기후, C는 북반구의 사바나 기후, D는 열대 고산 기후 지역입니다.

정답 찾기 ④ B는 남반구에 위치하여 1월(나)보다 7월(가)의 낮 길이가 짧으며, 밤의 길이가 깁니다.

오답 피하기 ① 적도 부근에 위치한 A는 연중 대류성 강수 일수가 많은 지역입니다. 반면 B는 남반구에 위치한 사바나 기후 지역으로 7월(가)은 건기이며, 1월(나)은 우기입니다. 따라서 7월(가)에는 B가 A보다 대류성 강수 일수가 적습니다. ② 7월(가)에는 북회귀선에 가까운 C가 B보다 정오의 태양 고도가 높습니다. ③ 1월에 B는 우기이며, C는 건기입니다. 따라서 1월(나)에 B는 C보다 열대(적도) 수렴대의 영향을 많이 받으며 아열대 고압대의 영향을 적게 받습니다. ⑤ A는 열대 우림 기후로 대류성 강수가 자주 내려 연중 강수량이 많습니다. 반면 D는 열대 고산 기후에 속하는 지역으로 A에 비해 대류성 강수의 빈도가 낮으며, 아열대 고압대의 영향을 받는 1월(나)에는 건기가 나타납니다.

함정 피하기

남반구에 위치한 B는 7월보다 1월의 낮 길이가 길며, 밤 길이는 짧다. 경도에 따라 표준시가 달라지며, 위도에 따라 낮 길이가 달라짐에 유의하자. 그리고 문항 속에서 낮 길이를 묻는지, 밤 길이를 묻는지 꼼꼼하게 읽어보고 실수로 문항을 틀리는 일이 없도록 해야 한다.

실전 문제

					본문 p.15~17
01 ⑤	02 ⑤	03 ②	04 ⑤	05 ③	06 ②
07 ④	08 ⑤	09 ③	10 ②	11 ①	12 ②

01 대기 대순환의 계절적 이동   정답 ⑤

문제 분석 제시된 글은 대기 대순환에 따라 적도 부근과 남·북위 25°~30° 부근에 영향을 주는 기압대와 계절에 따른 기압대의 이동에 대해 설명하고 있습니다.

정답 찾기 ⑤ 남반구의 사바나 기후 지역에서는 적도 수렴대의 영향을 크게 받는 1월에 우기가 나타납니다. 반면, 아열대 고압대의 영향을 받는 7월에는 대부분 건기가 나타납니다.

오답 피하기 ① 적도 부근 지역에서는 지표면의 가열에 의한 상승 기류로 대류성 강수인 스콜이 자주 발생합니다. ② 지중해성 기후 지역에서는 겨울에 편서풍대의 영향으로 온난 습윤한 기후가 나타나며, 여름에 아열대 고압대(ⓒ)의 영향으로 고온 건조한 기후가 나타납니다. ③ 아열대 고압대에서 하강한 대기가 적도쪽으로 이동하여 부는 바람은 무역풍입니다. ④ 태양 복사 에너지가 지표에 수직으로 전달되는 지점은 6월경에는 북회귀선(북위 23.5°) 부근이며, 12월경에는 남회귀선(남위 23.5°) 부근입니다. 따라서 태양 복사 에너지가 지표에 수직으로 전달되는 지점(ⓔ)은 북회귀선과 남회귀선 사이에 위치합니다.

02 기후 요소와 기후 요인   정답 ⑤

문제 분석 비슷한 위도대에 위치한 A와 B의 월평균 기온을 보면 A의 평균 기온이 B보다 상대적으로 낮음을 알 수 있습니다. 또한 비슷한 위도대에 위치한 C와 D를 보면 C의 평균 기온이 D보다 상대적으로 낮음을

알 수 있습니다. 참고로 지도의 A는 아디스아바바, B는 지부티, C는 월비스 베이, D는 이냠바느입니다.

정답 찾기 ⑤ A는 아비시니아고원에 위치하여 B에 비해 해발 고도가 높습니다. 따라서 비슷한 위도대에 위치함에도 해발 고도의 영향으로 A가 B보다 평균 기온이 낮습니다. C는 한류, D는 난류의 영향을 받는 지역입니다. 따라서 비슷한 위도대에 위치함에도 해류의 영향으로 C가 D보다 평균 기온이 낮습니다.

03 쾨펜의 기후 구분   정답 ②

문제 분석 지도의 A는 사바나 기후가 나타나는 다윈, B는 지중해성 기후가 나타나는 퍼스, C는 서안 해양성 기후가 나타나는 오클랜드입니다.

정답 찾기 ② (가)에 들어갈 질문은 사바나 기후가 나타나는 A와 지중해성 기후에 나타나는 B에는 '예', 서안 해양성 기후가 나타나는 C에는 '아니요'에 해당하는 질문입니다. 이에 해당하는 질문은 '우기와 건기가 뚜렷하게 구분되나요?'(ㄱ)입니다. 사바나 기후(A)와 지중해성 기후(B)에서는 아열대 고압대의 영향으로 건기가 나타나는 기간이 뚜렷한 반면, 서안 해양성 기후(C)에서는 연중 고른 강수량이 나타나기 때문입니다. (나)에 들어갈 질문은 사바나 기후가 나타나는 A에는 '예', 지중해성 기후가 나타나는 B에는 '아니요'에 해당하는 질문입니다. 이에 해당하는 질문은 '최한월 평균 기온이 18℃ 이상인가요?'(ㄷ)입니다. 열대 기후에 속하는 사바나 기후(A)는 최한월 평균 기온이 18℃ 이상이며, 온대 기후에 속하는 지중해성 기후(B)는 최한월 평균 기온이 18℃ 미만입니다.

오답 피하기 '최난월 평균 기온이 10℃ 이상인가요?'(ㄴ)는 수목 기후(열대·온대·냉대 기후)와 무수목 기후(한대 기후)를 구분하는 질문이며, 지도에 표시된 A~C는 모두 최난월 평균 기온이 10℃ 이상입니다.

04 대륙별 기후 분포 비율   정답 ⑤

문제 분석 (가)는 유라시아 대륙과 북아메리카에서 분포 비율이 높으며 아프리카, 남아메리카, 오세아니아에 분포하지 않는 냉대 기후입니다. (나)는 아프리카와 오세아니아에서의 분포 비율이 높은 건조 기후입니다. (다)는 남극을 제외한 대부분의 대륙에서 나타나는 온대 기후입니다. (라)는 남극에서 100%의 분포를 보이며, 북아메리카와 유라시아에서의 분포 비율이 높은 한대 기후입니다. (마)는 남아메리카와 아프리카에서의 분포 비율이 높은 열대 기후입니다.

정답 찾기 ㄷ. 온대 기후(다)는 최한월 평균 기온이 18℃ 미만이며, 열대 기후(마)는 최한월 평균 기온이 18℃ 이상입니다. 따라서 (다)는 (마)보다 최한월 평균 기온이 낮습니다. ㄹ. 건조 기후(나)와 한대 기후(라)는 모두 무수목 기후에 해당합니다.

오답 피하기 ㄱ. 냉대 기후(가)는 주로 북반구에 분포합니다. 따라서 (가)는 남반구보다 북반구에서의 분포 범위가 넓습니다. ㄴ. 건조 기후(나)는 열대 기후(마)보다 적도 수렴대의 영향을 적게 받아 연강수량이 적습니다.

05 지역별 기후 특성   정답 ③

문제 분석 (가)는 연평균 기온이 20.2℃이며, 월평균 강수량(연 강수량을 12개월로 나눈 값)은 약 120mm입니다. 그래프를 분석해 보면 (가)는 최한월인 1월의 평균 기온이 약 10℃이며, 최난월인 7월의 평균 기온이 약 30℃입니다. 따라서 (가)는 북반구의 온대 기후에 속합니다. 또한 강수량이 가장 적은 12월의 강수량이 약 30mm로 연중 습윤한 기후에 속

합니다. (나)는 연평균 기온이 16.6℃이며, 월평균 강수량은 약 100mm입니다. 그래프를 분석해 보면 (나)는 기온의 연교차가 5℃ 이내이며, 월평균 기온은 14~19℃이므로 열대 고산 기후가 나타나고 있음을 알 수 있습니다. 또한 강수량은 7월에 우기, 1월에 건기가 나타나는 것을 보아 7월에 적도 수렴대의 영향을 크게 받는 북반구에 위치함을 알 수 있습니다. (다)는 연평균 기온이 27.5℃이며, 월평균 강수량은 약 150mm입니다. 그래프를 분석해 보면 (다)는 최한월 평균 기온이 7월에 나타나며 약 23℃입니다. 따라서 (다)는 남반구의 열대 기후에 속합니다. 또한 강수량이 적은 7월의 월 강수량이 0mm에 가까울 정도로 건기가 뚜렷하게 나타납니다. 따라서 (다)는 남반구의 사바나 기후 지역입니다. 이를 정리하면 (가)는 북반구의 온난 습윤 기후 지역이며, (나)는 북반구의 열대 고산 기후 지역, (다)는 남반구의 사바나 기후 지역입니다.

정답 찾기 ③ C의 (가)는 동아시아 남부로 북반구의 온난 습윤 기후가 나타나는 지역이고, (나)는 아프리카의 아비시니아고원 일대로 북반구의 열대 고산 기후가 나타나는 지역이며, (다)는 오스트레일리아 북부로 남반구의 사바나 기후가 나타나는 지역입니다.

오답 피하기 ① A의 (가)는 북서 유럽으로 서안 해양성 기후가 나타나는 지역이고, (나)는 적도 이북의 아프리카 지역으로 북반구의 사바나 기후가 나타나는 지역이며, (다)는 적도 이남의 아프리카 지역으로 남반구의 사바나 기후가 나타나는 지역입니다. ② B의 (가)는 동아시아에 위치하여 북반구의 온난 습윤 기후가 나타나는 지역이고, (나)는 캅카스산맥 주변의 온대 고산 기후가 나타나는 지역이며, (다)는 남부 아시아의 열대 몬순 기후가 나타나는 지역입니다. ④ D의 (가)는 미국 남동부로 북반구의 온난 습윤 기후가 나타나는 지역이고, (나)는 안데스 산맥 주변의 열대 고산 기후가 나타나는 지역이며, (다)는 적도 이북의 남아메리카 지역으로 북반구의 사바나 기후가 나타나는 지역입니다. ⑤ E의 (가)는 남아메리카의 남동 해안으로 남반구의 온난 습윤 기후가 나타나는 지역이고, (나)는 안데스산맥에 위치하여 남반구의 열대 고산 기후가 나타나는 지역이며, (다)는 적도 이남의 아마존 지역으로 남반구의 사바나 기후가 나타나는 지역입니다.

06 적도 수렴대의 계절에 따른 회귀   정답 ②

문제 분석 (가)는 아프리카에서 적도를 중심으로 적도 이남 지역의 기압이 적도 이북 지역보다 상대적으로 낮습니다. 이는 적도 수렴대가 적도 이남으로 남하했기 때문이며, 따라서 (가)는 1월입니다. (나)는 아프리카에서 적도를 중심으로 적도 이북 지역의 기압이 적도 이남 지역보다 상대적으로 낮습니다. 이는 적도 수렴대가 적도 이북으로 북상했기 때문이며, 따라서 (나)는 7월입니다. 지도의 A는 서안 해양성 기후, B는 북반구의 지중해성 기후, C는 열대 우림 기후, D는 남반구의 사바나 기후, E는 남반구의 지중해성 기후가 나타나는 지역입니다.

정답 찾기 ㄱ. 서안 해양성 기후가 나타나는 A는 연중 습윤한 기후가 나타나는 반면, 북반구의 지중해성 기후가 나타나는 B는 7월(나)에 아열대 고압대의 영향으로 건기가 나타납니다. 따라서 A는 B보다 (나) 시기에 강수량이 많습니다. ㄷ. 열대 우림 기후가 나타나는 C는 사바나 기후가 나타나는 D보다 연중 적도 수렴대의 영향을 크게 받습니다.

오답 피하기 ㄴ. 1월(가)에는 남극에서 북극으로 갈수록 낮 길이가 짧아집니다. 따라서 B는 C보다 북쪽에 위치하므로 1월(가)의 낮 길이가 짧습니다. ㄹ. D는 남반구의 사바나 기후가 나타나는 지역으로 7월(나)에 건

기가 나타납니다. 반면에 E는 남반구의 지중해성 기후가 나타나는 지역으로 7월(나)에 우기가 나타납니다. 따라서 D는 E보다 (나) 시기에 강수량이 적습니다.

07 지역별 기후 특성   정답 ④

문제 분석 (가)는 연 강수량이 250mm 이하로 사막 기후가 나타나는 지역이며, (나)는 최한월 평균 기온(1월)이 −3~18℃로 북반구의 온대 기후가 나타나는 지역입니다. (다)는 최한월 평균 기온(7월)이 18℃ 이상으로 남반구의 열대 기후가 나타나는 지역입니다. 지도의 A는 지중해성 기후가 나타나는 북아프리카의 지중해 연안 지역(알제리의 다르엘베이다), B는 사막 기후가 나타나는 북아프리카 지역(말리의 통북투), C는 사바나 기후가 나타나는 아프리카 남동부 지역(탄자니아의 다르에스살람)입니다. 따라서 (가)는 B, (나)는 A, (다)는 C입니다.

정답 찾기 ④ (나)는 북반구의 지중해성 기후가 나타나는 A로, 우기에 해당하는 1월 강수량이 건기에 해당하는 7월 강수량보다 많습니다. (다)는 남반구의 사바나 기후가 나타나는 C로, 우기에 해당하는 1월 강수량이 건기에 해당하는 7월 강수량보다 많습니다. 따라서 (나), (다)는 모두 7월 강수량보다 1월 강수량이 많습니다.

오답 피하기 ① 지중해성 기후가 나타나는 A는 사막 기후가 나타나는 B보다 아열대 고압대의 영향을 받는 기간이 짧습니다. ② 그래프를 보면 최난월 기온과 최한월 기온의 차이(기온의 연교차)는 B(가)가 C(다)보다 큽니다. ③ 7월에는 북극에서 남극으로 갈수록 낮의 길이가 짧아집니다. (다)는 (나)보다 남쪽에 위치하므로 7월의 낮 길이가 짧습니다. ⑤ (가)는 건조 기후, (나)는 온대 기후, (다)는 열대 기후에 속합니다.

08 적도 수렴대의 계절에 따른 회귀   정답 ⑤

문제 분석 (가) 시기는 적도를 중심으로 북쪽 지역에 강수량이 많은 6~8월이며, (나) 시기는 적도를 중심으로 남쪽의 아마존 지역에 강수량이 많은 12~2월입니다. 지도의 A는 북반구의 사바나 기후 지역, B는 남반구의 사바나 기후 지역, C는 남반구의 지중해성 기후 지역, D는 온난 습윤 기후 지역입니다.

정답 찾기 ㄷ. 지중해성 기후가 나타나는 C는 온난 습윤 기후가 나타나는 D보다 겨울 강수 집중률이 높습니다. ㄹ. 6~8월(가)에서 12~2월(나)로 가면서 적도 수렴대는 남쪽으로 이동합니다.

오답 피하기 ㄱ. A는 12~2월(나)에 적도 수렴대의 북쪽에 위치합니다. 따라서 A는 (나) 시기에 남동 무역풍보다 북동 무역풍이 탁월합니다. ㄴ. 남반구의 사바나 기후가 나타나는 B는 북반구의 사바나 기후가 나타나는 A보다 6~8월 강수량이 적습니다.

09 열대 기후 지역의 분포와 기후 특징   정답 ③

문제 분석 지도의 A는 북반구의 온대 몬순 기후가 나타나는 지역이며, B는 열대 우림 기후, C는 남반구의 사바나 기후가 나타나는 지역입니다. 그래프의 (가)는 연 강수량이 약 2,000mm이며 1월 강수량이 7월 강수량보다 많은 남반구의 사바나 기후 지역으로 지도의 C입니다. 그래프의 (나)는 연 강수량이 약 3,000mm으로 세 지역 중 가장 많고 1월과 7월의 강수 차가 가장 적은 열대 우림 기후 지역으로 지도의 B입니다. 그래프

의 (다)는 연 강수량이 약 2,000mm이며 7월 강수량이 1월 강수량보다 많은 북반구의 열대 몬순 기후 지역으로 지도의 A입니다.

정답 찾기 ③ B의 강수량 그래프에 해당하는 것은 (나)이며, 그래프를 보면 (다)는 (나)보다 연 강수량이 적습니다.

오답 피하기 ① (가)는 남반구의 사바나 기후 지역인 C입니다. ② (나)는 열대 우림 기후가 나타나는 지역으로 상록 활엽수가 우거진 밀림이 나타납니다. ④ B는 열대 우림 기후가 나타나는 지역으로 기온의 연교차가 기온의 일교차보다 작습니다. ⑤ C는 남반구의 사바나 기후 지역으로 6~8월에 아열대 고압대의 영향을 받는 건기가 나타납니다.

10 열대 기후 지역의 분포와 기후 특징 정답 ②

문제 분석 지도에 표시된 세 지역은 모두 열대 기후가 나타나는 지역입니다. A는 연중 강수량이 고른 열대 우림 기후 지역입니다. B는 6~8월이 우기이며 12~2월이 건기인 북반구의 사바나 기후 지역, C는 6~8월이 건기이며 12~2월이 우기인 남반구의 사바나 기후 지역입니다.

정답 찾기 ㄱ. 세 지역 중 적도에 가장 가까운 A는 연중 낮 길이의 변화가 가장 적습니다. 적도 부근에 위치한 지역은 낮의 길이가 연중 12시간 정도입니다. ㄹ. B와 C는 사바나 기후가 나타나는 지역으로 지도에서 모두 아프리카에 위치합니다. 열대 우림 기후가 나타나는 A는 지도에서 남아메리카에 위치합니다.

오답 피하기 ㄴ. 사바나 기후가 나타나는 C는 열대 우림 기후가 나타나는 A보다 연중 대류성 강수의 빈도가 낮습니다. ㄷ. 지도에서 A와 C는 남반구에 위치하며, B는 북반구에 위치합니다.

11 열대 기후 지역의 특징 정답 ①

문제 분석 제시된 글은 『슬픈 열대』(C. 레비 스트로스)의 일부입니다. 이 글의 배경이 된 지역은 6~8월이 건기입니다. 또한 10~3월이 우기이며, 이 때는 비가 거의 매일 내리고 낮 기온이 매우 높습니다. 따라서 이 지역은 남반구에 위치한 사바나 기후 지역임을 알 수 있습니다.

정답 찾기 ㄱ. 글의 배경이 된 지역은 열대 기후 지역으로 연 강수량이 연 증발량보다 많습니다. ㄴ. 이 지역은 건기에 해당하는 7월의 산불 발생 빈도가 우기에 해당하는 1월보다 잦습니다.

오답 피하기 ㄷ. 열대 기후 지역은 기온의 연교차가 기온의 일교차보다 작습니다. ㄹ. 이 지역은 10~3월까지가 우기이므로 해당 시기에 적도 수렴대의 영향을 크게 받습니다.

12 열대 기후 지역의 분포와 기후 특징 정답 ②

문제 분석 그래프의 (가)는 최한월 평균 기온이 18℃ 이상이며, 12~2월에는 건기, 6~8월에는 우기가 나타나는 북반구의 사바나 기후 지역입니다. (나)는 최한월 평균 기온이 18℃ 이상이며, 12~2월에는 우기, 6~8월에는 건기가 나타나는 남반구의 사바나 기후 지역입니다. (다)는 연중 평균 기온이 10℃ 내외로 유지되는 열대 고산 기후 지역입니다.

정답 찾기 ② 북반구의 사바나 기후가 나타나는 지역(가)은 지도의 A이며, 남반구의 사바나 기후가 나타나는 지역(나)은 지도의 C입니다. 열대 고산 기후가 나타나는 지역(다)은 안데스산맥에 위치한 B입니다.

---

01 지역별 기후 특성 정답 ①

자료 분석

문제 분석 지도의 A는 북서부 유럽의 서안 해양성 기후가 나타나는 지역(프랑스 파리)이며, B는 서남아시아의 사막 기후가 나타나는 지역(사우디아라비아 리야드)입니다. C는 동남아시아의 열대 몬순 기후가 나타나는 지역(타이 방콕)입니다.

정답 찾기 ① 7월의 낮 길이는 가장 북쪽에 위치한 A가 가장 길고, 가장 남쪽에 위치한 C가 가장 짧습니다. 따라서 7월 낮 길이는 A>B>C 순으로 깁니다. 기온의 연교차는 사막 기후에 해당하는 B가 가장 크고, 열대 몬순 기후에 해당하는 C가 가장 작습니다. 따라서 기온의 연교차는 B>A>C 순으로 큽니다. 7월 강수량은 북반구의 열대 몬순 기후에 해당하는 C가 가장 많고, 사막 기후에 해당하는 B가 가장 적습니다. 따라서 7월 강수량은 C>A>B 순으로 많습니다.

02 적도 수렴대의 계절에 따른 회귀 정답 ②

자료 분석

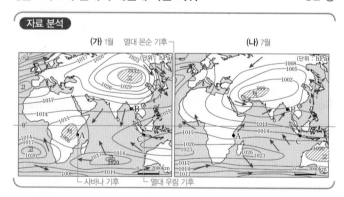

문제 분석 (가)는 적도를 중심으로 적도 이남 지역의 기압이 상대적으로 낮은 것으로 보아, 적도 수렴대가 남하한 1월입니다. 북반구가 겨울인 1월에는 유라시아 대륙 동안에 고기압이 형성됩니다. (나)는 적도를 중심으로 적도 이북 지역의 기압이 상대적으로 낮은 것으로 보아, 적도 수렴대가 북상한 7월입니다. 지도의 A는 남반구의 사바나 기후 지역이며, B는 북반구의 열대 몬순 기후 지역, C는 열대 우림 기후 지역입니다.

정답 찾기 ㄱ. 남반구의 사바나 기후 지역인 A는 1월(가) 강수량이 7월(나) 강수량보다 많습니다. ㄷ. A는 B보다 남쪽에 위치하여 1월(가)의 낮 길이가 깁니다.

오답 피하기 ㄴ. 북반구의 열대 몬순 기후 지역인 B는 1월(가) 평균 기온이 7월(나) 평균 기온보다 낮습니다. ㄹ. 북반구의 열대 몬순 기후가 나타나는 B는 열대 우림 기후가 나타나는 C보다 1월(가) 강수량이 적습니다.

03 지역별 기후 특성

자료 분석

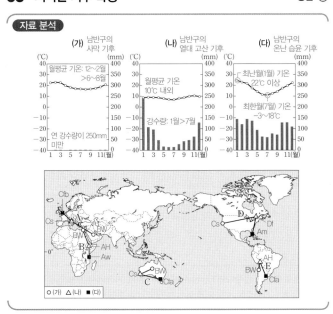

(가) 남반구의 사막 기후
(나) 남반구의 열대 고산 기후
(다) 남반구의 온난 습윤 기후

월평균 기온: 12~2월 >6~8월
연 강수량이 250mm 미만

월평균 기온 10℃ 내외
강수량: 1월>7월

최난월(1월) 기온 22℃ 이상
최한월(7월) 기온 -3~18℃

○ (가) △ (나) ■ (다)

문제 분석 (가)는 연강수량이 250mm 이하이며, 12~2월의 평균 기온이 6~8월 평균 기온보다 높은 남반구의 사막 기후 지역입니다. (나)는 연중 월평균 기온이 10℃ 내외를 유지하며, 12~2월에 우기가 나타나는 남반구의 열대 고산 기후 지역입니다. (다)는 최한월 평균 기온이 -3~18℃이며 12~2월의 평균 기온이 6~8월 평균 기온보다 높습니다. 또한 여름에 고온 다습하며 최난월 평균 기온이 22℃ 이상인 남반구의 온난 습윤 기후 지역입니다.

정답 찾기 ⑤ E의 (가)는 아타카마사막에 위치한 남반구의 사막 기후 지역이며, (나)는 안데스산맥 주변으로 남반구의 열대 고산 기후가 나타나는 지역입니다. (다)는 남아메리카의 남동 해안으로 남반구의 온난 습윤 기후가 나타나는 지역입니다.

오답 피하기 ① A의 (가)는 서남아시아에 위치하며 사막 기후가 나타나는 지역입니다. (나)는 남부 유럽에 위치하며 북반구의 지중해성 기후가 나타나는 지역이고, (다)는 북서부 유럽에 위치하며 북반구의 서안 해양성 기후가 나타나는 지역입니다. ② B의 (가)는 북아프리카에 위치하며 사막 기후가 나타나는 지역이고, (나)는 아비시니아고원 일대로 북반구의 열대 고산 기후가 나타나는 지역입니다. (다)는 아프리카의 적도 이남에 위치하며 남반구의 사바나 기후가 나타나는 지역입니다. ③ C의 (가)는 오스트레일리아 내륙의 사막 기후가 나타나는 지역이며, (나)는 오스트레일리아 남서부에 위치하며 남반구의 지중해성 기후가 나타나는 지역입니다. (다)는 오스트레일리아의 남동부 해안에 위치하며 남반구의 서안 해양성 기후가 나타나는 지역입니다. ④ D의 (가)는 미국의 캘리포니아주로 북반구의 지중해성 기후가 나타나는 지역이며, (나)는 오대호 연안의 냉대 습윤 기후가 나타나는 지역입니다. (다)는 미국의 남동부에 위치한 지역으로 열대 몬순 기후가 나타나는 지역입니다.

04 열대 기후 지역의 분포와 기후 특징

자료 분석

지역	(가) 시기 낮 길이 1월	(나) 시기 강수량 7월
Am A 북	10시간 55분	409.4 mm
B	12시간 3분	155.8 mm
Aw C 남	12시간 46분	0.2 mm - 건기

싱가포르(AI)

A는 C보다 싱가포르와의 낮 길이 차이가 큼
→ A는 콜카타(Am), C는 다윈(Aw)

열대 몬순 기후 지역
열대 우림 기후 지역
사바나 기후 지역

문제 분석 지도에 표시된 지역은 북반구의 열대 몬순 기후가 나타나는 인도의 콜카타, 열대 우림 기후가 나타나는 싱가포르, 남반구의 사바나 기후가 나타나는 오스트레일리아의 다윈입니다. 표에서 (가) 시기의 낮 길이가 12시간에 가까운 B는 싱가포르입니다. 적도 주변 지역은 연중 낮 길이가 12시간 정도로 일정합니다. A와 C는 인도의 콜카타와 오스트레일리아의 다윈 중 하나인데, A는 C보다 싱가포르와의 낮 길이 차이가 크므로 상대적으로 고위도에 위치한 인도의 콜카타이며, C는 오스트레일리아의 다윈입니다. 그리고 (가) 시기는 오스트레일리아 다윈의 낮 길이가 가장 긴 것으로 보아 1월이며, (나)는 7월입니다. 7월은 북반구의 열대 몬순 기후 지역인 A에서 강수량이 매우 많고, 남반구의 사바나 기후 지역인 C에서 강수량이 매우 적습니다.

정답 찾기 ㄷ. 남반구의 사바나 기후가 나타나는 C는 7월(나)이 건기이므로 열대 우림 기후가 나타나는 B보다 7월 강수량이 적습니다. ㄹ. A~C 중 가장 북쪽에 위치한 A는 7월의 낮 길이가 가장 깁니다.

오답 피하기 ㄱ. A는 C보다 계절에 따른 낮 길이의 변화가 큰 것으로 보아 고위도에 위치함을 알 수 있습니다. 따라서 A는 C보다 적도와의 최단 거리가 멉니다. ㄴ. 열대 우림 기후가 나타나는 B는 열대 몬순 기후가 나타나는 A보다 건기와 우기의 구분이 뚜렷하지 않습니다.

Ⅱ. 세계의 자연환경과 인간 생활

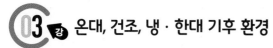

03 강 온대, 건조, 냉·한대 기후 환경

본문 p.23

순한맛 ⑤   매운맛 ④

순한맛 온대 기후 지역의 기온 및 강수 특성   정답 ⑤

문제 분석 지도에 표시된 남반구의 오스트레일리아 남서부 해안은 지중해성 기후, 뉴질랜드 북부는 서안 해양성 기후, 북반구의 중국 내륙은 대체로 온대 겨울 건조 기후가 나타납니다. 그래프의 (가), (나)는 7월보다 1월 평균 기온이 높으므로 남반구에 위치합니다. (가)는 (나)보다 평균 기온이 높으므로 오스트레일리아의 지중해성 기후 지역이고, (나)는 (가)보다 고위도에 위치한 뉴질랜드의 서안 해양성 기후 지역입니다. (다)는 1월보다 7월 평균 기온이 높으므로 북반구에 위치한 중국 내륙의 온대 겨울 건조 기후 지역입니다.

정답 찾기 ⑤ 서안 해양성 기후 지역(나)은 연중 습윤하며, 북반구의 온대 겨울 건조 기후 지역(다)은 겨울에 해당하는 1월의 강수량이 적습니다. 따라서 (나)는 (다)보다 1월 강수량이 많습니다.

오답 피하기 ① (가)는 지중해성 기후 지역으로 벼농사가 이루어지는 온난 습윤 지역으로 보기 어렵습니다. ② 지중해성 기후 지역(가)에 대한 설명입니다. ③ 북반구에 위치한 (다)는 1월의 낮 길이가 7월의 낮 길이보다 짧습니다. ④ (가)와 (나)는 모두 중위도의 대륙 서안에 위치한 지역으로 주로 편서풍의 영향을 받습니다.

매운맛 온대 기후 지역의 기온 및 강수 특성   정답 ④

①	②	③	④ 함정	⑤
9%	7%	6%	49%	29%

눈으로 보는 해설

표는 지도에 표시된 세 지역의 낮 길이와 강수량을 나타낸 것이다. A~C 지역에 대한 설명으로 옳은 것은? (단, (가), (나) 시기는 각각 1월과 7월 중 하나임.)

└ 한 지역만 12시간 이상 → B는 북반구 Cfa, (가)는 7월

구분	(가) 시기 낮 길이	(나) 시기 강수량 1월
A	10시간 16분	9mm
B	13시간 57분	39mm
C	9시간 31분	78mm

남반구 Cfb

* 낮 길이는 해당 월의 평균값임.

1월 강수량이 적음 → A는 남반구 Cs

① A는 (가) 시기보다 (나) 시기에 강수량이 많다. 적다
② B는 (가) 시기보다 (나) 시기에 정오의 태양 고도가 높다. 낮다
③ A~C 중 (나) 시기에 낮 길이가 가장 짧은 곳은 ~~C~~이다. B
④ A는 C보다 (나) 시기의 평균 기온이 높다.
⑤ C는 B보다 계절풍의 영향을 많이 받는다. 적게

문제 분석 지도에 표시된 지역은 온난 습윤 기후가 나타나는 중국의 상하이, 지중해성 기후가 나타나는 오스트레일리아의 퍼스, 서안 해양성

기후가 나타나는 뉴질랜드의 웰링턴입니다. 표의 (가) 시기 낮 길이를 보면, 두 지역은 낮 길이가 12시간 이하이며 한 지역은 낮 길이가 12시간 이상입니다. 지도에서는 한 지역이 북반구에 위치하므로 B는 중국의 상하이이며, (가)는 7월입니다. 따라서 (나)는 1월이며, 1월 강수량이 적은 A는 남반구의 지중해성 기후가 나타나는 오스트레일리아의 퍼스입니다. 나머지 C는 서안 해양성 기후가 나타나는 뉴질랜드의 웰링턴입니다.

정답 찾기 ④ A와 C는 모두 남반구에 위치하며, A는 C보다 저위도에 위치하여 1월(나)의 평균 기온이 높습니다.

오답 피하기 ① 남반구의 지중해성 기후가 나타나는 A는 겨울인 7월(가)보다 여름인 1월(나)에 강수량이 적습니다. ② 북반구에 위치한 B는 7월(가)보다 1월(나)에 정오의 태양 고도가 낮습니다. ③ 1월(나)에 낮 길이가 가장 짧은 곳은 북반구의 B입니다. ⑤ 유라시아 대륙 동안의 B가 서안 해양성 기후가 나타나는 C보다 계절풍의 영향을 많이 받습니다.

🔒 함정 피하기

정답으로 ⑤번을 골랐다면? (나) 시기 강수량이 C 지역에서 가장 많은 것을 보고 단순히 (나)를 7월, C를 대륙 동안의 상하이로 판단했을 가능성이 높다. 태양의 고도가 일정한 적도의 낮 길이가 연중 12시간 정도임을 고려하지 않았기 때문이다. 월 강수량만으로 온대 기후 지역들을 구분하기 쉽지 않다. 따라서 낮 길이가 12시간 이상인 지역이 한 곳인 것을 보고 B가 북반구 지역임을 먼저 추론해야 했다. 지도에 북반구와 남반구 지역이 함께 표시된 문항은 각 반구에 몇 개의 지역이 표시되어 있는지부터 확인한 뒤 자료를 분석하자.

실전 문제

본문 p.24~27

01 ④	02 ④	03 ⑤	04 ③	05 ②	06 ②
07 ④	08 ⑤	09 ④	10 ④	11 ⑤	12 ⑤
13 ③	14 ④	15 ④	16 ④		

01 온대 및 냉대 기후 지역의 기온 및 강수 특성   정답 ④

문제 분석 그래프의 (가)는 기온의 연교차가 30℃ 이상으로 가장 크고 겨울이 건조한 기후 지역입니다. (나)는 기온의 연교차는 20℃ 이상으로 두 번째로 크며 연중 습윤한 기후 지역입니다. (다)는 기온의 연교차가 약 10℃로 가장 작으며 여름이 건조한 기후 지역입니다. 지도의 A는 지중해성 기후 지역, B는 서안 해양성 기후 지역, C는 온난 습윤 기후 지역, D는 냉대 겨울 건조 기후 지역입니다.

정답 찾기 ④ (가)는 기온의 연교차가 가장 크며 겨울이 건조하므로 냉대 겨울 건조 기후가 나타나는 D에 해당합니다. (나)는 기온의 연교차가 큰 편이며 연중 습윤한 기후가 나타나므로 온난 습윤 기후가 나타나는 C에 해당합니다. (다)는 기온의 연교차가 작고 여름이 건조한 기후가 나타나므로 지중해성 기후가 나타나는 A에 해당합니다.

02 온대 기후 지역의 기온 및 강수 특성   정답 ④

문제 분석 유라시아 대륙 내부에 저기압이 발달하였으며, 우리나라에 남동 계절풍이 부는 것으로 보아 지도는 7월의 기압 배치를 나타낸 것입니다. (가)는 서안 해양성 기후가 나타나는 영국 런던, (나)는 지중해성 기후가 나타나는 이탈리아 로마, (다)는 온난 습윤 기후가 나타나는 일본 도쿄입니다.

정답 찾기 ④ 7월 강수량은 계절풍의 영향을 받는 대륙 동안의 (다)가 가장 많으며, 지중해성 기후가 나타나는 (나)가 가장 적습니다. 따라서 7월

강수량은 (다)>(가)>(나) 순으로 많습니다. 7월 평균 기온은 대륙 동안의 (다)가 가장 높고, 대륙 서안의 고위도에 위치한 (가)가 가장 낮습니다. 따라서 7월 평균 기온은 (다)>(나)>(가) 순으로 높습니다. 그러므로 (가)는 B, (나)는 C, (다)는 A에 해당합니다.

03 온대 기후 지역의 계절별 강수 특성 　　　정답 ⑤

문제 분석 (가)는 지중해성 기후 지역이 우기인 1월이며, (나)는 지중해성 기후 지역이 건기인 7월입니다. 지도의 A는 서안 해양성 기후, B는 지중해성 기후가 나타나는 지역입니다.

정답 찾기 ㄷ. 지중해성 기후가 나타나는 B는 서안 해양성 기후가 나타나는 A보다 아열대 고압대의 영향을 받는 기간이 깁니다. ㄹ. A와 B는 모두 1월(가)에 편서풍의 영향을 받습니다.

오답 피하기 ㄱ. A는 서안 해양성 기후가 나타나 연중 강수가 고르며, B는 지중해성 기후가 나타나 여름이 건조합니다. 따라서 A는 B보다 여름 강수 집중률이 높습니다. ㄴ. B는 A보다 남쪽에 위치하여 7월(나)에 낮 길이가 짧습니다.

04 온대 기후 지역의 강수 특성 　　　정답 ③

문제 분석 지도의 A는 서안 해양성 기후가 나타나는 남아프리카 공화국의 포트엘리자베스, B는 지중해성 기후가 나타나는 오스트레일리아의 퍼스, C는 온난 습윤 기후가 나타나는 브라질의 상파울루입니다.

정답 찾기 ③ 서안 해양성 기후가 나타나는 A의 강수 그래프는 연중 강수량이 고른 ㄴ입니다. 지중해성 기후가 나타나는 B의 강수 그래프는 남반구의 겨울인 6~8월의 강수량 비율이 높은 ㄱ입니다. 온난 습윤 기후가 나타나는 C의 강수량 그래프는 남반구의 여름인 12~2월의 강수량 비율이 높은 ㄷ입니다.

05 대기 대순환에 따른 온대 기후 지역의 특성 　　　정답 ②

문제 분석 그림에 표현된 시기는 적도 수렴대가 적도의 북쪽으로 이동한 7월입니다. 7월에 북반구 중위도 지역에서는 여름, 남반구 중위도 지역에서는 겨울이 나타납니다. A는 북반구의 지중해성 기후가 나타나는 이탈리아 로마, B는 남반구의 지중해성 기후가 나타나는 남아프리카 공화국의 케이프타운, C는 온난 습윤 기후가 나타나는 일본 도쿄입니다.

정답 찾기 ② A는 북반구 지중해성 기후 지역으로 7월에 고온 건조한 기후가 나타나므로, 세 지역 중 7월 강수량이 가장 적습니다. B는 남반구 지중해성 기후 지역으로 7월이 겨울에 해당하므로, 세 지역 중 7월 평균 기온이 가장 낮습니다. C는 북반구 온난 습윤 기후 지역으로 7월에 고온 다습한 해양으로부터 불어오는 계절풍의 영향을 받으므로, 세 지역 중 7월 강수량이 가장 많습니다. 이러한 특성을 나타낸 그래프는 ②입니다.

06 중위도 대륙 동안과 대륙 서안의 기후 비교 　　　정답 ②

문제 분석 (가)~(다)는 모두 최한월 평균 기온이 −3℃ 이상~18℃ 미만이므로 온대 기후 지역입니다. (가)는 세 지역 중 기온의 연교차가 가장 크고 6~8월의 강수량이 많은 온난 습윤 기후 지역입니다. (나)는 기온의 연교차가 작고 월평균 기온이 가장 낮으며, 연중 강수가 고르게 나타나는 서안 해양성 기후 지역입니다. (다)는 기온의 연교차가 작고 겨울에 해당하는 12~2월의 강수량이 많으며, 여름에 해당하는 6~8월에 건기가 나타나는 지중해성 기후 지역입니다.

정답 찾기 ㄱ. 온난 습윤 기후 지역(가)은 서안 해양성 기후 지역(나)보다 계절풍의 영향을 크게 받아 기온의 연교차가 크게 나타납니다. ㄷ. 지중해성 기후 지역(다)은 온난 습윤 기후 지역(가)보다 겨울 강수 집중률이 높습니다.

오답 피하기 ㄴ. (나)는 (다)보다 평균 기온이 낮으므로 고위도에 위치합니다. ㄹ. 기온의 연교차가 큰 온난 습윤 기후 지역(가)은 대륙 동안에 위치하며, 상대적으로 기온의 연교차가 작은 서안 해양성 기후 지역(나)과 지중해성 기후 지역(다)은 대륙 서안에 위치합니다.

07 사막의 형성 원인별 분포 　　　정답 ④

문제 분석 지도의 A는 바람 그늘(비그늘)에 위치하여 형성된 파타고니아 사막, B는 한류의 영향으로 형성된 나미브 사막, C는 아열대 고압대의 영향으로 형성된 룹알할리 사막, D는 대륙 내부에 위치하여 수증기 공급이 어려워 형성된 고비 사막입니다.

정답 찾기 ④ 룹알할리 사막(C)은 아열대 고압대의 영향을 크게 받는 위도 20~30°의 북회귀선 주변에 위치하여 형성되었으며, 파타고니아 사막(A)은 탁월풍의 바람 그늘(비그늘)에 위치하여 형성되었습니다. 따라서 A는 C보다 아열대 고압대의 영향을 적게 받습니다.

오답 피하기 ① 파타고니아 사막(A)은 편서풍이 부는 안데스 산지의 바람 그늘(비그늘)에 발달한 사막입니다. ② 나미브 사막(B)은 한류인 벵겔라 해류의 영향으로 대기가 안정되어 발달한 사막입니다. ③ 고비 사막(D)은 중위도 대륙 내부에 위치하여 해양으로부터 수증기를 공급받기 어려운 환경에서 발달한 사막입니다. ⑤ 저위도에 위치한 룹알할리 사막(C)이 고비 사막(D)보다 연평균 기온이 높습니다.

08 사막 기후 지역의 주민 생활 　　　정답 ⑤

문제 분석 자료의 '이곳'은 안개가 많이 발생하는 건조 기후 지역이며, 그물망으로 안개 속 수분을 모아 식수로 사용하고 있습니다. 지도의 A는 서안 해양성 기후 지역, B는 아열대 고압대에 위치한 사막 지역, C는 대륙 내부에 위치한 사막 지역, D는 툰드라 기후 지역, E는 한류에 의해 형성된 사막 지역입니다.

정답 찾기 ⑤ 지도의 E는 아타카마 사막입니다. 아타카마 사막은 한류인 페루 해류의 영향으로 대기가 안정되어 발달한 사막입니다. 한류에 의해 형성된 해안 사막에서는 안개가 자주 발생하며, 이 지역의 주민들은 안개를 통해 필요한 식수를 공급받고 살아갑니다.

09 사막 기후 지역의 주민 생활 　　　정답 ②

문제 분석 글에 제시된 기후 지역의 주민들은 온몸을 감싸는 형태의 헐렁한 옷을 입으며, 대추야자를 재배하며 살아갑니다. 따라서 '이 지역'은 사막 기후 지역입니다.

정답 찾기 ② 사막 기후 지역의 전통 가옥은 벽이 두껍고 창이 작으며 지붕이 평평한 흙벽돌집이 주를 이룹니다. 이는 사막 기후 지역의 강수량이 적고, 기온의 일교차가 크기 때문입니다.

오답 피하기 ① 지붕의 경사가 급한 고상 가옥은 열대 우림 기후나 열대 몬순 기후 지역에서 볼 수 있는 전통 가옥입니다. ③ 창이 작은 형태의 고상 가옥은 주로 툰드라 기후 지역에서 볼 수 있는 전통 가옥입니다. 툰드라 기후 지역에서는 토양층이 녹아 가옥이 붕괴되는 것을 막기 위해 영구 동토층까지 기둥을 깊게 박고 지면으로부터 바닥을 높게 띄워 건물을 짓습니다. ④ 스텝 기후 지역에서는 이동식 생활에 적합한 형태의 천막집이 발달하였습니다. ⑤ 이글루는 툰드라 기후 지역의 주민들이 사냥 등을 나갈 때 잠시 머무르는 형태의 임시 가옥입니다.

10 건조 지형의 특징 　　　　　 정답 ④

문제 분석 제시된 글은 사막 기후 지역의 지형에 대해 설명하고 있습니다.
정답 찾기 ㄴ. ⓒ은 바람에 날린 모래가 암석을 다듬어 형성된 지형으로 버섯바위, 삼릉석이 대표적입니다. ㄹ. 바르한이라 불리는 사구는 바람에 날려 온 모래가 퇴적되어 형성된 초승달 모양의 모래 언덕입니다.
오답 피하기 ㄱ. ⓐ의 모래가 수천 년 동안 연마제와 같은 작용을 하는 것은 바람이나 하천의 침식 작용에 따른 것입니다. ㄷ. 아프리카 나미브 해안을 따라 흐르는 해류는 벵겔라 해류이며, 이는 한류에 해당합니다.

11 건조 지형의 특징 　　　　　 정답 ⑤

문제 분석 그림의 A는 바르한(사구), B는 플라야, C는 와디, D는 선상지입니다.
정답 찾기 ㄷ. 와디(C)는 비가 올 때만 물이 흐르는 건천이며, 과거 대상(隊商)의 교통로로 이용되기도 하였습니다. ㄹ. 선상지(D)는 유수에 의한 퇴적 작용으로 형성된 지형입니다.
오답 피하기 ㄱ. 바르한(A)은 바람이 불어오는 쪽의 경사가 더 완만합니다. ㄴ. 플라야(B)의 물은 염도가 높아 관개용수로 사용되기 어렵습니다.

12 빙하 지형 및 주빙하 지형의 특징 　　　　　 정답 ⑤

문제 분석 지도는 북아메리카의 기후를 건조, 온대, 냉대, 한대, 고산 기후로 구분하여 나타낸 것입니다. A는 알래스카에서 볼 수 있는 구조토, B는 미국 북서부 산지에 위치한 빙하호, C는 건조 기후 지역인 미국 서부 사막의 사구, D는 미국 북서부 산지에 위치한 빙하의 침식 작용으로 형성된 호른입니다.
정답 찾기 ⑤ A~D는 모두 지형 형성 당시 한대 기후 또는 건조 기후에 해당하는 지형입니다. 해당 기후 지역은 강수량이 적고 기온이 낮거나 기온 변화가 큰 기후 지역으로 화학적 풍화보다 물리적 풍화가 활발하게 나타납니다.
오답 피하기 ① 구조토(A)는 토양의 동결과 융해에 따라 지표면에서 물질의 분급이 일어나 형성된 다각형의 지형입니다. 빙하 밑을 흐르는 융빙수의 퇴적 작용으로 형성된 언덕은 에스커입니다. ② 빙하호(B)는 과거 빙하에 의해 형성된 와지에 물이 고여 형성된 호수입니다. 자유 곡류 하천의 유로 변경으로 형성된 호수는 우각호입니다. ③ 사구(C)는 바람의 퇴적 작용으로 형성된 모래 언덕입니다. ④ 호른(D)은 대표적인 빙하 침식 지형이며, 빙하 지형은 빙기 때 빙하의 영향을 받았던 고위도 지방이나 중위도의 고산 지역에 주로 분포합니다. 상춘 기후는 적도 주변 저위도의 고산 지역에 나타납니다.

13 빙하 지형의 특징 　　　　　 정답 ③

문제 분석 그림의 A는 호른, B는 빙하가 흐르는 빙식곡(U자곡), C는 빙하호, D는 빙퇴석(모레인)입니다.
정답 찾기 ㄱ. A는 빙하의 침식 작용으로 형성된 뾰족한 봉우리인 호른(혼)입니다. ㄴ. B의 빙하가 녹으면 U자 형태의 골짜기인 빙식곡(U자곡)

이 나타납니다. ㄹ. D는 빙하에 의해 운반된 퇴적물인 빙퇴석(모레인)으로 빙퇴석의 분포를 조사하면 빙기의 빙하 확장 범위를 알 수 있습니다.
오답 피하기 ㄷ. C는 빙하에 의해 형성된 빙하호입니다. 비가 내릴 때에만 일시적으로 물이 고이는 염호는 건조 기후 지역의 플라야호입니다.

14 빙하 지형의 분포 및 특징 　　　　　 정답 ④

문제 분석 지도의 A는 최종 빙기에 빙하로 덮였던 지역으로 지금은 많은 빙하호가 분포하는 지역이고, B는 피오르 해안이 나타나는 지역입니다. C는 리아스 해안이 나타나는 지역이며, D는 최종 빙기에 빙하로 덮였던 지역으로 지금은 알프스산맥이 위치한 지역입니다.
정답 찾기 ㄴ. B에는 후빙기 해수면 상승으로 빙식곡(U자곡)이 침수되어 형성된 피오르 해안이 나타납니다. ㄹ. D의 알프스산맥 정상부에는 빙하의 침식 작용으로 형성된 호른(혼)이 나타납니다.
오답 피하기 ㄱ. A에 발달한 호수는 빙하호이며, 염분 농도가 높지 않기 때문에 식수로 이용 가능합니다. ㄷ. C는 최종 빙기에 빙하로 덮였던 지역이 아닙니다. C에는 후빙기 해수면 상승으로 하식곡(V자곡)이 침수되어 형성된 리아스 해안이 나타나며, 에스커와 드럼린 등의 빙하 지형은 발달하지 않았습니다.

15 냉·한대 기후의 기온 및 강수 특성 　　　　　 정답 ④

문제 분석 (가)는 최난월 평균 기온이 0~10℃인 툰드라 기후 지역이며, (나)는 최난월 평균 기온이 10℃ 이상이고, 최한월 평균 기온이 −3℃ 미만이며, 연중 강수량이 고른 냉대 습윤 기후 지역입니다. 지도의 A는 블라디보스토크, B는 배로, C는 모스크바입니다.
정답 찾기 ④ 툰드라 기후 지역(가)은 북극해 연안에 위치한 알래스카 북부의 배로(B)입니다. 냉대 습윤 기후 지역(나)은 러시아의 모스크바(C)입니다.
오답 피하기 러시아의 블라디보스토크(A)는 유라시아 대륙 동안에 위치하며 냉대 겨울 건조 기후가 나타납니다.

16 툰드라 기후 지역의 토양층 온도 변화 　　　　　 정답 ④

문제 분석 A는 토양의 온도가 −4~3℃를 오르내리는 활동층이며, B는 연중 토양의 온도가 0℃ 이하인 영구 동토층입니다.
정답 찾기 ㄴ. 활동층(A)의 표면에서는 토양의 동결과 융해의 반복으로 형성된 다각형 모양의 구조토 지형이 나타납니다. ㄹ. 지구 온난화가 가속화될 경우 토양층의 온도 상승으로 영구 동토층(B)의 범위는 축소됩니다.
오답 피하기 ㄱ. 그래프는 최난월 평균 기온이 0~10℃인 툰드라 기후 지역의 토양층을 나타낸 것입니다. 빙설 기후 지역은 최난월 평균 기온이 0℃ 미만으로 지표면이 연중 눈과 얼음으로 덮여 있습니다. ㄷ. 활동층(A)은 아래에 영구 동토층이 있어 배수가 불량하기 때문에 농사짓기에 불리합니다.

킬러 문항 완전 정복

본문 p.28~29

01 ③　　　　**02** ④　　　　**03** ①　　　　**04** ④

01 온대 기후 지역의 기온 및 강수 특성　　　정답 ③

자료 분석

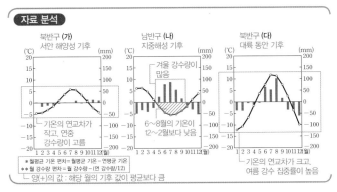

문제 분석 (가)는 기온의 연교차가 10℃ 내외이며 연중 강수량이 고르므로 서안 해양성 기후 지역입니다. (나)는 6~8월의 평균 기온이 12~2월보다 낮으므로 남반구이며, 여름(12~2월)보다 겨울(6~8월) 강수량이 많으므로 지중해성 기후 지역입니다. (다)는 기온의 연교차가 크고 계절별 강수 차가 크므로 대륙 동안의 온대 겨울 건조 기후 또는 온난 습윤 기후 지역입니다.

정답 찾기 ③ (다)는 (가)에 비해 기온의 연교차가 크고, 계절별 강수 차이가 큰 대륙의 동안에 위치한 지역입니다. 반면, (가)는 기온의 연교차가 작고 연중 강수가 고른 서안 해양성 기후 지역입니다. 따라서 (다)는 (가)보다 계절풍의 영향을 크게 받습니다.

오답 피하기 ① 지중해성 기후 지역(나)은 여름에 아열대 고압대의 영향으로 고온 건조한 반면, 서안 해양성 기후 지역(가)은 연중 편서풍의 영향으로 습윤합니다. 따라서 (나)는 (가)보다 아열대 고압대의 영향을 많이 받습니다. ② 지중해성 기후 지역(나)은 여름에 고온 건조한 반면, 대륙 동안의 온대 기후 지역(다)은 여름에 고온 다습한 기후가 나타납니다. 따라서 (나)는 (다)보다 여름 강수 집중률이 낮습니다. ④ (가)~(다) 중 기온의 연교차가 가장 큰 지역은 (다)입니다. ⑤ 6~8월의 평균 기온이 12~2월보다 높은 (가)와 (다)는 북반구에, 6~8월의 평균 기온이 12~2월보다 낮은 (나)는 남반구에 위치합니다.

02 건조 지형과 주빙하 지형의 형성 과정　　　정답 ④

자료 분석

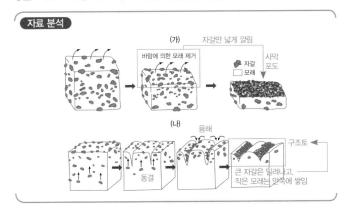

문제 분석 (가)는 바람에 의해 모래가 제거되어 자갈만 지표면에 넓게 깔린 것으로 보아 사막 포도의 형성 과정을 나타낸 것입니다. (나)는 토양의 동결과 융해가 반복됨에 따라 지표면에서 물질의 분급이 일어나 다각형의 모습을 이루는 구조토의 형성 과정을 나타낸 것입니다.

정답 찾기 ㄱ. 사막 포도(가)는 주로 건조 기후 지역에서 발달하며, 건조 기후 지역은 강수량 대비 증발량이 많은 지역입니다. ㄷ. 구조토(나)는

툰드라 기후 지역에서 여름철에 낮과 밤을 주기로 기온이 영상과 영하를 오르내리면서 토양 속 수분이 동결·융해를 반복하여 형성되었습니다. ㄹ. 사막 포도(가)가 발달하는 건조 기후 지역과 구조토(나)가 발달하는 툰드라 기후 지역은 모두 강수량이 적고 기온이 낮거나 기온 변화가 큰 기후 지역으로, 화학적 풍화 작용보다 물리적 풍화 작용이 활발합니다.

오답 피하기 ㄴ. 바르한, 버섯바위 등은 건조 기후 지역에서 발달합니다.

03 대기 대순환에 따른 기후대별 강수량 변화　　　정답 ①

자료 분석

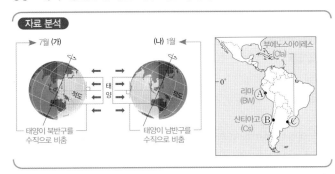

문제 분석 (가)는 태양이 수직으로 비추는 지역이 북반구에 위치한 7월이며, (나)는 태양이 수직으로 비추는 지역이 남반구에 위치한 1월입니다. 지도의 A~C는 모두 남반구에 위치하며, A는 사막 기후가 나타나는 페루의 리마, B는 지중해성 기후가 나타나는 칠레의 산티아고, C는 온난 습윤 기후가 나타나는 아르헨티나의 부에노스아이레스입니다.

정답 찾기 ① 사막 기후 지역(A)은 7월(가)과 1월(나) 모두 강수량이 매우 적습니다. 남반구의 지중해성 기후 지역(B)은 겨울인 7월(가)에는 강수량이 많지만, 여름인 1월(나)에는 강수량이 적습니다. C는 온난 습윤 기후 지역으로 연중 습윤하며, 특히 여름인 1월(나)에 강수량이 많습니다.

04 기온과 강수량에 따른 세계의 식생 분포　　　정답 ④

자료 분석

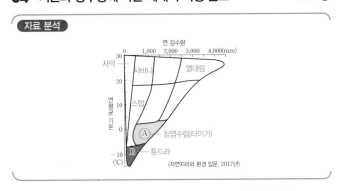

문제 분석 A는 연평균 기온이 약 -7~3℃이며, 연 강수량이 500mm 이상인 지역에 분포하는 침엽수림(타이가)입니다. B는 연평균 기온이 -5℃ 이하이며 연 강수량이 적은 고위도에 분포하는 툰드라입니다.

정답 찾기 ㄴ. 냉대 기후 지역과 분포 범위가 거의 일치하는 침엽수림(A) 지대는 척박한 산성의 포드졸 토양이 발달하여 농경에 불리합니다. ㄹ. 가공이 쉬운 연목으로 구성된 침엽수림(A)은 이끼류와 지의류가 자라는 툰드라(B)보다 목재의 총 생산량이 많습니다. 툰드라 분포 지역은 기온이 너무 낮아 나무가 자라기 어렵습니다.

오답 피하기 ㄱ. 온대 기후 지역의 식생에 대한 설명입니다. ㄷ. 툰드라(B) 분포 지역은 지표수가 풍부하지만 기온이 낮고 배수가 불량하여 농업 발달에 불리합니다.

II. 세계의 자연환경과 인간 생활

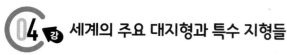

04강 세계의 주요 대지형과 특수 지형들

본문 p.32

순한맛 ⑤   매운맛 ⑤

순한맛 세계 대지형의 분포와 판의 경계   정답 ⑤

문제 분석 지도의 A는 알프스산맥, B는 동아프리카 지구대, C는 인도네시아의 자와섬, D는 애팔래치아산맥, E는 안데스산맥입니다.

정답 찾기 ⑤ 안데스산맥(E)은 신기 습곡 산지이며, 해양판(나스카판)과 대륙판(남아메리카판)의 충돌로 형성된 높고 험준한 산지가 나타납니다.

오답 피하기 ① 알프스산맥(A)은 판과 판의 충돌로 형성된 신기 습곡 산지입니다. 새로운 지각이 지속적으로 형성되는 곳으로는 판이 서로 갈라지는 해령이 있으며, 대서양 중앙 해령의 일부가 수면 위로 드러난 섬인 아이슬란드가 대표적입니다. ② 동아프리카 지구대(B)는 판이 서로 갈라지는 경계에서 단층 운동으로 형성되었습니다. ③ 인도네시아의 자와섬(C)은 판과 판이 충돌하는 경계에 위치하여 화산 활동이 활발합니다. ④ 애팔래치아산맥(D)은 고생대 이후 조산 운동으로 형성된 고기 습곡 산지입니다. 고기 습곡 산지는 산지의 연속성이 약하며, 지진과 화산 활동이 활발하지 않습니다.

매운맛 세계 대지형의 분포와 판의 경계   정답 ⑤

	①	②	🔒함정 ③	④	⑤
	9%	6%	13%	8%	64%

👁 눈으로 보는 해설

다음 자료의 (가)~(마)에 대한 설명으로 옳은 것은?

〈최근 신기 조산대 주요 지진 발생 지역〉

구분	진앙지	지진 규모	날짜
이란 서부 (가)	34.3°N, 45.7°E	6.3	2018.11.26.
미국 알래스카 (나)	61.3°N, 149.9°W	6.6	2018.12.01.
멕시코 남부 (다)	14.8°N, 92.3°W	6.6	2019.02.02.
인도 북동부 (라)	28.5°N, 94.6°E	6.1	2019.04.24.
일본 남동부 (마)	34.9°N, 140.0°E	5.5	2019.06.24.

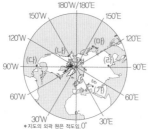

*지도의 외곽 원은 적도임.0°

┌ 알프스-히말라야 조산대
① (가)는 '불의 고리'에 속한 지역이다.
② (나)는 알프스-히말라야 조산대에 속한 지역이다.
          환태평양 조산대 → (나), (다), (마)
③ (다)는 두 개의 대륙판이 서로 충돌하는 지역이다.
          환태평양
④ (라)는 새로운 지각이 형성되어 분리되는 지역이다.
          해양판이
          두 개의 대륙판이 서로 충돌하는 지역
⑤ (마)는 대륙판과 해양판이 만나는 지역이다.

문제 분석 (가)는 이란 서부, (나)는 미국 알래스카, (다)는 멕시코 남부, (라)는 인도 북동부, (마)는 일본 남동부 지역입니다.

정답 찾기 ⑤ 일본 남동부(마)는 대륙판(유라시아판)과 해양판(태평양판)이 만나는 지역입니다.

오답 피하기 ① (가)는 이란 서부에 위치한 지역으로, 알프스-히말라야 조산대에 속합니다. '불의 고리'에 속하는 지역은 태평양을 둘러싼 환태평양 조산대에 위치하는 (나), (다), (마)입니다. ② (나)는 미국 알래스카에 위치한 지역으로 환태평양 조산대에 속합니다. ③ (다)는 멕시코 남부에 위치한 지역으로 해양판과 대륙판이 서로 충돌하는 지역입니다. ④ (라)는 인도 북동부의 히말라야산맥 부근에 위치한 지역이며, 두 개의 대륙판이 서로 충돌하는 지역입니다. 해양에서 판이 갈라져 새로운 지각이 형성되는 지역은 대서양 중앙 해령 등이 있습니다.

🔒 함정 피하기

③번을 정답으로 골랐다면? (다)를 서경이 아닌 동경으로 착각하였거나, 경위도를 바탕으로 특정 지점의 위치를 찾는 노하우를 잘 몰랐을 것이다. 경위도만으로 위치를 추론하는 문항은 일단 지도 위에 기준으로 삼을 만한 몇 개의 경위선을 그려 놓으면 위치 추론에 도움이 된다. 본 문항에서는 북극점(90°N)과 적도(0°)가 주어져 있으므로, 30° 단위로 열십자(+) 모양의 경선들을 그려 두면 대략적 위치를 찾기가 수월하다. 지도 없이 위치만 주어지는 경우도 있는데, 이때는 시험지의 다른 문항에 등장하는 전도를 활용해 보자. 런던을 지나는 본초 자오선(0°), 우리나라의 휴전선(38°N)과 도쿄를 지나는 표준 경선(135°E), 태평양 가운데의 날짜 변경선(180°E), 미국의 뉴욕(74°W) 등의 위치를 외워 두었다가 기준으로 삼으면 도움이 된다.

실전 문제

본문 p.33~35

01 ①	02 ④	03 ②	04 ②	05 ②	06 ①
07 ②	08 ⑤	09 ①	10 ④	11 ⑤	12 ④

01 판의 경계 유형별 비교   정답 ①

문제 분석 (가)는 수도의 위치가 41°18'S, 174°46'E으로 남반구 중위도의 날짜 변경선과 가까운 지역에 위치하며, 인구가 약 470만 명인 뉴질랜드입니다. (나)는 수도의 위치가 64°08'N, 21°55'W으로 북반구 고위도의 본초 자오선으로부터 서쪽에 위치하며, 인구가 약 33만 명에 불과한 아이슬란드입니다. (다)는 수도의 위치가 6°07'S, 106°48'E으로 적도 부근 남반구의 표준시가 영국보다 약 7시간 빠른 지역에 위치하며, 인구가 약 2억 6천만 명에 달하는 인도네시아입니다.

정답 찾기 갑. 뉴질랜드(가)는 지각판의 경계에 위치하고 있어 지열 발전에 유리합니다. 을. 아이슬란드(나)는 해양판이 분리되는 경계인 대서양 중앙 해령에 위치하고 있습니다.

오답 피하기 병. 인도네시아(다)는 지각판의 경계부에 위치하여 지진이 자주 발생합니다. 정. 뉴질랜드(가)는 환태평양 조산대에 위치하며, 아이슬란드(나)는 대서양 중앙 해령에 위치합니다.

02 신기 습곡 산지와 고기 습곡 산지   정답 ④

문제 분석 그림의 A는 신기 습곡 산지인 로키산맥, B는 안정육괴의 구조 평야인 중앙대평원, C는 고기 습곡 산지인 애팔래치아산맥입니다.

정답 찾기 ㄴ. 로키산맥(A)은 신기 습곡 산지로 안정육괴에 속한 B보다 지진과 화산 활동이 활발합니다. ㄹ. 고기 습곡 산지인 애팔래치아산맥(C)은 고생대 이후에 습곡 작용을 받았으며, 신기 습곡 산지인 로키산맥(A)은 중생대 말~신생대에 습곡 작용을 받았습니다. 따라서 C는 A보다 습곡 작용을 받은 시기가 이릅니다.

오답 피하기 ㄱ. 중앙대평원(B)은 판의 내부에 위치하여 지반이 안정된 지역입니다. ㄷ. 애팔래치아산맥(C)은 고기 습곡 산지로 석탄 매장량이 풍부합니다. 따라서 C는 B보다 석탄 자원이 풍부합니다.

03 판의 경계 유형
정답 ②

문제 분석 (가)는 해양에서 판이 서로 갈라지는 경계로 해령이 형성되는 과정을 나타낸 그림입니다. (나)는 해양판과 대륙판이 서로 충돌하는 경계로 해구와 호상 열도가 형성되는 과정을 나타낸 그림입니다. 지도의 A는 아이슬란드, B는 마다가스카르, C는 일본입니다.

정답 찾기 ② (가)의 형성 과정을 거쳐 판이 서로 갈라지는 경계에서 생성된 지역은 아이슬란드(A)입니다. (나)의 형성 과정을 거쳐 해양판과 대륙판이 서로 충돌하는 경계에서 생성된 지역은 C(일본)입니다.

04 신기 습곡 산지와 고기 습곡 산지 분포
정답 ②

문제 분석 지도의 A는 히말라야산맥, B는 그레이트디바이딩산맥, C는 애팔래치아산맥, D는 안데스산맥입니다.

정답 찾기 ② 그레이트디바이딩산맥(B)은 고생대 이후 조산 운동으로 형성된 고기 습곡 산지입니다.

오답 피하기 ① 히말라야산맥(A)은 유라시아판(대륙판)과 인도·오스트레일리아판(대륙판)이 충돌하는 경계에 형성되었습니다. ③ 안데스산맥(D)은 나스카판(해양판)과 남아메리카판(대륙판)이 충돌하는 경계에 형성되었습니다. ④ 신기 습곡 산지인 히말라야산맥(A)은 고기 습곡 산지인 애팔래치아산맥(C)보다 평균 해발 고도가 높고 험준합니다. ⑤ 고기 습곡 산지인 애팔래치아산맥(C)은 신기 습곡 산지인 안데스산맥(D)보다 석탄 매장량이 많습니다. 신기 습곡 산지에는 주로 석유, 천연가스, 구리 등이 많이 매장되어 있습니다.

05 카르스트 지형의 형성과 특징
정답 ②

정답 찾기 ㄱ. 석회암 지대에서는 석회암의 주성분인 탄산 칼슘이 빗물이나 지하수의 용식 작용을 받아 다양한 카르스트 지형이 형성됩니다. 카르스트 지형은 강수량이 풍부한 습윤 기후 지역에서 잘 발달합니다. ㄷ. 돌리네(ⓒ)는 석회암이 빗물이나 지하수의 용식 작용을 받아 지표 위에 형성된 와지이며, 종유석(ⓔ)은 땅속 석회 동굴의 천장에서 탄산 칼슘이 침전되어 고드름 모양으로 형성된 지형입니다.

오답 피하기 ㄴ. ⓛ은 석회화 단구입니다. 탑 카르스트는 석회암이 빗물, 하천, 해수의 차별적인 용식 및 침식 작용을 받는 과정에서 남게 된 탑 모양의 봉우리입니다. ㄹ. 용식 작용은 암석의 물질이 물과 화학적으로 반응하여 녹는 작용으로 화학적 풍화 작용에 해당합니다. 종유석은 이러한 용식 작용으로 물속에 녹았던 탄산 칼슘 성분이 침전되어 형성된 지형으로, 물리적 풍화 작용으로 형성된 침식 지형에 해당하지 않습니다.

06 환태평양 조산대의 특징
정답 ①

문제 분석 지도에 표시된 지역은 뉴질랜드에서 필리핀, 일본, 알류산 열도, 로키산맥, 안데스산맥으로 이어지는 태평양을 둘러싼 지역이며, '불의 고리(Ring of Fire)'라고 불리는 환태평양 조산대입니다.

정답 찾기 ㄱ. 환태평양 조산대에서는 지진과 화산 활동이 빈번하여 '불의 고리'라고 불립니다. ㄴ. 환태평양 조산대는 뜨거운 지하수를 이용하여 전력을 생산하는 지열 발전에 유리합니다.

오답 피하기 ㄷ. 석탄은 주로 고생대 이후 조산 운동으로 형성된 고기 조산대 주변에 매장되어 있습니다. 신기 조산대는 석유·천연가스·구리 등의 매장량이 많습니다. ㄹ. 시·원생대에 조산 운동을 받은 이후 오랜 침식을 받은 지형은 순상지와 구조 평야 등의 안정육괴입니다.

07 화산 지대의 주민 생활
정답 ②

문제 분석 (가)는 아이슬란드, (나)는 중국 윈난성, (다)는 슬로베니아, (라)는 인도네시아 자와섬의 지형 환경과 생활 모습입니다.

정답 찾기 ② 지열 발전과 온천을 즐기는 관광객(가)을 볼 수 있는 아이슬란드는 해양판이 분리되는 경계에 위치하여 화산 활동이 활발한 지역입니다. 아이슬란드는 뜨거운 지하수를 이용해 전력을 생산하는 지열 발전이 활발하며, 온천을 활용한 관광 산업이 잘 발달하였습니다. 유황을 채취하는 주민(라)을 볼 수 있는 인도네시아의 자와섬은 두 판이 서로 충돌하는 경계로 화산 활동이 활발한 지역입니다. 화산 활동이 활발한 지역에서는 유황, 구리 등의 자원이 풍부합니다. 참고로 (라)는 인도네시아 자와섬 동부에 위치한 카와이젠 화산입니다.

오답 피하기 돌리네에 만들어진 계단식 유채밭(나)을 볼 수 있는 중국의 윈난성과 동굴 내부의 경관을 감상하는 관광객(다)을 볼 수 있는 슬로베니아는 카르스트 지형이 발달한 곳입니다. 참고로 (다)는 슬로베니아에 위치한 포스토이나 동굴이며, 석회 동굴에 해당합니다.

08 카르스트 지형의 형성과 특징
정답 ⑤

문제 분석 그림은 카르스트 지형의 모식도를 나타낸 것으로, A는 돌리네, B는 폴리에, C는 석회 동굴, D는 탑 카르스트입니다.

정답 찾기 ㄷ. 석회 동굴(C)은 지하수에 의한 용식 작용으로 형성된 동굴이며, 동굴 내부에서 탄산 칼슘이 침전되어 형성된 종유석과 석순, 석주 등의 지형들을 볼 수 있습니다. ㄹ. 탑 카르스트(D)는 주로 고온 다습한 지역에서 석회암이 차별적인 용식 및 침식 작용을 받아 남게 된 탑 모양의 봉우리입니다. 중국의 구이린, 베트남의 할롱 베이는 탑 카르스트 경관을 볼 수 있는 관광지로 유명합니다.

오답 피하기 ㄱ. 돌리네(A)는 석회암이 빗물이나 지하수의 용식 작용을 받아 형성된 와지입니다. 용식 작용과 같은 화학적 풍화 작용은 주로 강수량이 풍부한 습윤 기후 지역에서 잘 발생합니다. ㄴ. 폴리에(B)는 우발라의 직경이 확대되며 형성되는 대규모의 함몰 지형을 말합니다. 화산 폭발 이후 화구가 함몰되어 형성된 지형은 칼데라입니다.

09 해안 지형과 빙하 지형
정답 ①

문제 분석 지도의 A는 사주, B는 빙하호, C는 화산이 분포하는 지역, D는 과거 빙하로 덮여 있던 지역, E는 피오르 해안입니다.

정답 찾기 ① 사주(A)는 파랑과 연안류의 퇴적 작용으로 형성되었습니다. 융빙수의 퇴적 작용으로 형성된 지형으로는 에스커가 있습니다.

오답 피하기 ② 빙하호(B)는 빙하에 의해 형성된 호수입니다. 빙하의 침식 작용으로 오목해진 곳에 물이 고여 형성되거나, 빙하 퇴적 지형인 모레인에 의해 물의 흐름이 막히면서 형성되기도 합니다. ③ C는 화산이 분포하는 캄차카반도의 일부입니다. 캄차카반도는 '불의 고리'라 불리는 환태평양 조산대에 위치하며 화산 활동이 활발한 지역입니다. ④ D는 북아메리카의 고위도에 위치한 알래스카이며, 주변에 피오르 해안이 나타나는 것으로 보아 최종 빙기에 빙하로 덮여 있었던 지역임을 알 수 있습니다. ⑤ 피오르 해안(E)은 빙하의 침식으로 형성된 빙식곡(U자곡)이 해수면 상승으로 인해 침수되어 형성된 해안입니다.

10 산호초 해안과 모래 해안 정답 ④

문제 분석 지도의 A는 산호초 해안, B는 석호, C는 사주입니다.

정답 찾기 ㄴ. 석호(B)는 현재의 해수면 높이가 유지되면 하천의 퇴적 물질로 인해 호수 면적이 점차 축소됩니다. ㄹ. 파랑과 연안류의 퇴적 작용으로 형성되는 사주(C)는 파랑 에너지가 집중되는 곳보다 파랑 에너지가 분산되는 만에서 잘 형성됩니다.

오답 피하기 ㄱ. A는 오스트레일리아의 대보초 지대에 위치한 산호초 해안입니다. ㄷ. 사주(C)는 파랑과 연안류의 퇴적 작용으로 형성된 지형입니다. 산호충의 석회질 유해가 퇴적되어 형성된 지형은 산호초 해안(A)입니다.

11 피오르 해안과 리아스 해안 정답 ⑤

문제 분석 (가)는 하천의 침식 작용으로 형성된 계곡(V자곡)이 바닷물에 침수되어 형성된 리아스 해안이며, (나)는 빙하의 침식 작용으로 형성된 빙식곡(U자곡)이 침수되어 형성된 피오르 해안입니다. 피오르 해안은 리아스 해안과 달리 해안선이 내륙으로 깊숙이 들어와 있는 것이 특징입니다. 실제로 (가)는 리아스 해안이 발달한 에스파냐 북서 해안이며, (나)는 피오르 해안이 발달한 노르웨이 북서 해안입니다.

정답 찾기 ㄷ. 빙하의 침식 작용으로 형성된 피오르 해안(나)은 하천의 침식 작용으로 형성된 리아스 해안(가)보다 만의 평균 수심이 깊습니다. ㄹ. 리아스 해안(가)과 피오르 해안(나)은 모두 후빙기 해수면 상승으로 골짜기가 침수되어 형성되었습니다.

오답 피하기 ㄱ. 현곡은 하천의 지류가 본류에 합류하는 지점에서 폭포나 급류를 이루는 골짜기이며, 주로 피오르 해안(나) 주변에 발달합니다. ㄴ. 빙식곡이 침수되어 형성된 피오르 해안(나)은 수심이 깊어 갯벌이 넓게 나타나기 어렵습니다.

12 암석 해안, 모래 해안, 갯벌 해안 정답 ④

문제 분석 사진의 A는 시 스택, B는 해식애, C는 사빈, D는 석호, E는 갯벌입니다.

정답 찾기 ④ 석호(D)의 수심은 하천에서 유입되는 토사 퇴적물로 인해 시간이 갈수록 얕아집니다.

오답 피하기 ① 시 스택(A)은 파랑의 침식 작용을 받아 형성되는 지형으로 파랑 에너지가 집중되는 곳에 주로 발달합니다. ② 해식애(B)는 계속되는 파랑의 침식 작용으로 인해 시간이 갈수록 육지 쪽으로 후퇴합니다. ③ 사빈(C)은 파랑과 연안류의 퇴적 작용에 의해 형성되는 지형으로, 파랑 에너지가 분산되는 만에서 잘 발달합니다. ⑤ 갯벌(E)은 다양한 생물들이 서식하는 생태계의 보고이며, 오염 물질을 정화하는 능력이 뛰어납니다.

킬러 문항 완전 정복

본문 p.36~37

01 ④	02 ①	03 ④	04 ②

01 판의 경계 유형 정답 ④

자료 분석

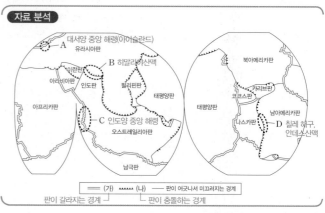

══ (가)	●●●●● (나)	── 판이 어긋나서 미끄러지는 경계
└ 판이 갈라지는 경계		└ 판이 충돌하는 경계

문제 분석 지도의 (가)는 판이 갈라지는 경계, (나)는 판이 충돌하는 경계입니다. A는 대서양 중앙 해령과 아이슬란드가 위치한 지역, B는 히말라야산맥이 위치한 지역, C는 인도양 중앙 해령이 위치한 지역, D는 칠레 해구와 안데스산맥이 위치한 지역입니다.

정답 찾기 ④ C는 인도양 중앙 해령이 위치한 지역으로 바다 속에서 해령이 형성되는 곳입니다. 대규모의 지구대는 아프리카판 내부의 동아프리카 지역에 발달해 있습니다.

오답 피하기 ① (가)는 대서양 중앙 해령과 인도양 중앙 해령 등이 위치한 판이 갈라지는 경계입니다. (나)는 알프스산맥, 히말라야산맥, 안데스산맥 등이 위치한 판이 충돌하는 경계입니다. ② 대서양 중앙 해령의 일부인 A는 해양판이 갈라지는 경계로, 갈라진 두 판 사이로 마그마가 흘러나와 해령을 형성하며 지각이 확장되고 있습니다. 아이슬란드는 이러한 대서양 중앙 해령 위에 위치합니다. ③ B는 히말라야산맥이 위치한 지역으로 판의 충돌로 지진이 잦은 지역입니다. 하지만 지각이 두꺼운 두 대륙판의 충돌로 인해 마그마의 분출이 어려워 화산 활동은 활발하지 않습니다. ⑤ D는 남아메리카판(대륙판)과 나스카판(해양판)이 충돌하는 지역으로 칠레 해구와 안데스산맥이 형성되어 있습니다.

02 아이슬란드의 지형 특징 정답 ①

자료 분석

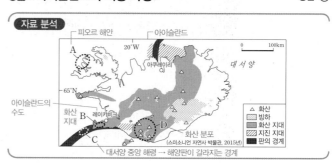

문제 분석 '대서양', '레이캬비크', 빙하와 화산, 판의 경계 등을 통해 대서양 중앙 해령 위에 위치하는 아이슬란드의 지도임을 알 수 있습니다. 레이캬비크는 아이슬란드의 수도입니다. 따라서 지도의 A는 피오르 해안, C는 해양판이 갈라지는 경계입니다.

정답 찾기 ㄱ. A는 해안선이 내륙으로 깊숙이 들어와 있는 것으로 보아 빙식곡(U자곡)이 후빙기 해수면 상승으로 침수되어 형성된 피오르 해안입니다. ㄴ. B는 화산 지대로 뜨거운 지하수를 이용하여 전력을 생산하는 지열 발전과 온천을 비롯한 다양한 화산 지형을 활용한 관광 산업에 유리합니다.

오답 피하기 ㄷ. C는 해양판이 갈라지는 경계에 위치하여 지각이 새롭게 형성되고 있는 지역입니다. ㄹ. D는 화산이 분포하는 화산 지대이며, 탑 카르스트는 석회암이 분포하고 고온 다습한 기후가 나타나는 지역에 주로 분포합니다.

03 탑 카르스트와 돌리네 　　　　　정답 ④

자료 분석

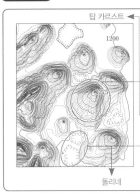

왼쪽 지도는 중국 남서부 어느 지역의 지형도이다. 이곳에는 평탄한 지면에 높고 뾰족한 산봉우리가 많다. 중국인들은 이를 ㉠ 구펑(孤峰, 고립된 봉우리)이라 한다. 그리고 구펑들이 옥황상제의 부름을 받고 모인 상태를 ㉡ 췬펑(群峰, 무리지은 봉우리)이라 한다. 산봉우리 사이에는 ㉢ 움푹 패인 지형들과 ㉣ 규모가 큰 동굴들이 곳곳에 분포한다.

문제 분석 지도에 제시된 지역은 탑 카르스트와 돌리네가 분포하는 중국 남서부 윈난성의 한 지역입니다. 제시된 글 속의 ㉠과 ㉡은 탑 카르스트이며, ㉢은 돌리네, ㉣는 석회 동굴입니다.

정답 찾기 ㄴ. ㉡은 탑 카르스트들이 모여 있는 상태를 말합니다. 탑 카르스트는 석회암의 용식 작용이 활발하게 나타나는 고온 다습한 기후 지역에서 잘 발달합니다. ㄹ. ㉣은 카르스트 지형에 분포하는 석회 동굴이며, 석회 동굴 내부에는 종유석, 석순, 석주 등의 지형이 발달합니다.

오답 피하기 ㄱ. ㉠은 탑 카르스트이며, 탑 카르스트는 석회암이 빗물, 하천 등의 차별적인 용식 작용을 받아 형성되는 지형입니다. 점성이 큰 용암이 분출하여 형성된 지형으로는 용암 돔(종상 화산)이 있습니다. ㄷ. ㉢은 돌리네이며, 돌리네는 석회암이 빗물이나 지하수의 용식 작용을 받아 형성된 와지입니다. 화구가 함몰되면서 형성된 분지 형태의 지형은 칼데라입니다.

04 해안 지형과 빙하 지형 　　　　　정답 ②

자료 분석

문제 분석 지도의 A는 사주, B는 석호, C는 피오르 해안, D는 빙하호가 분포하는 지역입니다.

정답 찾기 ② 석호(B)는 하천에서 지속적으로 토사가 유입되어 시간이 흐를수록 수심이 얕아집니다. 따라서 석호는 대체로 수심이 얕아 대규모 항구 발달에 불리합니다.

오답 피하기 ① 사주(A)는 파랑과 연안류에 의한 퇴적 작용으로 형성된 지형입니다. ③ D에 분포하는 호수는 빙하호이며, 이 지역은 최종 빙기 때 빙하로 덮여 있던 지역입니다. ④ 석호(B)는 바닷물이 유입되어 D에 분포하는 빙하호에 비해 염분 농도가 높습니다. ⑤ 석호(B)와 피오르 해안(C)은 후빙기 해수면 상승 과정에서 형성된 지형입니다.

Ⅲ. 세계의 인문 환경과 인문 경관

05강 주요 종교의 전파와 종교 경관

대표 기출 vs 고난도 기출

본문 p.40

순한맛 ⑤   매운맛 ⑤

순한맛 세계 주요 종교의 지역별 분포   정답 ⑤

문제 분석 지도에 표시된 국가는 인도, 타이, 인도네시아, 미국입니다. 그래프의 첫 번째 막대는 신자 수가 약 12억 명에 달하는 인도이며, 인도에서 가장 높은 신자 수 비율을 차지하는 C는 힌두교, 두 번째로 높은 신자 수 비율을 차지하는 B는 이슬람교입니다. 이슬람교의 신자 수가 차지하는 비율이 가장 높은 세 번째 막대는 인도네시아입니다. 두 번째 막대는 네 번째 막대보다 전체 신자 수가 많은 것으로 보아, 세계에서 인구가 세 번째로 많은 미국이고, 미국에서 신자 수 비율이 가장 높은 A는 크리스트교입니다. 따라서 네 번째 막대는 타이이며, D는 불교입니다.

정답 찾기 ⑤ 전 세계 신자 수는 크리스트교(A)>이슬람교(B)>힌두교(C)>불교(D) 순으로 많습니다.

오답 피하기 ① 크리스트교(A)와 이슬람교(B)는 모두 보편 종교로 분류됩니다. ② 힌두교(C)는 여러 신을 숭배하는 다신교입니다. ③ 불교(D)의 성지로는 석가모니의 탄생지인 룸비니 등이 있습니다. 모스크와 카바 신전이 있는 메카는 이슬람교의 성지입니다. ④ 힌두교(C)와 불교(D)의 발상지는 모두 남부 아시아에 위치합니다.

매운맛 세계 주요 종교의 지역별 분포   정답 ⑤

①	②	③ 함정	④	⑤
5%	9%	26%	7%	53%

눈으로 보는 해설

그래프는 3개 대륙의 A~D 종교별 신자 수 비율을 나타낸 것이다. A~D 종교에 대한 설명으로 옳지 않은 것은? (단, (가), (나)는 각각 아시아와 아프리카 중 하나임.)

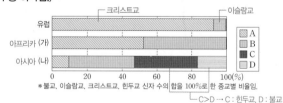

＊불교, 이슬람교, 크리스트교, 힌두교 신자 수의 합을 100%로 한 종교별 비율임.
└ C>D → C : 힌두교, D : 불교

① A는 하나의 신만을 인정하는 유일신교이다. (○)
② B의 대표적 종교 경관은 첨탑과 둥근 지붕이 있는 모스크이다. (○)
③ C의 사원에는 다양한 신들을 표현한 조각상이 있다. (○)
  └ 다신교
④ D의 기원지가 있는 곳은 (나)이다. (○)
  └ 남부 아시아
⑤ A는 보편 종교로, D는 민족 종교로 분류된다.
        └ 보편

문제 분석 유럽에서 가장 많은 신자 수 비율을 차지하는 A는 크리스트교이며, 두 번째로 많은 신자 수 비율을 차지하는 B는 이슬람교입니다. (가)는 크리스트교(A)와 이슬람교(B)의 신자 수 비율이 높은 아프리카이며, (나)는 아시아입니다. 아시아에서 이슬람교(B) 다음으로 신자 수 비율이 높은 C는 힌두교이며, 나머지 D는 불교입니다.

정답 찾기 ⑤ 크리스트교(A)와 불교(D)는 모두 보편 종교로 분류됩니다. A~D 중 민족 종교는 힌두교(C)입니다.

오답 피하기 ① 크리스트교(A)는 하나의 신만을 믿는 유일신교입니다. ② 이슬람교(B)의 대표적 종교 경관은 첨탑과 둥근 지붕이 있는 모스크입니다. ③ 힌두교(C)는 여러 신을 숭배하는 다신교이며, 사원에는 다양한 신들을 표현한 조각상이 있습니다. ④ 불교(D)의 기원지는 남부 아시아로, (나)에 위치합니다.

🔒 **함정 피하기**

정답으로 ③번을 골랐다면? (나) 대륙이 아시아임을 파악한 뒤, 아시아에서 신자 수 비율이 높은 C를 보편 종교인 불교로 착각했을 것이다. 불교는 민족 종교인 힌두교보다 더 많은 국가에서 신봉하지만, 힌두교는 인구가 세계에서 두 번째로 많은 인도에서 신자 수 비율이 매우 높으므로 불교보다 신자 수가 많다. 실제로 인도는 2020년 기준 인구가 약 13억 5천만 명이며, 이 중에서 80% 이상이 힌두교 신자이다. 인도에서만 약 10억 명에 달하는 인구가 힌두교를 신봉하는 것이다. 주요 국가는 인구수를 알아 두면 좋다.

실전 문제

본문 p.41~43

01 ③	02 ①	03 ②	04 ③	05 ①	06 ④
07 ③	08 ③	09 ②	10 ③	11 ④	12 ②

01 세계 주요 종교의 국가별 분포   정답 ③

문제 분석 지도에 표시된 네 국가는 아프리카의 이집트와 남아프리카 공화국, 아시아의 네팔과 캄보디아입니다. 이집트에서 신자 수 비율이 가장 높은 A는 이슬람교이며, 남아프리카 공화국에서 신자 수 비율이 가장 높은 B는 크리스트교입니다. 네팔에서 신자 수 비율이 가장 높은 C는 힌두교이며, 캄보디아에서 신자 수 비율이 가장 높은 D는 불교입니다.

정답 찾기 ③ 힌두교(C)에서는 장례를 할 때 주로 화장을 하며, 그 재를 갠지스강에 뿌리는 경우가 많습니다. 따라서 힌두교(C)는 장례 방식으로 매장보다 화장을 선호합니다.

오답 피하기 ① 이슬람교(A)는 메카로의 성지 순례를 종교적 의무로 합니다. 이슬람교의 5대 의무로는 신앙 고백, 예배, 자선 활동, 라마단, 성지 순례가 있습니다. ② 크리스트교(B)는 세계적으로 신자 수가 가장 많은 종교입니다. 세계 신자 수는 크리스트교>이슬람교>힌두교>불교 순으로 많습니다. ④ 불교(D)는 동아시아 및 동남아시아의 각지로 전파되었으나, 기원지가 위치한 인도에서는 쇠퇴하였습니다. ⑤ 이슬람교(A)와 크리스트교(B)는 모두 유일신교입니다.

02 세계 주요 종교의 국가별 분포   정답 ①

문제 분석 지도에 표시된 네 국가는 인도, 방글라데시, 타이, 필리핀입니다. 인도에서 신자 수 비율이 가장 높은 A는 힌두교이며, 방글라데시에서 신자 수 비율이 가장 높은 B는 이슬람교입니다. 타이에서 신자 수 비율이 가장 높은 C는 불교이며, 필리핀에서 신자 수 비율이 가장 높은 D는 크리스트교입니다.

정답 찾기 ㄱ. 힌두교(A)에서는 소를 신성시하여, 소고기 먹는 것을 금기시합니다. ㄷ. 불교(C)의 발상지는 인도 북부 지역으로 남부 아시아에 위치합니다.

ㄴ. 세계에서 이슬람교(B)의 신자 수가 가장 많은 국가는 인도네시아입니다. ㄹ. 라마단 기간에 금식의 의무가 있는 종교는 이슬람교(B)입니다.

03 세계 주요 종교의 국가별 분포   정답 ②

문제 분석 A는 러시아, 필리핀, 미국, 멕시코, 브라질에서 신자 수가 많은 크리스트교입니다. B는 중국, 스리랑카, 미얀마, 타이, 일본에서 신자 수가 많은 불교입니다. C는 나이지리아, 파키스탄, 인도, 방글라데시, 인도네시아에서 신자 수가 많은 이슬람교입니다.

정답 찾기 ② 불교(B)의 대표적 경관으로는 사리가 봉안된 탑, 불상을 모시는 불당 등이 있습니다.

오답 피하기 ① 술과 돼지고기 섭취를 금기시하는 종교는 이슬람교(C)입니다. ③ 힌두교에 대한 설명입니다. 이슬람교(C) 사원에서는 우상 숭배를 금지하는 교리에 따라 꽃, 나무 덩굴, 문자 등을 기하학적으로 배치한 아라베스크 문양을 쉽게 볼 수 있습니다. 유일신교인 이슬람교는 신의 조각상조차 우상으로 간주합니다. ④ 크리스트교(A)는 1세기 초에, 이슬람교(C)는 7세기 초에 발생하였습니다. ⑤ 크리스트교(A)는 전 세계에서 신자 수가 가장 많은 종교입니다. 따라서 불교(B)는 크리스트교(A)보다 전 세계 신자 수가 적습니다.

04 세계 주요 종교의 국가별 분포   정답 ③

문제 분석 지도에 표시된 국가는 수단과 남수단입니다. 아프리카 북부에 위치한 수단은 이슬람교 신자 수 비율이 높으므로 (가)는 이슬람교입니다. 남수단은 크리스트교 신자 수 비율이 높으며, 종교·민족의 차이 등으로 인해 2011년 수단으로부터 독립하였습니다. 따라서 (나)는 크리스트교입니다. 수단의 이슬람교를 믿는 아랍인들과 남수단의 크리스트교나 토속 신앙을 믿는 주민들 간 문화적 차이가 뚜렷합니다.

정답 찾기 ③ 전 세계 신자 수는 크리스트교>이슬람교>힌두교 순으로 많으므로, 세계 인구의 종교 구성 그래프의 A는 크리스트교, B는 이슬람교, C는 힌두교입니다. 따라서 이슬람교(가)에 해당하는 것은 그래프의 B, 크리스트교(나)에 해당하는 것은 그래프의 A입니다.

05 세계 주요 종교의 지역별 분포   정답 ①

문제 분석 (가)는 서남아시아 및 북부 아프리카에서 비율이 매우 높게 나타나는 이슬람교입니다. (나)는 다른 지역의 비율은 매우 낮은 반면 아시아·태평양에서의 비율이 상대적으로 높은 불교입니다. (다)는 앵글로아메리카, 유럽, 중·남부 아프리카, 라틴 아메리카 등에서의 비율이 높은 크리스트교입니다.

정답 찾기 ㄱ. 이슬람교(가)의 대표적 종교 경관으로는 모스크와 아라베스크 문양 등이 있습니다. ㄴ. 불교(나)의 주요 성지로는 석가모니의 탄생지인 룸비니, 석가모니가 깨달음을 얻은 장소인 부다가야 등이 있습니다.

오답 피하기 ㄷ. 크리스트교(다)는 하나의 신만을 숭배하는 유일신교입니다. ㄹ. (가)~(다)는 모두 보편 종교로 분류됩니다.

06 세계 주요 종교의 지역별 분포   정답 ④

문제 분석 (나)는 (가), (다)에 비해 힌두교 신자 수 비율이 월등히 높으므로 아시아 및 오세아니아(서남아시아 제외)입니다. (가), (다)에서는 거의 나타나지 않지만, 아시아 및 오세아니아(서남아시아 제외)에서 신자

수 비율이 비교적 높게 나타나는 C는 불교입니다. (가), (다)는 유럽과 중·남부 아프리카 중 하나인데, A는 두 지역 모두에서 가장 높은 비율로 나타나므로 크리스트교입니다. 따라서 나머지 B는 이슬람교이며, (가)는 (다)보다 이슬람교 신자 수 비율이 높으므로 중·남부 아프리카이고, 나머지 (다)는 유럽입니다.

정답 찾기 ④ 이슬람교(B)의 신자 수가 가장 많은 국가는 인도네시아이며, 인도네시아는 아시아 및 오세아니아(서남아시아 제외)(나)에 위치합니다.

오답 피하기 ① 중·남부 아프리카(가)는 서남아시아를 제외한 아시아 및 오세아니아(나)보다 총인구가 적습니다. ② 서남아시아를 제외한 아시아 및 오세아니아(나)는 유럽(다)보다 3차 산업 종사자 비율이 낮습니다. ③ 크리스트교(A)의 발상지는 서남아시아의 팔레스타인 지역으로 유럽(다)에 위치하지 않습니다. ⑤ 아메리카에서 신자 수가 가장 많은 종교는 크리스트교(A)입니다. 따라서 아메리카에서의 신자 수는 불교(C)가 크리스트교(A)보다 적습니다.

07 크리스트교와 이슬람교의 경관과 분포   정답 ③

문제 분석 자료에서 제시된 성당의 히랄다 탑은 이슬람 양식의 몸체와 가톨릭 양식의 정상부가 융합된 형태입니다. 따라서 (가)는 과거 이슬람 세력의 지배를 받았지만 현재는 가톨릭교 신자 수 비율이 높은 국가이고, (나)는 이슬람교의 모스크 첨탑이 나타나는 것으로 보아 이슬람교 신자 수 비율이 높은 국가임을 알 수 있습니다.

정답 찾기 ③ (가)는 남부 유럽의 에스파냐로, 과거 에스파냐는 이슬람 세력의 지배를 받았으며, 현재는 가톨릭교(크리스트교) 신자 수 비율이 높습니다. 에스파냐와 지리적으로 인접한 (나)는 북아프리카의 모로코이며, 이슬람교 신자 수 비율이 높습니다. 참고로 자료에서 제시된 성당은 에스파냐의 세비야 대성당입니다.

오답 피하기 ① (가)는 말레이시아, (나)는 인도네시아이며, 두 국가는 모두 이슬람교 신자 수 비율이 높습니다. ② (가)는 인도, (나)는 스리랑카입니다. 인도는 힌두교 신자 수 비율이, 스리랑카는 불교 신자 수 비율이 높습니다. ④ (가)는 이집트, (나)는 사우디아라비아이며, 두 국가는 모두 이슬람교 신자 수 비율이 높습니다. ⑤ (가)는 영국, (나)는 프랑스입니다. 두 국가는 모두 크리스트교 신자 수 비율이 높으며, 영국은 개신교, 프랑스는 가톨릭교의 비율이 높은 편입니다.

08 힌두교와 불교의 경관   정답 ③

문제 분석 사원의 외벽에 다양한 신과 동물이 조각된 (가)는 힌두교, 불상과 불탑을 볼 수 있는 (나)는 불교입니다.

정답 찾기 ③ 남부 아시아에서 주로 힌두교(가)를 신봉하는 국가는 인도와 네팔이며, 불교(나)를 신봉하는 국가는 부탄과 스리랑카입니다. 인도의 인구가 다른 국가의 인구를 모두 더한 것보다 몇 배 이상 많습니다. 따라서 힌두교(가)는 불교(나)보다 남부 아시아에서의 신자 수가 많습니다.

오답 피하기 ① 힌두교(가)의 주요 성지로는 갠지스강 유역의 바라나시가 있습니다. 메카와 메디나는 이슬람교의 주요 성지입니다. ② 불교(나)는 크게 대승 불교와 상좌부 불교, 라마교로 구분됩니다. 수니파와 시아파로 구분되는 종교는 이슬람교입니다. ④ 힌두교(가)와 불교(나)는 모두 유일신을 믿는 종교가 아닙니다. ⑤ 힌두교(가)는 민족 종교, 불교(나)는 보편 종교로 분류됩니다.

09 이슬람교와 힌두교의 축제 정답 ②

문제 분석 하리 라야 푸아사 축제는 라마단이 끝나는 날에 열리는 축제이며, 라마단은 이슬람교의 금식 기간을 의미하므로 ㉠은 이슬람교입니다. 타이푸삼 축제는 인도 남부와 스리랑카의 타밀족에 의해 시작된 축제이며, 타밀족은 주로 힌두교를 신봉하므로 ㉡은 다신교인 힌두교입니다.

정답 찾기 ② 이슬람교(㉠)의 대표적인 종교 경관으로는 첨탑과 둥근 지붕의 모스크, 아라베스크 문양 등이 있습니다.

오답 피하기 ① 이슬람교(㉠)는 하나의 신만을 신봉하는 유일신교입니다. 다신교에 해당하는 종교는 힌두교(㉡)입니다. ③ 힌두교(㉡)는 민족 종교에 해당합니다. ④ 불탑과 불상은 불교의 대표적인 종교 경관입니다. 힌두교(㉡)의 대표적 종교 경관으로는 사원의 외벽과 내부에 다양한 신들의 모습을 표현한 그림이나 조각 등이 있습니다. ⑤ 말레이시아에서의 신자 수 비율이 가장 높은 종교는 이슬람교(㉠)입니다. 따라서 힌두교(㉡)는 이슬람교(㉠)보다 말레이시아 내에서의 신자 수가 적습니다.

10 이슬람교와 크리스트교의 경관과 분포 정답 ③

문제 분석 〈(가) 종교를 신봉하는 국가들의 국기〉에는 터키, 파키스탄, 리비아의 국기가 차례대로 제시되었으며, 모든 국기에 초승달과 별이 표현되어 있습니다. 초승달과 별은 이슬람교에서 진리의 시작을 상징합니다. 〈(나) 종교를 신봉하는 국가들의 국기〉에는 스웨덴, 노르웨이, 영국의 국기가 차례대로 제시되었으며, 모든 국기에 십자가가 표현되어 있습니다. 십자가는 크리스트교에서 예수의 십자가 처형 이후 인류의 구원이라는 상징성을 지닙니다. 따라서 (가)는 이슬람교, (나)는 크리스트교입니다.

정답 찾기 ③ 지도의 A는 서남아시아의 팔레스타인 지역에서 발생하여 유럽과 중·남부 아프리카로 전파된 크리스트교입니다. B는 서남아시아의 메카에서 발생하여 북부 아프리카와 동남아시아 등지로 전파된 이슬람교입니다. 따라서 (가)의 발상지와 전파 경로는 B, (나)의 발상지와 전파 경로는 A에 해당합니다.

오답 피하기 지도의 C는 남부 아시아의 부다가야에서 발생하여 동아시아와 동남아시아로 전파된 불교입니다.

11 이슬람교와 힌두교의 음식 문화 정답 ④

문제 분석 돼지고기 섭취를 금기시하는 ○○교는 이슬람교이며, ㉠은 이슬람교의 신자 수가 많은 국가입니다. 소를 신성시하여 소고기를 먹지 않는 □□교는 힌두교이며, ㉡은 힌두교의 신자 수가 많은 국가입니다.

정답 찾기 ④ 지도의 A는 프랑스, B는 사우디아라비아, C는 인도입니다. 프랑스는 크리스트교, 사우디아라비아는 이슬람, 인도는 힌두교 신자 수 비율이 높습니다. 따라서 ㉠에 해당하는 국가는 사우디아라비아(B), ㉡에 해당하는 국가는 인도(C)입니다.

12 이슬람교와 힌두교의 종교 경관과 주민 생활 정답 ②

문제 분석 신자들이 메카를 향해 기도하는 ㉠은 이슬람교이며, 신자들이 갠지스강에서 목욕을 하며 죄를 씻는 ㉡은 힌두교입니다.

정답 찾기 ㄱ. 이슬람교(㉠) 신자들은 라마단 기간에 해가 떠 있는 동안 금식하는 종교적 의무가 있습니다. ㄷ. 힌두교(㉡)에서는 소를 신성시하여 신자들은 소고기를 먹지 않습니다.

오답 피하기 ㄴ. 개인의 수양 및 해탈을 강조하고 윤회 사상을 믿는 종교는 불교입니다. ㄹ. 하루에 다섯 번씩 성지를 향해 기도해야 하는 의무가 있는 종교는 이슬람교(㉠)입니다.

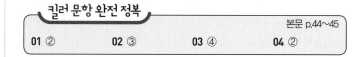

킬러 문항 완전 정복

본문 p.44~45

01 ② 02 ③ 03 ④ 04 ②

01 지역별 이주자의 종교 구성 정답 ②

자료 분석

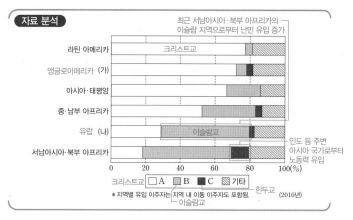

* 지역별 유입 이주자는 지역 내 이동 이주자도 포함됨. (2010년)

문제 분석 A는 라틴 아메리카와 중·남부 아프리카로 유입된 이주자 중 신자 수 비율이 높은 크리스트교입니다. B는 서남아시아·북부 아프리카 이주자 중 신자 수 비율이 높은 이슬람교이며, 나머지 C는 힌두교입니다. 서남아시아·북부 아프리카의 유입 이주자는 내전, 정치적 불안정 등으로 인한 인접 국가로의 이동인 경우가 많아 이슬람교도가 많고, 서남아시아 산유국의 경우 인접한 이슬람권 국가뿐 아니라 인도 등 주변 아시아 국가로부터 노동력의 유입이 많아 힌두교 신자 수 비율이 다른 지역에 비해 높습니다. (가)는 유입된 이주자 중 크리스트교 신자 수 비율이 높으므로 라틴 아메리카로부터 인구 유입이 많은 앵글로아메리카이며, (나)는 유입된 이주자 중 이슬람교 신자 수 비율이 크리스트교 신자 수 비율보다 높은 것으로 보아 유럽입니다. 유럽은 최근 지리적으로 인접한 서남아시아와 북부 아프리카의 이슬람 지역으로부터 난민 유입이 급격히 증가하여 이슬람교 신자 수 비율이 높아지고 있습니다.

정답 찾기 ② 세계에서 신자 수가 가장 많은 종교는 크리스트교(A)입니다.

오답 피하기 ① (가)는 앵글로아메리카, (나)는 유럽입니다. 유럽은 이슬람교도가 많은 서남아시아 및 북부 아프리카와 지리적으로 가까워 이주자 중 이슬람교 신자 수 비율이 높습니다. ③ 유럽 내 신자 수 비율이 가장 높은 종교는 크리스트교(A)입니다. ④ 이슬람교(B)의 신자 수가 가장 많은 국가는 인도네시아입니다. ⑤ 힌두교(C)는 민족 종교로 인도에서 주로 신봉되며, 힌두교(C)의 신자 수는 아시아·태평양이 서남아시아 및 북부 아프리카보다 많습니다.

02 보편 종교의 지역별 분포
정답 ③

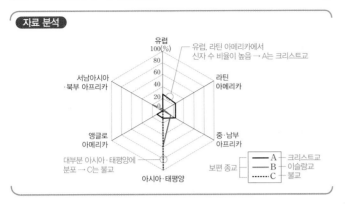

문제 분석 A는 유럽, 라틴 아메리카, 중·남부 아프리카, 앵글로아메리카에서 신자 수 비율이 높은 크리스트교입니다. B는 아시아·태평양, 서남아시아·북부 아프리카, 중·남부 아프리카에서 신자 수 비율이 높으므로 이슬람교입니다. C는 대부분의 신자가 아시아·태평양에 분포하는 보편 종교이므로 불교입니다.

정답 찾기 ㄴ. 아시아·태평양에서는 이슬람교(B)의 신자 수가 불교(C)의 신자 수보다 많습니다. ㄹ. 크리스트교(A)와 이슬람교(B)는 서남아시아, 불교(C)는 남부 아시아에서 기원하였습니다.

오답 피하기 ㄱ. 신자들이 갠지스강에서 목욕하며 죄를 씻는 종교는 힌두교입니다. 힌두교는 민족 종교로 해당 자료에 표현되어 있지 않습니다. ㄷ. 종교가 기원한 시기는 기원전 6세기경에 석가모니에 의해 창시된 불교(C)가 가장 이르며, 7세기 초 무함마드에 의해 창시된 이슬람교(B)가 가장 늦습니다. 크리스트교(A)는 1세기 초에 창시되었습니다. 따라서 종교가 기원한 시기는 C → A → B 순입니다.

03 세계 주요 종교의 국가별 분포
정답 ④

자료 분석

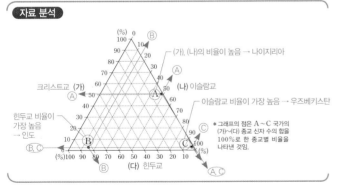

문제 분석 인도는 힌두교 신자 수 비율이 가장 높고, 이슬람교 신자 수 비율이 그다음으로 높습니다. 나이지리아는 크리스트교와 이슬람교의 신자 수 비율이 모두 높으며, 우즈베키스탄은 이슬람교의 신자 수 비율이 가장 높습니다. 그래프에서 두 종교의 신자 수 비율이 높은 A는 나이지리아이며, 나이지리아에서의 신자 수 비율이 낮은 (다)는 힌두교입니다. 힌두교의 신자 수 비율이 가장 높은 B는 인도이며, 나머지 C는 우즈베키스탄입니다. 우즈베키스탄의 신자 수 비율이 높은 (나)는 이슬람교이며, 나머지 (가)는 크리스트교입니다.

정답 찾기 ④ 아시아 지역 내 신자 수는 이슬람교(나)가 힌두교(다)보다 많습니다.

오답 피하기 ① 우즈베키스탄(C)에 대한 설명입니다. 나이지리아(A)는

아프리카에 위치합니다. ② 우즈베키스탄(C)은 인도(B)보다 총인구가 적습니다. ③ '허용된 것'이란 뜻의 할랄 식품을 먹는 것은 이슬람교(나) 신자들입니다. ⑤ 나이지리아(A)는 이슬람교와 크리스트교의 점이 지대로 북부 지방은 이슬람교(나) 신자 수 비율이, 남부 지방은 크리스트교(가) 신자 수 비율이 높습니다. 이에 북부의 이슬람교를 믿는 민족과 남부의 크리스트교를 믿는 민족 간 종교 분쟁이 발생하였으며, 이 분쟁은 남부와 북부의 경제적 격차로 더욱 심화되었습니다.

04 크리스트교의 종파별 분포
정답 ②

자료 분석

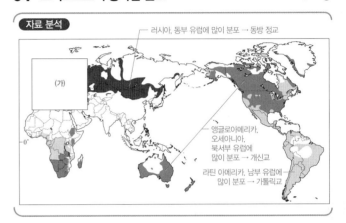

문제 분석 지도에서 러시아에 분포하는 가장 진한 음영은 동방 정교의 분포를 나타낸 것이며, 앵글로아메리카와 오세아니아에 주로 분포하는 두 번째로 진한 음영은 개신교의 분포를 나타낸 것입니다. 마지막으로 라틴 아메리카에 주로 분포하는 가장 옅은 음영은 가톨릭교의 분포를 나타낸 것입니다. 크리스트교는 로마 제국이 동서로 분리된 이후 교회의 통치권을 놓고 대립하다가 가톨릭교와 동방 정교의 두 교파로 갈라서게 되었는데, 이후 종교 개혁을 거치며 가톨릭교는 다시 가톨릭교와 개신교로 분화되었습니다. 가톨릭교는 주로 라틴 아메리카와 필리핀에, 개신교는 앵글로아메리카와 오세아니아에 전파되었으며, 동방 정교는 그리스와 러시아, 동부 유럽에서 많이 신봉합니다.

정답 찾기 ② 유럽은 크리스트교 신자 수 비율이 높은데, 북서부 유럽은 개신교의 신자 수 비율이, 남부 유럽은 가톨릭교의 신자 수 비율이 높습니다. 그리고 동부 유럽과 그리스는 동방 정교의 비율이 높습니다. 이에 해당하는 지도는 ②입니다.

Ⅲ. 세계의 인문 환경과 인문 경관

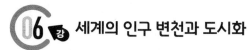

06강 세계의 인구 변천과 도시화

본문 p.48

순한맛 ②   매운맛 ④

순한맛 선진국과 개발 도상국의 인구 구조   정답 ②

문제 분석 지도에 표시된 세 국가는 선진국인 프랑스, 개발 도상국인 터키와 에티오피아입니다. 세 국가 중 노년층 인구 비율이 가장 높은 (다)는 유럽의 선진국인 프랑스입니다. (가)와 (나)는 개발 도상국인 터키와 에티오피아 중 하나인데, (가)는 (나)보다 유소년층 인구 비율이 높습니다. 따라서 (가)는 아프리카의 개발 도상국인 에티오피아이고, 나머지 (나)는 터키입니다. 터키와 에티오피아 모두 개발 도상국이지만 터키는 에티오피아보다 경제 발달 수준이 다소 높습니다.

정답 찾기 ㄱ. 아프리카의 개발 도상국이며 유소년층 인구 비율이 가장 높은 에티오피아가 인구의 자연 증가율이 가장 높습니다. ㄹ. 인구 부양비(총 부양비)는 청장년층 인구 비율과 반비례 관계에 있습니다. (가)는 (나)보다 청장년층 인구 비율이 낮으므로 인구 부양비(총 부양비)는 높습니다.

오답 피하기 ㄴ. 유소년층 인구 비율이 가장 낮고 노년층 인구 비율이 가장 높은 프랑스가 세 국가 중 중위 연령이 가장 높습니다. ㄷ. 생산 연령층 인구 비율은 청장년층 인구 비율을 말합니다. 그래프에서 세 국가 중 청장년층 인구 비율은 터키가 가장 높습니다.

매운맛 선진국과 개발 도상국의 인구 구조   정답 ④

①	②	③ 함정	④	⑤
5%	10%	15%	62%	8%

눈으로 보는 해설

그래프는 지도에 표시된 세 국가의 연령층별 인구 비율 변화를 나타낸 것이다. 이에 대한 설명으로 옳은 것은? (단, (가), (나)는 각각 0~14세, 15~64세, 65세 이상 인구 비율 중 하나이고, A~C는 지도에 표시된 세 국가 중 하나임.)

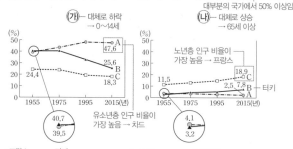

① (가)는 15~64세, (나)는 0~14세 인구 비율이다.
② A는 유럽, C는 아프리카에 위치한다.
③ 1955년 대비 2015년 A의 총 부양비는 감소하였다.
④ 1955년 대비 2015년 B의 노년 부양비는 증가하였다.
⑤ 2015년 B는 C보다 중위 연령이 높다. 낮다

문제 분석 지도에 표시된 세 국가는 선진국인 프랑스, 개발 도상국인 터키와 차드입니다. (가), (나) 두 지표는 최댓값이 50% 미만이므로 청장년층 인구 비율은 될 수 없으며 유소년층 인구 비율과 노년층 인구 비율 중 하나입니다. 세 국가 모두 (가)의 수치가 (나)의 수치보다 높게 나타나고, 대체로 (가)는 하락 추세에 있는 반면 (나)는 상승 추세에 있습니다. 따라서 (가)는 유소년층 인구 비율, (나)는 노년층 인구 비율이라는 것을 알 수 있습니다. 세 국가 중 유소년층 인구 비율이 가장 높은 A는 아프리카의 개발 도상국인 차드입니다. 세 국가 중 유소년층 인구 비율이 가장 낮고 노년층 인구 비율이 가장 높은 C는 유럽의 선진국인 프랑스입니다. 나머지 B는 개발 도상국인 터키입니다.

정답 찾기 ④ 노년 부양비는 노년층 인구 비율을 청장년층 인구 비율로 나눈 후 100을 곱하여 구합니다. 청장년층 인구 비율은 100%에서 유소년층 인구 비율과 노년층 인구 비율을 빼면 구할 수 있습니다. 그래프에 제시된 값을 토대로 각 시기의 노년층 인구 비율과 청장년층 인구 비율을 구한 후 노년 부양비를 계산해보면 터키는 1955년 대비 2015년의 노년 부양비가 증가했음을 알 수 있습니다.

오답 피하기 ① (가)는 0~14세의 유소년층 인구 비율이고, (나)는 65세 이상의 노년층 인구 비율입니다. ② 차드인 A는 아프리카, 프랑스인 C는 유럽에 위치합니다. ③ 유소년층 인구 비율과 노년층 인구 비율을 합한 값이 클수록 총 부양비도 큽니다. 차드는 1955년에 비해 2015년에 유소년층 인구 비율과 노년층 인구 비율을 합한 값이 더 큽니다. 따라서 차드는 1955년 대비 2015년의 총 부양비가 증가하였습니다. ⑤ 2015년에 터키는 프랑스보다 유소년층 인구 비율이 높은 반면 노년층 인구 비율이 낮으므로 중위 연령이 낮습니다.

함정 피하기

대부분의 국가에서 청장년층 인구 비율은 50%를 넘는다. 왜냐하면 청장년층 인구 비율은 15세~64세까지의 넓은 범위의 인구를 포함하는 연령층이기 때문이다. 또한 세계 각국은 저출산·고령화 현상이 진행되면서 유소년층 인구 비율은 낮아지는 추세이고, 노년층 인구 비율은 높아지는 추세이다. 이러한 점을 토대로 문항에 제시된 지표를 판별할 수 있어야 한다.

실전 문제

본문 p.49~51

| 01 ① | 02 ④ | 03 ⑤ | 04 ③ | 05 ① | 06 ⑤ |
| 07 ③ | 08 ① | 09 ③ | 10 ② | 11 ③ | 12 ① |

01 선진국과 개발 도상국의 인구 구조 비교   정답 ①

문제 분석 지도에 표시된 A는 선진국인 독일, B는 개발 도상국인 터키, C는 아프리카의 개발 도상국인 나이지리아입니다.

정답 찾기 ① (가)는 두 시기 모두 세 국가 중 합계 출산율이 가장 낮고 사망률도 낮은 수준을 유지하고 있으므로 유럽의 선진국인 A(독일)입니다. (나)는 두 시기 사이에 합계 출산율이 크게 낮아졌으므로 빠르게 경제가 성장하고 있는 B(터키)입니다. (다)는 두 시기 모두 합계 출산율이 가장 높으므로 여전히 출생률이 높은 아프리카의 개발 도상국인 C(나이지리아)입니다.

02 대륙별 인구 변화 　　　　정답 ④

문제 분석 모든 시기에 인구가 가장 많은 (가)는 아시아입니다. 두 시기 사이의 인구 증가율이 가장 높고, 2015년에 아시아 다음으로 인구가 많은 (나)는 아프리카입니다. 1950년에는 아시아 다음으로 인구가 많았으나 2015년에는 아프리카에 추월당한 (다)는 유럽입니다. (라)와 (마)는 앵글로아메리카와 라틴 아메리카 중 하나인데, (라)는 (마)보다 2015년에 인구가 많으므로 라틴 아메리카이며, (마)는 앵글로아메리카입니다.

정답 찾기 ④ 라틴 아메리카는 미국과 캐나다가 속한 앵글로아메리카보다 영어 사용자의 비율이 낮습니다.

오답 피하기 ① 그래프를 보면 아시아는 아프리카보다 1950~2015년의 인구 증가율이 낮습니다. ② 아프리카는 유럽보다 유소년층 인구 비율이 높은 반면 노년층 인구 비율이 낮으므로 노령화 지수가 낮습니다. ③ 유럽은 라틴 아메리카보다 경제 발달 수준이 높으므로 1인당 지역 내 총생산이 많습니다. ⑤ 선진국인 미국, 캐나다로 구성된 앵글로아메리카는 아시아보다 도시화율이 높습니다.

03 선진국과 개발 도상국의 인구 구조 비교 　　정답 ⑤

문제 분석 세 국가 중 2015년에 15~64세의 청장년층 인구 비율이 가장 높은 (가)는 중국입니다. 세 국가 중 65세 이상의 노년층 인구 비율이 가장 높은 (나)는 미국입니다. (다)는 세 국가 중 65세 이상의 노년층 인구 비율이 가장 낮으므로 아프리카의 개발 도상국인 나이지리아입니다.

정답 찾기 ㄷ. 유소년층 인구 비율은 100%에서 청장년층 인구 비율과 노년층 인구 비율을 빼면 구할 수 있습니다. 나이지리아는 중국보다 2015년의 유소년층 인구 비율이 높습니다. ㄹ. 총인구는 중국이 가장 많고, 미국이 나이지리아보다 많습니다.

오답 피하기 ㄱ. 중국은 미국보다 2015년에 청장년층 인구 비율이 높으므로 총 부양비가 낮습니다. ㄴ. 선진국인 미국은 개발 도상국 나이지리아보다 인구 변천 모형 2단계인 초기 팽창기에 먼저 진입하였습니다.

04 대륙별 인구 구조 비교 　　　　정답 ③

문제 분석 1950년에 비해 2015년에 수치가 감소한 A는 0~14세의 유소년층이고, 수치가 증가한 B는 65세 이상의 노년층입니다. 세 대륙 중 노년층 인구 비율이 가장 높은 (가)는 유럽이고, 유소년층 인구 비율이 가장 높은 (나)는 아프리카입니다. 나머지 (다)는 아시아입니다.

정답 찾기 ③ 아시아는 유럽보다 2015년에 유소년층 인구 비율이 높은 반면 노년층 인구 비율이 낮으므로 노령화 지수가 낮습니다.

오답 피하기 ① 유럽은 아프리카보다 경제 발달 수준이 높으므로 2015년의 도시화율이 높습니다. ② 아프리카는 아시아보다 2015년의 청장년층 인구 비율이 낮으므로 총 부양비가 높습니다. ④ 세 대륙 중에서 2015년의 총인구는 아시아가 가장 많습니다. ⑤ A는 0~14세, B는 65세 이상에 해당합니다.

05 주요 국가의 인구 구조 비교 　　　　정답 ①

문제 분석 (가)는 청장년층 인구의 성비가 매우 높게 나타나므로 건조 아시아의 산유국인 아랍 에미리트입니다. 아랍 에미리트는 석유 채굴과 기반 시설 건설에 필요한 남성 노동력이 해외로부터 많이 유입되어 청장년층 인구의 성비가 높게 나타납니다. (나)는 아랍 에미리트보다 노년층 인구 비율이 높으므로 유럽의 선진국인 핀란드입니다.

정답 찾기 ㄱ. 건조 아시아의 산유국인 아랍 에미리트는 핀란드보다 석유 수출량이 많습니다. ㄴ. 핀란드는 아랍 에미리트보다 노년층 인구 비율이 높으므로 중위 연령이 높습니다.

오답 피하기 ㄷ. 아랍 에미리트는 건조 아시아, 핀란드는 유럽에 속합니다. ㄹ. 핀란드는 노년층 인구의 성비가 100 미만이므로 노년층 여성 인구보다 노년층 남성 인구가 적습니다.

06 아메리카의 선진국과 개발 도상국 인구 구조 비교 　정답 ⑤

문제 분석 지도에 표시된 세 국가는 캐나다, 미국, 브라질입니다. 세 국가 중 총인구가 가장 많고 인구 밀도가 가장 높은 (가)는 미국입니다. 세 국가 중 인구 밀도가 가장 낮고 총인구가 가장 적으며, 중위 연령이 높은 편인 (다)는 캐나다입니다. 미국 다음으로 총인구가 많고 인구 밀도가 높으며, 세 국가 중 중위 연령이 가장 낮은 (나)는 브라질입니다.

정답 찾기 ⑤ 선진국인 캐나다는 개발 도상국인 브라질보다 1인당 국내 총생산이 많습니다.

오답 피하기 ① 브라질에 대한 설명입니다. ② 미국에 대한 설명입니다. ③ 브라질에 대한 설명입니다. ④ 수위 도시는 국가 내에서 인구가 가장 많은 도시를 말합니다. 브라질의 수위 도시인 상파울루는 미국의 수위 도시인 뉴욕보다 세계 도시 체계에서 하위 계층에 속합니다.

07 국가별 인구 이주 특징 　　　　정답 ③

문제 분석 지도의 A는 알제리, B는 시리아, C는 인도, D는 필리핀입니다. (가)는 터키와 레바논으로 이주한 인구의 비율이 높게 나타나고, (나)는 아랍 에미리트, 미국, 사우디아라비아, 파키스탄 등으로 이주한 인구의 비율이 높게 나타납니다. (나)는 (가)에 비해 해외 이주 인구의 성비가 높게 나타납니다.

정답 찾기 ③ (가)는 내전에 의해 인접한 터키, 레바논으로 난민이 많이 유출된 시리아(B)입니다. (나)는 지리적으로 가까운 아랍 에미리트, 사우디아라비아나 영어 소통이 가능한 미국으로 많은 노동력이 유출된 인도(C)입니다.

08 대륙별 인구 이동 특징 　　　　정답 ①

문제 분석 라틴 아메리카는 A보다 B의 값이 크고, 오세아니아는 B보다 A의 값이 큽니다. 따라서 A는 유입, B는 유출입니다. 네 대륙 중에서 인구 증가율이 가장 낮고 유출 인구보다 유입 인구가 많은 (가)는 유럽입니다. 네 대륙 중 유입 인구와 유출 인구의 규모가 가장 크고 유입 인구보다 유출 인구가 많은 (다)는 아시아입니다. 네 대륙 중 인구 증가율이 가장 높고 유입 인구보다 유출 인구가 많은 (라)는 아프리카입니다. 나머지 (나)는 앵글로아메리카입니다.

정답 찾기 ① 산업 혁명은 유럽의 영국에서 가장 먼저 시작되었습니다. 따라서 유럽은 앵글로아메리카보다 산업 혁명이 시작된 시기가 이릅니다.

오답 피하기 ② 앵글로아메리카는 아시아보다 면적이 좁고 국가 수가 적습니다. ③ 아프리카는 모든 대륙 중에서 출생률이 가장 높습니다. ④ 아프리카는 유럽보다 유소년층 인구 비율이 높은 반면 노년층 인구 비율이 낮으므로 중위 연령이 낮습니다. ⑤ A는 유입, B는 유출에 해당합니다.

09 대륙별 도시화 특징 비교 　　　　정답 ③

문제 분석 2010~2015년의 도시 인구 증가율이 가장 높은 A는 아프리카이고, 도시 인구 증가율이 가장 낮은 C는 유럽입니다. 2015년에 도시화율이 가장 높은 E는 앵글로아메리카입니다. B와 D는 아시아, 라틴 아메리카 중 하나인데, D는 B보다 2015년의 도시화율이 높으므로 라틴 아메리카이며, B는 아시아입니다.

정답 찾기 ③ 아시아는 모든 대륙 중에서 국가 수가 가장 많습니다.

오답 피하기 ① 아프리카는 2015년에 도시화율이 50% 미만이므로 도시 인구가 촌락 인구보다 적습니다. ② 세계적 규모의 첨단 산업 단지인 '실리콘 밸리'는 앵글로아메리카의 미국에 위치합니다. ④ 유럽은 라틴 아메리카보다 총인구가 많으므로 세계 인구에서 차지하는 비율이 높습니다. ⑤ 라틴 아메리카의 인구는 아시아보다 지리적으로 인접해 있고 경제 발달 수준이 높은 앵글로아메리카로 많이 이주합니다.

10 대륙별 도시화 특징과 산업 구조   정답 ②

문제 분석 도시 인구와 촌락 인구를 합한 총인구가 가장 많은 (가)는 아시아입니다. 도시 인구보다 촌락 인구가 많은 (나)는 아프리카입니다. 세 대륙 중 총인구가 가장 적은 (다)는 앵글로아메리카입니다. 세 대륙 중 3차 산업 종사자 비율이 가장 높은 A는 앵글로아메리카이고, 1차 산업 종사자 비율이 가장 높은 B는 아프리카입니다. 나머지 C는 아시아입니다.

정답 찾기 ② 아프리카는 앵글로아메리카보다 경제 발달 수준이 낮으므로 3차 산업 종사자 비율이 낮습니다.

오답 피하기 ① 아시아는 아프리카보다 2010~2015년의 도시 인구 증가율이 낮습니다. ③ 아시아는 모든 대륙 중에서 총인구가 가장 많습니다. ④ 아프리카는 도시 인구보다 촌락 인구가 많으므로 도시화율이 50% 미만입니다. ⑤ (가)와 C는 아시아, (나)와 B는 아프리카, (다)와 A는 앵글로아메리카입니다.

11 선진국과 개발 도상국의 도시화 특징   정답 ③

문제 분석 지도에 표시된 네 국가는 인도, 중국, 일본, 미국입니다. 네 국가 중 도시 인구가 가장 적지만 도시화율이 가장 높은 (가)는 일본입니다. 네 국가 중 도시화율이 가장 낮은 (다)는 인도이고, 도시 인구가 가장 많은 (라)는 중국입니다. 나머지 (나)는 미국입니다.

정답 찾기 ③ 개발 도상국인 중국은 선진국인 일본보다 1차 산업 종사자 비율이 높습니다.

오답 피하기 ① 선진국인 미국은 개발 도상국인 인도보다 도시화의 가속화 단계에 진입한 시기가 이릅니다. ② 중국은 모든 국가 중에서 총인구가 가장 많습니다. ④ 미국은 앵글로아메리카에 속합니다. ⑤ 네 국가 중에서 1인당 국내 총생산은 인도가 가장 적습니다.

12 세계의 도시 체계   정답 ①

문제 분석 뉴욕, 런던, 도쿄가 속한 (가)는 최상위 세계 도시에 해당하고, 요하네스버그, 부에노스아이레스 등이 속한 (나)는 하위 세계 도시에 해당합니다.

정답 찾기 ㄱ, ㄴ. 대체로 하위 세계 도시는 최상위 세계 도시보다 도시 인구의 출생률이 높아 자연 증가율도 높으며, 과도시화가 심각하여 도시 인구 중 슬럼 거주민의 비율이 높습니다.

오답 피하기 ㄷ, ㄹ. 하위 세계 도시는 최상위 세계 도시보다 생산자 서비스업의 종사자 수 비율이 낮고, 도시 수가 많으므로 동일 계층에 속한 도시 간 평균 거리가 가깝습니다.

킬러 문항 완전 정복   본문 p.52~53

01 ①   02 ①   03 ⑤   04 ③

01 대륙별 인구 구조 비교   정답 ①

자료 분석

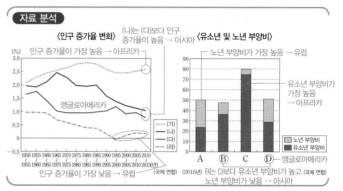

문제 분석 인구 증가율이 가장 높은 (가)는 출생률이 높아 인구의 자연 증가율이 매우 높은 아프리카입니다. 인구 증가율이 가장 낮은 (라)는 저출산 문제가 심각한 유럽입니다. (나)와 (다)는 아시아, 앵글로아메리카 중 하나인데, (나)는 (다)보다 인구 증가율이 높으므로 아시아이며, (다)는 앵글로아메리카입니다. 노년 부양비가 가장 높은 A는 고령화 문제가 심각한 유럽이고, 유소년 부양비가 가장 높은 C는 출생률이 높은 아프리카입니다. B와 D는 아시아, 앵글로아메리카 중 하나인데, B는 D보다 유소년 부양비가 높은 반면 노년 부양비가 낮습니다. 따라서 B는 아시아, D는 앵글로아메리카입니다.

정답 찾기 ① 그래프를 보면 아프리카는 아시아보다 유소년 부양비와 노년 부양비를 합한 총 부양비가 높습니다. 따라서 아프리카는 아시아보다 청장년층 인구 비율이 낮습니다.

오답 피하기 ② 그래프를 보면 앵글로아메리카는 유럽보다 노년 부양비가 낮은 반면 유소년 부양비가 높으므로 노령화 지수가 낮습니다. ③ 그래프를 보면 유럽은 네 대륙 중에서 2010~2015년의 인구 증가율이 가장 낮습니다. ④ 개발 도상국이 대부분인 아프리카는 선진국이 대부분인 앵글로아메리카보다 인구 변천 모형의 2단계에 진입한 시기가 늦습니다. ⑤ 2015년의 총인구는 아시아>아프리카>유럽>앵글로아메리카 순으로 많습니다.

02 선진국과 개발 도상국의 인구 구조 비교   정답 ①

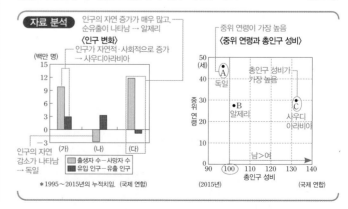

문제 분석 지도에 표시된 세 국가는 독일, 알제리, 사우디아라비아입니다. 출생자 수가 사망자 수보다 많은 (가)와 (다)는 사우디아라비아, 알제리 중 하나입니다. (가)는 유입 인구가 유출 인구보다 많아 인구의 순유입이 이루어지고 있으므로 사우디아라비아이고, (다)는 유출 인구가 유입 인구보다 많아 인구의 순유출이 이루어지고 있으므로 알제리입니다. 출생자 수가 사망자 수보다 적어 인구의 자연 감소가 나타나고 있는 (나)는 저출산 문제가 심각한 독일입니다. 중위 연령은 총인구를 나이순으로 줄 세웠을 때 중간에 있는 사람의 나이를, 성비는 여성 100명당 남성의 수를 의미합니다. 중위 연령이 가장 높은 A는 독일이고, 총인구 성비가 가장 높은 C는 사우디아라비아입니다. 나머지 B는 알제리입니다. 사우디아라비아는 석유 채굴과 기반 시설 건설에 필요한 남성 노동력이 많이 유입되고 있어 총인구 성비가 높게 나타납니다.

정답 찾기 ① 그래프를 보면 사우디아라비아는 독일보다 총인구 성비가 높습니다.

오답 피하기 ② 독일은 알제리보다 중위 연령이 높은 것으로 보아 노령화 지수도 높다는 것을 알 수 있습니다. ③ 개발 도상국인 알제리는 석유 수출량이 많은 사우디아라비아보다 1인당 국내 총생산이 적습니다. ④ 독일은 1995~2015년에 출생자 수보다 사망자 수가 많았으므로 인구의 자연 감소가 나타났습니다. ⑤ (가)와 C는 사우디아라비아, (나)와 A는 독일, (다)와 B는 알제리입니다.

03 대륙별 도시화 특징 비교   정답 ⑤

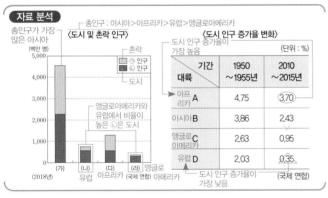

문제 분석 도시 인구와 촌락 인구를 합한 값은 총인구이며, 총인구는 (가)>(다)>(나)>(라) 순으로 많습니다. 따라서 (가)는 아시아, (나)는 유럽, (다)는 아프리카, (라)는 앵글로아메리카입니다. 유럽과 앵글로아메리카는 촌락 인구보다 도시 인구가 많고, 아프리카는 도시 인구보다 촌락 인구가 많으므로 ㉠은 촌락, ㉡은 도시입니다. 2010~2015년에 도시 인구 증가율이 가장 높은 A는 아프리카, 가장 낮은 D는 유럽입니다. 나머지 B와 C는 아시아, 앵글로아메리카 중 하나인데, B는 C보다 2010~2015년에 도시 인구 증가율이 높으므로 아시아, C는 앵글로아메리카입니다.

정답 찾기 ⑤ (가)와 B는 아시아, (나)와 D는 유럽, (다)와 A는 아프리카, (라)와 C는 앵글로아메리카입니다.

오답 피하기 ① 아시아는 유럽보다 2010~2015년의 도시 인구 증가율이 높습니다. ② 아프리카는 앵글로아메리카보다 2018년의 도시화율이 낮습니다. ③ 아프리카는 아시아보다 2018년에 도시 인구가 적습니다. ④ 미국, 캐나다로 구성된 앵글로아메리카는 유럽보다 영어 사용자 수 비율이 높습니다.

04 선진국과 개발 도상국의 도시화 특징 비교   정답 ③

자료 분석

도시화율이 가장 낮고, 도시 인구 증가율이 가장 높음 → 탄자니아

국가	구분	도시 인구 (천 명)	도시화율 (%)	도시 인구 증가율 (%)
(가)	탄자니아	17,035	31.6	5.47
(나)	인도네시아	137,635	53.3	2.57
(다)	브라질	176,654	85.8	1.25
(라)	오스트레일리아	20,397	85.7	1.59

도시화율이 낮은 아프리카와 아시아 국가

도시화율이 높은 라틴 아메리카와 오세아니아 국가

* 도시 인구와 도시화율은 2015년 기준, 도시 인구 증가율은 2010~2015년 기준임. (국제 연합)

도시화율이 높지만, (다)는 (라)보다 도시 인구가 훨씬 많음 → (다)는 브라질

문제 분석 지도에 표시된 네 국가는 탄자니아, 인도네시아, 오스트레일리아, 브라질입니다. 네 국가 중 도시화율이 가장 낮은 (가)는 아프리카의 개발 도상국인 탄자니아입니다. 도시화율이 높고 도시 인구 증가율이 낮으며, 도시 인구가 탄자니아 다음으로 적은 (라)는 선진국인 오스트레일리아입니다. (나)와 (다)는 인도네시아, 브라질 중 하나인데, (다)는 (나)보다 도시화율이 높고 도시 인구 증가율이 낮습니다. 따라서 (나)는 인도네시아이고, (다)는 브라질입니다. 라틴 아메리카 국가인 브라질은 도시를 중심으로 식민 지배를 받아 경제 발달 수준에 비해 도시화율이 높은 편입니다.

정답 찾기 ㄷ. 선진국인 오스트레일리아는 개발 도상국인 탄자니아보다 도시화가 먼저 시작되었으므로 도시화의 가속화 단계에 진입한 시기가 이릅니다. ㄹ. 인도네시아는 아시아, 브라질은 아메리카에 위치합니다.

오답 피하기 ㄱ. 도시화율은 총인구에서 도시 인구가 차지하는 비율이므로 도시 인구와 도시화율을 알고 있으면 총인구를 구할 수 있습니다. 탄자니아는 인도네시아보다 총인구가 적습니다. ㄴ. 개발 도상국인 브라질은 선진국인 오스트레일리아보다 1인당 국내 총생산이 적습니다.

Ⅲ. 세계의 인문 환경과 인문 경관

07강 주요 식량 및 에너지 자원과 국제 이동

대표 기출 vs 고난도 기출

본문 p.57

순한맛 ③   매운맛 ⑤

순한맛 세계 3대 식량 작물의 대륙별 생산 및 수출량   정답 ③

문제 분석 세계 3대 식량 작물은 쌀, 밀, 옥수수입니다. (가)는 아시아와 앵글로아메리카의 생산량 비율이 높고, 앵글로아메리카와 라틴 아메리카의 수출량 비율이 높으므로 옥수수입니다. (나)는 아시아와 유럽의 생산량 비율이 높고, 상대적으로 오세아니아의 수출량 비율이 높으므로 밀입니다.

정답 찾기 ㄴ. 밀의 최대 생산국은 중국입니다. ㄷ. 옥수수는 밀보다 가축의 사료로 이용되는 비율이 높습니다.

오답 피하기 ㄱ. 쌀에 대한 설명입니다. ㄹ. 옥수수의 기원지는 아메리카에 위치하고, 밀의 기원지는 아시아에 위치합니다.

매운맛 세계 3대 식량 작물의 대륙별 생산 및 수출량   정답 ⑤

①	②	③	④ 함정	⑤
6%	7%	3%	13%	71%

눈으로 보는 해설

그래프는 세계 3대 식량 작물 생산량·수출량의 대륙별 비율을 나타낸 것이다. A~C 작물에 대한 설명으로 옳은 것은?

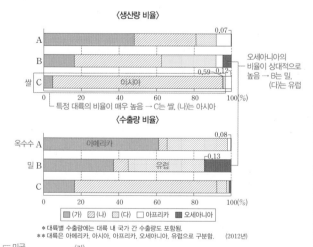

① A의 최대 수출국은 (나)에 위치한다.
　┗미국　　　　　(가)
② B는 주로 (다)의 계절풍 기후 지역에서 재배된다.
　　　　　　　　　　　　　┗쌀(C)
③ C의 최대 생산국은 (가)에 위치한다.
　┗중국　　　　　　　(나)　　　낮다
④ B는 A보다 가축의 사료로 이용되는 비율이 높다.
⑤ C는 B보다 단위 면적당 생산량이 많다.

문제 분석 세계 3대 식량 작물은 쌀, 밀, 옥수수입니다. 특정 대륙 (나)의 생산량 비율이 매우 높게 나타나는 C는 쌀이고, (나)는 아시아입니다. 오세아니아의 수출량 비율이 다른 두 작물에 비해 높은 B는 밀이고, 밀의 생산량 비율이 다른 두 작물보다 높은 (다)는 유럽입니다. 나머지 A는 옥수수이고, 옥수수의 생산량 비율이 가장 높은 (가)는 아메리카입니다.

정답 찾기 ⑤ 쌀은 밀보다 단위 면적당 생산량이 많습니다.

오답 피하기 ① 옥수수의 최대 수출국은 아메리카에 위치한 미국입니다. ② 계절풍 기후 지역에서 주로 재배되는 작물은 쌀입니다. ③ 쌀의 최대 생산국은 아시아에 위치한 중국입니다. ④ 밀은 옥수수보다 가축의 사료로 이용되는 비율이 낮습니다.

함정 피하기

세계 3대 식량 작물의 생산량 또는 수출량 자료에서 작물뿐만 아니라 대륙까지 파악해야 하는 문항에서는 오세아니아가 단서가 될 수 있다. 오세아니아는 쌀, 옥수수보다 밀의 생산량과 수출량이 많은 편이므로 이를 단서로 밀을 찾는다. 또한 쌀은 아시아의 생산량 비율이 매우 높게 나타나므로 이를 단서로 쌀을 찾으면 된다.

실전 문제

본문 p.58~61

01 ①	02 ④	03 ④	04 ③	05 ②	06 ⑤
07 ③	08 ①	09 ②	10 ②	11 ③	12 ④
13 ③	14 ④	15 ④	16 ①		

---

01 세계 3대 식량 작물의 특징 비교   정답 ①

문제 분석 세계 3대 식량 작물은 쌀, 밀, 옥수수입니다. 아시아의 생산량과 수출량이 월등히 많은 (나)는 쌀입니다. 쌀의 수출량이 가장 적은 A는 오세아니아입니다. (가)와 (다)는 옥수수, 밀 중 하나인데, (다)는 (가)보다 오세아니아의 수출량이 많습니다. 따라서 (가)는 옥수수, (다)는 밀입니다. 밀의 생산량이 아시아 다음으로 많고 수출량이 가장 많은 D는 유럽입니다. 아시아와 함께 옥수수의 생산량이 많은 C는 앵글로아메리카이고, 쌀과 밀의 수출량은 적지만 옥수수의 수출량이 많은 E는 라틴 아메리카입니다. 나머지 B는 모든 작물의 수출량이 적고 수입량이 많은 아프리카입니다.

정답 찾기 ① B는 아프리카, C는 앵글로아메리카에 해당합니다.

오답 피하기 ② 옥수수의 최대 생산국은 앵글로아메리카의 미국입니다. ③ 쌀은 생산지에서 대부분 소비되어 밀보다 국제 이동량이 적습니다. ④ 밀은 옥수수보다 가축 사료용으로 사용되는 비율이 낮습니다. ⑤ 그래프에서 라틴 아메리카는 밀 생산량이 옥수수 생산량보다 적습니다.

---

02 세계 3대 식량 작물의 대륙별 수출량   정답 ④

문제 분석 세계 3대 식량 작물은 쌀, 밀, 옥수수입니다. 세 작물 중 모든 대륙의 수출량을 합한 값이 가장 적고 아시아의 수출량이 가장 많은 (가)는 쌀입니다. 유럽의 수출량이 가장 많은 (나)는 밀이고, 앵글로아메리카, 라틴 아메리카의 수출량이 많은 (다)는 옥수수입니다.

정답 찾기 ④ 쌀은 밀보다 단위 면적당 생산량이 많습니다.

오답 피하기 ① 밀에 대한 설명입니다. ② 옥수수에 대한 설명입니다. ③ 옥수수의 기원지는 아메리카에 위치합니다. ⑤ 밀은 옥수수보다 세계 생산량이 적습니다.

---

03 세계 3대 식량 작물의 세계 생산량과 재배 면적   정답 ④

문제 분석 세계 3대 식량 작물은 쌀, 밀, 옥수수입니다. 세계 생산량이 가장 많은 (가)는 옥수수입니다. (나)와 (다)는 밀, 쌀 중 하나인데 (나)는 (다)보다 생산량을 재배 면적으로 나눈 단위 재배 면적당 생산량이 많으므로 쌀이며, (다)는 밀입니다.

정답 찾기 ㄴ. 쌀은 밀보다 세계 생산량에서 아시아가 차지하는 비율이 높습니다. ㄹ. 단위 면적당 생산량은 옥수수>쌀>밀 순으로 많습니다.

오답 피하기 ㄱ. 옥수수는 주로 논에서 재배되는 쌀보다 단위 면적당 농업용수 소비량이 적습니다. ㄷ. 밀은 옥수수보다 가축의 사료로 이용되는 비율이 낮습니다.

04 옥수수와 쌀의 국제 이동   정답 ③

문제 분석 세계 3대 식량 작물은 쌀, 밀, 옥수수입니다. 미국, 브라질, 아르헨티나에서 아시아로 많이 수출되는 (가)는 옥수수입니다. 동남아시아 국가들과 인도에서 세계 각국으로 수출되지만 (가)보다는 세계 수출량이 적은 (나)는 쌀입니다.

정답 찾기 ③ 옥수수는 쌀보다 기후 적응력이 높아 재배 범위가 넓습니다.

오답 피하기 ① 옥수수는 세계 3대 식량 작물 중 단위 면적당 생산량이 가장 많습니다. ② 쌀의 세계 최대 생산 국가는 아시아에 위치한 중국입니다. ④ 가축의 사료로 많이 이용되는 작물은 옥수수입니다. ⑤ 옥수수의 기원지는 아메리카, 쌀의 기원지는 아시아에 위치합니다.

05 세계 3대 식량 작물의 국가별 생산량 비율   정답 ②

문제 분석 세계 3대 식량 작물은 쌀, 밀, 옥수수입니다. 세 작물 중 두 작물의 생산량이 세계에서 가장 많은 A는 중국이고, 한 작물의 생산량이 세계에서 가장 많은 B는 미국입니다. 미국이 세계 최대 생산 국가인 (나)는 옥수수입니다. 중국, 인도, 러시아, 미국, 프랑스 등의 생산량이 많은 (가)는 밀이고, 중국, 인도, 인도네시아, 방글라데시 등 아시아 국가의 생산량이 많은 (다)는 쌀입니다.

정답 찾기 ② 옥수수는 바이오 에탄올의 원료로 이용되면서 수요가 급증하였습니다.

오답 피하기 ① 쌀에 대한 설명입니다. ③ 국수나 빵을 만드는 데 많이 이용되는 작물은 밀입니다. ④ 밀은 주로 아시아의 계절풍 기후 지역에서 많이 생산되는 쌀보다 주요 생산 지역의 연평균 기온이 낮습니다. ⑤ 중국은 아시아, 미국은 아메리카에 위치합니다.

06 주요 가축의 국가별 사육 두수 비율   정답 ⑤

문제 분석 브라질 내에서 사육 두수 비율이 가장 높은 A는 소입니다. (가), (나)는 모두 소의 사육 두수 비율이 가장 높은 국가가 아니므로 인도가 될 수 없습니다. 따라서 (가)와 (나)는 오스트레일리아, 중국 중 하나인데, (가)는 B의 사육 두수 비율이 매우 높고, (나)는 B의 사육 두수 비율이 매우 낮습니다. 따라서 (가)는 중국, (나)는 오스트레일리아이고, B는 돼지입니다. 오스트레일리아 내에서 사육 두수 비율이 가장 높은 C는 양입니다.

정답 찾기 ⑤ 오스트레일리아에서는 양을 주로 방목의 형태로 사육하고 있습니다.

오답 피하기 ① 브라질에서 열대림 파괴의 주요 원인으로 소의 방목지 확대를 들 수 있습니다. ② 중국에서는 돼지를 유목 형태로는 거의 사육하지 않습니다. ③ 이슬람교 신자 비율이 높은 국가에서는 돼지를 종교적인 이유로 먹지 않습니다. ④ 건조 기후가 나타나는 오스트레일리아의 대찬정 분지에서는 양을 주로 사육합니다.

07 주요 가축의 대륙별 사육 두수 비율   정답 ③

문제 분석 (가)는 아메리카의 사육 두수 비율이 가장 높게 나타나므로 소입니다. (나)는 아시아의 사육 두수 비율이 가장 높게 나타나므로 돼지입니다. (다)는 오세아니아의 사육 두수 비율이 다른 두 가축에 비해 높게 나타나므로 양입니다.

정답 찾기 ③ 양의 세계 최대 사육 국가는 아시아에 위치한 중국입니다.

오답 피하기 ① 양에 대한 설명입니다. ② 소에 대한 설명입니다. ④ 소는 양보다 물을 많이 필요로 하여 건조 기후 지역에서 사육하기 불리합니다. ⑤ 돼지는 양보다 유목 생활에 적합하지 않습니다.

08 주요 가축의 육류 이동 특징   정답 ①

문제 분석 미국, 브라질, 오스트레일리아 등의 신대륙에 위치한 국가에서 동아시아로 육류가 많이 수출되는 (가)는 소입니다. 유럽과 미국 등에서 육류가 많이 수출되는 (나)는 돼지입니다. 돼지고기는 유럽에서 지역 내 이동이 많습니다.

정답 찾기 ㄱ. 소는 벼농사 지역에서 노동력 대체 효과가 큽니다. ㄴ. 이슬람교는 돼지고기 섭취를 금기시합니다.

오답 피하기 ㄷ. 돼지는 소보다 세계의 사육 두수가 적습니다. ㄹ. 소의 세계 최대 사육 국가는 아메리카에 위치한 브라질입니다.

09 주요 국가의 1차 에너지 소비 구조   정답 ②

문제 분석 러시아에서 소비량 비율이 높은 B는 천연가스, 중국에서 소비량 비율이 높은 C는 석탄, 빙하 지형이 발달한 노르웨이에서 소비량 비율이 높은 D는 수력입니다. 나머지 A는 석유입니다.

정답 찾기 ② 천연가스는 액화 기술의 발달과 수송관 건설로 국제 이동량이 급증하였습니다.

오답 피하기 ① 석탄에 대한 설명입니다. ③ 석유, 천연가스에 대한 설명입니다. ④ 수력은 석유보다 수송 부문에서 이용되는 비율이 낮습니다. ⑤ 네 에너지 중 오염 물질 배출량이 가장 많은 에너지 자원은 석탄입니다.

10 세계의 1차 에너지 소비 구조 변화   정답 ②

문제 분석 2017년 1차 에너지 소비량이 A>B>C 순으로 많으므로 A는 석유, B는 석탄, C는 천연가스입니다. D와 E는 수력, 원자력 중 하나인데 D는 1967년에 소비량이 나타나지만 원자력은 그 이후부터 본격적으로 소비되기 시작하였으므로 수력이며, E는 원자력입니다.

정답 찾기 ② 석탄은 천연가스보다 전력 발전 시 대기 오염 물질 배출량이 많습니다.

오답 피하기 ① 발전 단가가 비싼 석유는 석탄보다 세계의 총 발전량에서 차지하는 비율이 낮습니다. ③ 천연가스는 신·재생 에너지인 수력보다 자원의 재생 가능성이 낮습니다. ④ 수력은 원자력보다 상업적 발전에 이용되기 시작한 시기가 이릅니다. ⑤ 석유, 천연가스에 대한 설명입니다.

11 주요 국가의 1차 에너지 소비 구조   정답 ③

문제 분석 사우디아라비아에서 소비량 비율이 가장 높은 (가)는 석유이고, 석유 다음으로 소비량 비율이 높은 (나)는 천연가스입니다. 인도에서 소비량 비율이 가장 높은 (다)는 석탄이고, 프랑스에서 소비량 비율이 가장 높은 (라)는 원자력입니다.

정답 찾기 ③ 석탄의 세계 최대 생산 국가는 아시아에 위치한 중국입니다.

오답 피하기 ① 원자력에 대한 설명입니다. ② 석탄에 대한 설명입니다. ④ 석유, 천연가스에 대한 설명입니다. ⑤ 네 에너지 중에서 세계의 총 발전량에서 차지하는 비율은 석탄이 가장 높습니다.

12 주요 화석 에너지의 용도별 소비량 비율   정답 ④

문제 분석 산업용으로 가장 많이 소비되는 (가)는 석탄, 수송용으로 가장 많이 소비되는 (나)는 석유, 산업용 외에 가정용과 상업 및 공공용으로도 많이 소비되는 (다)는 천연가스입니다.

정답 찾기 ④ 석탄은 편재성이 큰 석유보다 국제 이동량이 적습니다.

오답 피하기 ① 석유에 대한 설명입니다. ② 석탄에 대한 설명입니다. ③ 석유에 대한 설명입니다. ⑤ 미국, 러시아 등에서 생산량이 많은 천연가스는 중국, 인도 등에서 생산량이 많은 석탄보다 세계 생산량에서 아시아가 차지하는 비율이 낮습니다.

13 주요 에너지의 국가별 생산량 비율   정답 ③

문제 분석 중국, 인도의 생산량 비율이 높게 나타나는 (가)는 석탄입니다. 미국, 브라질의 생산량 비율이 높게 나타나는 (나)는 바이오 에너지입니다. 미국, 러시아, 이란의 생산량 비율이 높게 나타나는 (다)는 천연가스입니다. 미국, 사우디아라비아, 러시아의 생산량 비율이 높게 나타나는 (라)는 석유입니다.

정답 찾기 ③ 천연가스는 냉동 액화 기술 발달로 소비량이 급증했습니다.

오답 피하기 ① 석유, 천연가스에 대한 설명입니다. ② 바이오 에너지는 화석 에너지가 아닙니다. ④ 석유는 수송용으로 많이 소비됩니다. ⑤ 세계 1차 에너지 소비 구조에서 차지하는 비율은 석유가 가장 높습니다.

14 주요 화석 에너지의 대륙별 생산량 및 소비량 비율   정답 ④

문제 분석 유럽·러시아, 앵글로아메리카의 생산량 비율과 소비량 비율이 높게 나타나는 (가)는 천연가스입니다. 아시아·태평양의 소비량 비율이 가장 높고 서남아시아의 생산량 비율이 가장 높은 (나)는 석유입니다.

정답 찾기 ㄴ. 석유는 내연 기관의 발명과 자동차 보급의 확산으로 소비량이 급증하였습니다. ㄹ. 석유는 천연가스보다 산업에 본격적으로 이용되기 시작한 시기가 이릅니다.

오답 피하기 ㄱ. 석탄에 대한 설명입니다. ㄷ. 천연가스는 석유보다 세계 소비량이 적습니다.

15 주요 화석 에너지의 특징   정답 ④

문제 분석 재생 가능성이 낮은 화석 에너지로는 석유, 석탄, 천연가스가 있습니다. 신생대 제3기층의 배사 구조에 주로 매장되어 있는 에너지가 아닌 (가)는 석탄입니다. 석탄은 주로 고기 조산대 주변에 매장되어 있습니다. (다)는 현재 세계 1차 에너지 소비 구조에서 가장 높은 비율을 차지하고 있는 석유이고, (나)는 천연가스입니다.

정답 찾기 ④ 석유는 석탄보다 자원의 편재성이 커서 국제 이동량이 많습니다.

오답 피하기 ① 석탄은 파이프라인을 이용하여 수송되지 않습니다. ② 석유는 주로 수송용으로 이용됩니다. ③ 석탄은 천연가스보다 연소 시 대기 오염 물질 배출량이 많습니다. ⑤ 세 화석 에너지 중 세계 생산량에서 아시아가 차지하는 비율이 가장 높은 것은 석탄입니다.

16 주요 신·재생 에너지의 특징   정답 ①

문제 분석 필리핀, 인도네시아, 뉴질랜드 등과 같이 판의 경계부에 위치한 국가에서 설비 용량이 많은 (가)는 지열입니다. 중국, 캐나다, 브라질 등에서 설비 용량이 많은 (나)는 수력입니다. 독일, 에스파냐, 중국, 인도 등에서 설비 용량이 많은 (다)는 풍력입니다.

정답 찾기 ㄱ. 지열은 화산 활동이 활발한 지각판의 경계 지역에 입지하는 것이 유리합니다. ㄴ. 수력은 낙차가 크고 유량이 풍부한 지역이 생산에 유리합니다.

오답 피하기 ㄷ. 지열은 풍력보다 기후에 대한 의존성이 작습니다. ㄹ. 세 에너지 중에서 전 세계의 발전량은 수력이 가장 많습니다.

킬러 문항 완전 정복

본문 p.62~63

01 ②   **02** ①   **03** ③   **04** ⑤

01 세계 3대 식량 작물의 특징   정답 ②

자료 분석

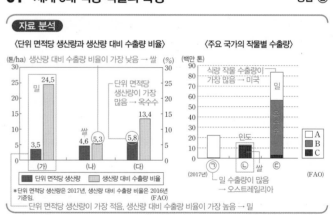

문제 분석 단위 면적당 생산량이 가장 적고 생산량 대비 수출량 비율이 가장 높은 (가)는 밀입니다. 생산량 대비 수출량 비율이 가장 낮은 (나)는 국제 이동량이 적은 쌀입니다. 단위 면적당 생산량이 가장 많은 (다)는 옥수수입니다. 세계 3대 식량 작물의 수출량이 가장 많은 ⓒ은 미국입니다. 미국의 수출량이 가장 많은 B는 옥수수이고, 미국의 수출량이 가장 적은 C는 쌀입니다. 나머지 A는 밀입니다. 밀의 수출량 비율이 가장 높은 ⓐ은 오스트레일리아, 쌀의 수출량 비율이 가장 높은 ⓑ은 인도입니다.

정답 찾기 ② 그래프를 보면 미국은 밀의 수출량보다 옥수수의 수출량이 많습니다.

오답 피하기 ① 쌀의 세계 최대 생산국은 중국입니다. ③ 밀은 옥수수보다 단위 면적당 생산량이 적습니다. ④ 그래프를 보면 옥수수는 쌀보다 생산량 대비 수출량 비율이 높습니다. ⑤ (가)와 A는 밀, (나)와 C는 쌀, (다)와 B는 옥수수입니다.

02 세계 3대 식량 작물의 대륙별 수출입량

정답 ①

자료 분석

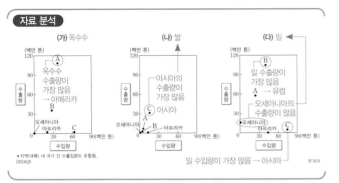

*지역(대륙) 내 국가 간 수출입량도 포함됨.
(2016년)   (FAO)

밀 수입량이 가장 많음 → 아시아

문제 분석 (다)는 다른 두 작물보다 오세아니아의 수출량이 많으므로 밀입니다. 밀의 수출량이 가장 많은 B는 유럽이고, 밀의 수입량이 가장 많은 C는 아시아이며, 나머지 A는 아메리카입니다. 아메리카의 수출량이 가장 많은 (가)는 옥수수, 아시아의 수출량이 가장 많은 (나)는 쌀입니다.

정답 찾기 ① 옥수수의 기원지는 아메리카에, 쌀의 기원지는 아시아에 위치합니다.

오답 피하기 ② 밀의 세계 최대 생산 국가는 아시아의 중국입니다. ③ 옥수수는 주로 논에서 재배되는 쌀보다 단위 면적당 농업용수 사용량이 적습니다. ④ 생산지에서 대부분 소비되는 쌀은 밀보다 국제 이동량이 적습니다. ⑤ 옥수수는 세계 3대 식량 작물 중 생산량이 가장 많습니다.

03 주요 국가의 1차 에너지 소비 구조

정답 ③

자료 분석

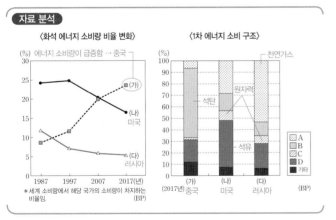

*세계 소비량에서 해당 국가의 소비량이 차지하는 비율임.
(BP)

문제 분석 1987년에는 화석 에너지 소비량이 적었으나 이후 소비량이 급증하여 2017년에는 가장 많은 (가)는 중국이고, 중국 다음으로 화석 에너지 소비량이 많은 (나)는 미국입니다. 나머지 (다)는 러시아입니다. 러시아의 소비량 비율이 가장 높은 A는 천연가스이고, 중국의 소비량 비율이 가장 높은 B는 석탄이며, 미국의 소비량 비율이 가장 높은 D는 석유입니다. 나머지 C는 원자력입니다.

정답 찾기 ③ 천연가스는 석탄보다 산업에 본격적으로 이용되기 시작한 시기가 늦습니다.

오답 피하기 ① 중국은 미국보다 경제 발달 수준이 낮으므로 1인당 1차 에너지 소비량이 적습니다. ② 미국은 러시아보다 1차 에너지 소비 구조에서 천연가스가 차지하는 비율이 낮습니다. ④ 화석 에너지인 석탄은 원자력보다 발전에 이용 시 온실 가스 배출량이 많습니다. ⑤ 석유는 천연가스보다 수송용으로 이용되는 비율이 높습니다.

04 대륙별 화석 에너지 소비량 비율

정답 ⑤

자료 분석

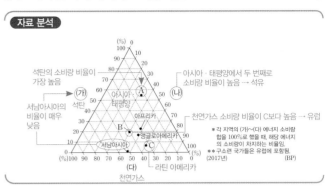

*각 지역의 (가)~(다) 에너지 소비량의 합을 100%로 했을 때, 해당 에너지의 소비량이 차지하는 비율임.
**구소련 국가들은 유럽에 포함됨.
(2017년)   (BP)

문제 분석 서남아시아 내에서 소비량 비율이 매우 낮은 (가)는 석탄입니다. 석탄의 소비량 비율이 가장 높은 A는 아시아·태평양이고, 아시아·태평양 내에서 석탄 다음으로 소비량 비율이 높은 (나)는 석유입니다. 나머지 (다)는 천연가스입니다. B는 C보다 천연가스의 소비량 비율이 높으므로 B는 유럽, C는 라틴 아메리카입니다.

정답 찾기 ⑤ 경제 발달 수준이 높고 천연가스 공급망이 잘 갖춰진 유럽은 아시아·태평양보다 1인당 천연가스 소비량이 많습니다.

오답 피하기 ① 2017년 기준 석유의 세계 최대 생산 국가는 앵글로아메리카에 속한 미국입니다. ② 석탄은 석유보다 편재성이 작아 국제 이동량이 적습니다. ③ 천연가스는 석유보다 연소 시 대기 오염 물질 배출량이 적습니다. ④ 석탄은 주로 고기 조산대 주변에 매장되어 있습니다.

IV. 몬순 아시아와 오세아니아 ~ V. 건조 아시아와 북부 아프리카

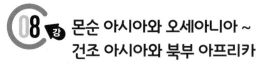

08강 몬순 아시아와 오세아니아 ~ 건조 아시아와 북부 아프리카

대표 기출 vs 고난도 기출

본문 p.67

순한맛 ⑤ 매운맛 ③

순한맛 아시아와 오세아니아 주요 국가의 무역 구조   정답 ⑤

문제 분석 지도의 국가는 중국, 사우디아라비아, 오스트레일리아입니다.

정답 찾기 ⑤ 세 국가 중 공업 제품의 수출액 비율이 가장 높게 나타나는 (다)는 세계의 공장이라고 불리면서 빠르게 공업이 발달하고 있는 A(중국)입니다. 원재료·연료의 수출액 비율이 높은 (가), (나)는 사우디아라비아와 오스트레일리아 중 하나인데, (나)는 (가)보다 식료품의 수출액 비율이 높습니다. 따라서 (가)는 국토의 대부분에서 건조 기후가 나타나 농업 발달이 미약한 C(사우디아라비아)이고, (나)는 밀 수출이 활발한 B(오스트레일리아)입니다.

매운맛 아시아 주요 국가의 무역 구조   정답 ③

함정

①	②	③	④	⑤
8%	3%	84%	3%	2%

눈으로 보는 해설

그래프는 (가)~(다) 국가의 주요 수출 품목 비율을 나타낸 것이다. 이에 대한 추론으로 가장 적절한 것은? (단, (가)~(다)는 각각 인도네시아, 일본, 중국 중 하나임.)

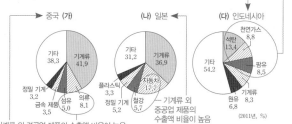

① (가)는 (나)보다 1인당 국민 소득이 높을 것이다.   낮을
② (가)는 (다)보다 1차 상품의 수출 비율이 높을 것이다.
③ (나)는 (가)보다 서비스업 종사자 수 비율이 높을 것이다.
④ (나)는 (다)보다 노동 집약적 산업 비율이 높을 것이다.   낮을
⑤ (다)는 (나)보다 첨단 산업 제품의 수출 비율이 높을 것이다.   낮을

문제 분석 세 국가 중 석탄, 천연가스, 팜유 등의 자원 수출액 비율이 높은 (다)는 인도네시아입니다. 기계류와 같은 공업 제품의 수출액 비율이 높은 (가)와 (나)는 일본, 중국 중 하나인데, (가)는 기계류 외에 섬유, 의류 등과 같은 노동 집약적 경공업 제품의 수출액 비율이 높으므로 중국이고, (나)는 기계류 외에 자동차, 철강, 정밀 기계 등의 높은 기술력을 필요로 하는 공업 제품의 수출액 비율이 높으므로 일본입니다.

정답 찾기 ③ 선진국인 일본은 개발 도상국인 중국보다 3차 산업인 서비스업 종사자 수 비율이 높습니다.

오답 피하기 ① 개발 도상국인 중국은 선진국인 일본보다 경제 발달 수준이 낮으므로 1인당 국민 소득이 낮습니다. ② 그래프를 보면 중국은 인

도네시아보다 기계류, 의류, 섬유 등의 2차 상품 수출액 비율이 높은 반면 석탄, 천연가스, 팜유 등의 1차 상품 수출액 비율이 낮습니다. ④ 선진국인 일본은 개발 도상국인 인도네시아보다 평균 임금 수준이 높으므로 노동 집약적 산업의 비율이 낮습니다. ⑤ 개발 도상국인 인도네시아는 선진국인 일본보다 첨단 산업 제품의 수출 비율이 낮습니다.

함정 피하기

제조업이 발달한 일본과 중국 모두 공업 제품의 수출액 비율이 높기 때문에 헷갈릴 수 있다. 따라서 수출 비율이 가장 높은 품목 외에 세부적인 품목까지 살펴보아야 한다. 첨단 산업이 발달한 일본은 기계류 외에 자동차, 정밀 기계 등의 수출액이 많은 반면 저임금 노동력이 풍부한 중국은 기계류 외에 노동 집약적 경공업인 의류, 섬유의 수출액이 많다.

실전 문제

본문 p.68~71

01 ①	02 ④	03 ①	04 ⑤	05 ①	06 ⑤
07 ⑤	08 ①	09 ④	10 ⑤	11 ④	12 ⑤
13 ④	14 ③	15 ①	16 ④		

01 몬순 아시아의 기후 특징   정답 ①

문제 분석 (가)월에는 해양에서 대륙으로 계절풍이 불고 있으므로 7월에 해당하고, (나)월에는 대륙에서 해양으로 계절풍이 불고 있으므로 1월에 해당합니다.

정답 찾기 ① A 지역은 해양으로부터 다습한 계절풍이 불어오는 7월이 우기에 해당합니다. A, B는 모두 북반구에 위치하므로 1월보다 7월의 평균 기온이 높습니다. A는 히말라야산맥 남사면에 위치한 인도의 아삼주로, 여름 계절풍의 바람받이에 해당하여 연 강수량이 매우 많습니다. 아삼주의 체라푼지는 세계에서 비가 가장 많이 내리는 지역입니다.

02 몬순 아시아의 자연환경   정답 ④

문제 분석 A는 중국 서부 내륙의 사막, B는 히말라야산맥, C는 일본의 혼슈섬, D는 인도의 아삼주, E는 메콩강입니다.

정답 찾기 ④ 인도의 아삼주는 여름 계절풍의 바람받이에 해당하여 지형성 강수가 많습니다.

오답 피하기 ① A는 사막이므로 나무가 자랄 수 없습니다. ② 히말라야산맥은 신기 습곡 산지에 해당합니다. ③ 일본의 혼슈섬은 판의 경계에 위치하여 화산 활동과 지진이 활발합니다. ⑤ 메콩강 하구에서는 주로 벼의 2기작이 이루어지고 있습니다.

03 몬순 아시아 주요 지역의 전통 가옥   정답 ①

문제 분석 전통 가옥으로 사합원이 나타나는 (가)는 중국 화북 지방이고, 고상 가옥이 나타나는 (나)는 말레이시아이며, 합장 가옥이 나타나는 (다)는 일본 기후현입니다.

정답 찾기 ㄱ. 중국 화북 지방은 열대 기후 지역인 말레이시아보다 기온의 연교차가 큽니다. ㄴ. 열대 기후 지역인 말레이시아는 온대 기후 지역인 일본 기후현보다 최한월 평균 기온이 높습니다.

오답 피하기 ㄷ. 다설지인 일본 기후현은 온대 겨울 건조 기후 지역인 중국 화북 지방보다 겨울 강수량이 많습니다. ㄹ. 세 지역 중에서 1월의 밤길이는 저위도에 위치한 말레이시아가 가장 짧습니다.

04 몬순 아시아 주요 국가의 전통 의복 정답 ⑤

문제 분석 전통 의복이 아오자이인 (가)는 베트남, 치파오인 (나)는 중국, 사리와 도티인 (다)는 인도입니다.

정답 찾기 ⑤ 총인구는 중국이 가장 많고, 중국 다음으로 인도가 많으며, 베트남이 가장 적습니다.

오답 피하기 ① 베트남은 세계의 공장이라고 불리는 중국보다 제조업 출하액이 적습니다. ② 인도는 브라질 다음으로 세계에서 소 사육 두수가 두 번째로 많은 국가입니다. ③ 인도와 베트남은 국경을 맞대고 있지 않습니다. ④ 베트남은 동남아시아, 중국은 동아시아, 인도는 남부 아시아에 속합니다.

05 아시아 주요 지역의 음식 문화 정답 ①

문제 분석 쌀국수인 퍼가 전통 음식인 (가)는 베트남, 똠얌꿍이 전통 음식인 (나)는 타이, 스시가 전통 음식인 (다)는 일본입니다.

정답 찾기 ㄱ. 일본의 수도 도쿄는 세계 도시 체계에서 최상위 세계 도시에 해당합니다. ㄴ. 베트남은 브라질 다음으로 커피 생산량이 많습니다.

오답 피하기 ㄷ. 개발 도상국인 타이는 선진국인 일본보다 경제 발달 수준이 낮으므로 1인당 국내 총생산이 적습니다. ㄹ. 베트남과 타이는 동남아시아, 일본은 동아시아에 속합니다.

06 몬순 아시아의 농업 특징 정답 ⑤

문제 분석 베트남과 인도네시아에 주로 분포하는 (가)는 커피이고, 인도네시아와 말레이시아 등에 주로 분포하는 (나)는 천연고무입니다. 중국과 스리랑카에 주로 분포하는 (다)는 차이고, 차보다 재배 범위가 넓으면서 우리나라와 일본에도 많이 분포하는 (라)는 쌀입니다.

정답 찾기 ⑤ 커피는 열대 기후 지역에서 생산되어 선진국에서 주로 소비되며, 차는 아시아에서 생산량과 소비량 모두 많습니다. 따라서 커피는 차보다 국제 이동량이 많습니다.

오답 피하기 ① 차에 대한 설명입니다. ② 천연고무는 식량 작물이 아닙니다. ③ 차의 세계 최대 생산 국가는 아시아에 위치한 중국입니다. ④ 쌀은 식량 작물입니다.

07 몬순 아시아와 오세아니아의 주요 자원 이동 정답 ⑤

문제 분석 오스트레일리아 그레이트디바이딩산맥 일대, 인도네시아 등에서 동아시아로 많이 수출되는 (가)는 석탄입니다. 오스트레일리아 서부와 인도에서 동아시아로 많이 수출되는 (나)는 철광석입니다.

정답 찾기 ㄷ. 석탄, 철광석은 모두 제철 공업의 연료와 원료로 이용되므로 제철 공업이 발달한 국가에서 소비량이 많습니다. ㄹ. 석탄은 화석 연료, 철광석은 금속 광물 자원입니다.

오답 피하기 ㄱ. 철광석에 대한 설명입니다. ㄴ. 석유에 대한 설명입니다.

08 아시아 주요 국가의 산업 특징 정답 ①

문제 분석 지도의 A는 인도, B는 중국, C는 멕시코입니다.

정답 찾기 ① (가) 지역은 정보 통신 관련 다국적 기업이 진출해 있고, 첨단 산업이 급성장하고 있으며, 영어를 공용어로 사용하므로 A(인도)에 위치합니다. (나) 지역은 개혁·개방 정책으로 급속한 경제 성장을 이룩한 나라의 수도에 위치하므로 B(중국)의 베이징에 속합니다.

09 몬순 아시아의 주요 종교 분쟁 지역 정답 ④

문제 분석 지도에 표시된 지역은 카슈미르, 미얀마, 타이, 필리핀 민다나오섬, 인도네시아의 발리와 말루쿠, 동티모르입니다. 제시된 지역에서 발생한 분쟁과 관련된 공통적인 종교는 이슬람교입니다.

정답 찾기 ④ 이슬람교는 술과 돼지고기를 금기시하며 유일신인 알라를 믿습니다.

오답 피하기 ① 불교, 힌두교에 대한 설명입니다. ② 크리스트교에 대한 설명입니다. ③ 힌두교에 대한 설명입니다. ⑤ 불교에 대한 설명입니다.

10 건조 아시아와 북부 아프리카의 인구 분포 정답 ⑤

문제 분석 A는 지중해성 기후 지역, B는 사막 기후 지역, C는 나일강 유역, D는 티그리스·유프라테스강 유역입니다.

정답 찾기 ㄴ. 사막 기후 지역에는 오아시스 주변에서 물을 얻을 수 있으므로 오아시스를 중심으로 취락이 형성되어 있습니다. ㄷ. C는 건조 기후가 나타나므로 강수량보다 증발량이 많습니다. ㄹ. 나일강과 티그리스·유프라테스강은 모두 외래 하천에 해당합니다.

오답 피하기 ㄱ. 지중해성 기후 지역은 여름에 아열대 고압대의 영향을 받아 건조합니다. 따라서 지중해성 기후 지역은 겨울 강수량보다 여름 강수량이 적습니다.

11 사막 기후 지역과 스텝 기후 지역의 전통 가옥 정답 ④

문제 분석 평평한 지붕, 작은 창문의 흙벽돌집이 나타나는 (가)는 사막 기후 지역이고, 설치와 해체가 편리한 이동식 가옥이 나타나는 (나)는 스텝 기후 지역입니다.

정답 찾기 ㄴ. 이동식 가옥이 나타나는 (나)에서는 가축을 유목의 형태로 사육합니다. ㄹ. 스텝 기후 지역인 (나)는 사막 기후 지역인 (가)보다 풀이 잘 자랄 수 있으므로 토양 내 유기물 함량 비율도 높습니다.

오답 피하기 ㄱ. 열대 우림 기후 지역에 대한 설명입니다. ㄷ. 사막 기후 지역인 (가)는 연 강수량이 250mm 미만이고, 스텝 기후 지역인 (나)는 연 강수량이 250~500mm입니다.

12 건조 아시아와 북부 아프리카의 전통 의복 정답 ⑤

문제 분석 얇은 천으로 온 몸을 두르는 전통 의복은 건조 아시아와 북부 아프리카에서 볼 수 있습니다. 실제로 왼쪽 그림은 우즈베키스탄, 오른쪽 그림은 사우디아라비아의 전통 의복을 나타낸 것입니다. 우즈베키스탄의 전통 의복인 '초폰'은 겨울에는 천을 두껍게 누벼 추위로부터, 여름에는 얇은 천을 사용해 강한 햇빛으로부터 몸을 보호합니다.

정답 찾기 ⑤ 건조 아시아와 북부 아프리카는 건조한 기후 환경을 극복하기 위해 지하 관개 수로, 원형 스프링클러를 이용한 농법이 발달하였습니다.

오답 피하기 ① 툰드라 기후 지역에 대한 설명입니다. ② 건조 아시아와 북부 아프리카는 주민의 대부분이 이슬람교를 믿습니다. ③ 열대 기후 지역에 대한 설명입니다. ④ 열대 기후 지역에 대한 설명입니다.

13 건조 아시아와 북부 아프리카의 에너지 생산 정답 ④

문제 분석 사우디아라비아, 이라크 등에서 생산량이 많은 (가)는 석유입니다. 이란, 카타르 등에서 생산량이 많은 (나)는 천연가스입니다. 건조 아시아와 북부 아프리카에서는 석탄 생산량이 매우 적습니다.

정답 찾기 ㄴ. 석유는 천연가스보다 세계 소비량이 많습니다. ㄹ. 석유와 천연가스 모두 신생대 제3기층의 배사 구조에 많이 매장되어 있습니다.

오답 피하기 ㄱ. 천연가스에 대한 설명입니다. ㄷ. 천연가스는 석유보다 연소 시 대기 오염 물질 배출량이 적습니다.

14 건조 아시아와 북부 아프리카 주요 국가의 산업 구조 정답 ③

문제 분석 세 국가 중 수출액과 수입액이 가장 적은 (나)는 경제 발달 수준이 낮은 카자흐스탄입니다. (가)와 (다)는 사우디아라비아, 터키 중 하나인데, (다)는 (가)보다 수출액 중 광물 및 에너지 자원의 수출액 비율이 높은 반면 공업 제품의 수출액 비율이 낮습니다. 따라서 (가)는 터키, (다)는 사우디아라비아입니다.

정답 찾기 ③ 석유 생산이 활발하고, 국토의 대부분에서 건조 기후가 나타나 농업 발달이 미약한 사우디아라비아는 1차 산업 생산액보다 2차 산업 생산액이 많습니다.

오답 피하기 ① 사우디아라비아의 메카와 관련된 설명입니다. ② 사우디아라비아에 대한 설명입니다. 카자흐스탄은 중앙아시아의 카스피해 연안에 위치합니다. ④ 카자흐스탄은 석유 수출액이 매우 많은 사우디아라비아보다 1인당 국내 총생산이 적습니다. ⑤ 사우디아라비아는 국토 대부분에서 건조 기후가 나타나 인구 밀도가 낮습니다.

15 사막화의 특징 정답 ①

문제 분석 사헬 지대, 녹색 장벽, 숲 조성 등의 내용을 통해 (가)는 사막화라는 것을 알 수 있습니다.

정답 찾기 ㄱ. 사막화는 사막 주변의 스텝 기후 지역에서 주로 발생합니다. ㄴ. 사막화는 장기간의 가뭄과 과도한 경작으로 인한 토양 황폐화가 주요 원인입니다.

오답 피하기 ㄷ. 산성비 문제에 대한 설명입니다. ㄹ. 오존층 파괴 문제에 대한 설명입니다.

16 건조 아시아와 북부 아프리카 주요 국가의 특징 정답 ④

문제 분석 지도에 표시된 두 국가는 카타르와 니제르입니다. (가)는 (나)보다 총인구가 많습니다. 또한 (가)는 남녀 인구 비율이 비슷하지만 (나)는 남자 인구가 여자 인구보다 많아서 성비 불균형이 나타납니다. 따라서 (가)는 니제르이고, (나)는 카타르이며, ㉠은 여자이고, ㉡은 남자입니다. A는 B보다 국내 총생산과 1인당 국내 총생산 모두 적으므로 A는 니제르, B는 카타르입니다. 카타르는 천연가스 수출을 많이 하므로 1인당 국내 총생산이 많은 편입니다.

정답 찾기 ④ 니제르는 카타르보다 총인구 성비가 낮습니다. 카타르는 남성 노동력을 많이 필요로 하는 석유 및 천연가스 채굴업, 건설업이 발달하여 총인구 성비가 높게 나타납니다.

오답 피하기 ① 그래프를 보면 니제르는 카타르보다 1인당 국내 총생산이 적습니다. ② 지도를 보면 카타르는 니제르보다 국토 면적이 좁습니다. ③ 니제르에 대한 설명입니다. ⑤ (가)와 A는 니제르, (나)와 B는 카타르입니다.

킬러 문항 완전 정복

본문 p.72~73

| 01 ③ | 02 ① | 03 ④ | 04 ③ |

01 몬순아시아와 오세아니아 주요국의 산업 구조 정답 ③

자료 분석

구분	산업별 생산액 비율(%)			국내 총생산 (십억 달러)
	A 3차	B 2차	C 1차	
오스트레일리아 (가)	73.1	24.3	2.6	1,205
일본 (나)	71.3	27.5	1.2	4,123
인도네시아 (다)	45.2	40.8	14.0	932

세 국가에서 모두 가장 높음 — 세 국가에서 모두 가장 낮음 (2016년)

문제 분석 지도의 세 국가는 일본, 인도네시아, 오스트레일리아입니다. A는 세 국가에서 모두 생산액 비율이 가장 높으므로 3차 산업, C는 세 국가에서 모두 생산액 비율이 가장 낮으므로 1차 산업, B는 2차 산업입니다. (나)는 국내 총생산이 가장 많으므로 일본, (다)는 1차 산업 생산액 비율이 가장 높은 인도네시아, (가)는 오스트레일리아입니다.

정답 찾기 ㄴ. 일본은 1차 산업 생산액 비율이 오스트레일리아보다 절반 정도 낮지만, 국내 총생산은 약 3배 이상이므로 오스트레일리아보다 1차 산업 생산액이 많습니다. ㄹ. 오스트레일리아와 인도네시아는 세계적인 석탄 수출국으로, 두 국가 모두 석탄 수출량이 수입량보다 많습니다.

오답 피하기 ㄱ. 높은 기술력을 바탕으로 중화학 공업과 첨단 산업이 발달한 일본은 오스트레일리아로 공산품을 주로 수출하며, 지하자원이 풍부하여 광업이 발달한 오스트레일리아는 일본으로 석탄, 철광석 등의 천연자원을 주로 수출합니다. ㄷ. 인도네시아는 일본보다 국내 총생산이 적고 인구가 많기 때문에 1인당 국내 총생산이 적습니다.

02 건조 아시아와 북부 아프리카 주요 국가의 특징 정답 ①

자료 분석

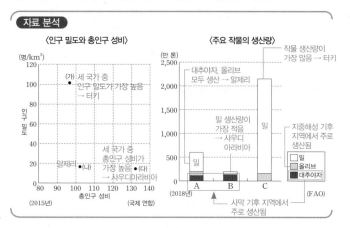

문제 분석 인구 밀도가 가장 높은 (가)는 터키이고, 총인구 성비가 가장 높은 (다)는 사우디아라비아입니다. 나머지 (나)는 알제리입니다. 사우디아라비아는 남성 노동력을 많이 필요로 하는 석유 채굴업, 건설업이 발달해 총인구 성비가 높습니다. 밀 생산량이 가장 적고, 올리브가 거의 생산되지 않는 B는 국토 대부분이 사막인 사우디아라비아입니다. A와 C는 모두 지중해와 면한 알제리와 터키 중 하나인데, C는 A보다 밀과 올리브 생산량이 많으므로 지중해성 기후가 널리 나타나는 터키이고, A는 알제리입니다.

정답 찾기 ① 그래프를 보면 터키는 알제리보다 밀 생산량이 많습니다.
오답 피하기 ② 알제리는 세계적인 산유국인 사우디아라비아보다 석유 수출량이 적습니다. ③ 사우디아라비아는 국토의 대부분에서 건조 기후가 나타나 인구 밀도가 낮고 총인구도 적습니다. 따라서 사우디아라비아는 터키보다 총인구가 적습니다. ④ 터키는 총인구 성비가 100 미만이므로 남성 인구보다 여성 인구가 많습니다. ⑤ (가)와 C는 터키, (나)와 A는 알제리, (다)와 B는 사우디아라비아입니다.

03 건조 아시아와 북부 아프리카의 에너지 자원 생산   정답 ④

자료 분석

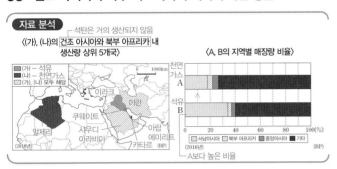

〈(가), (나)의 건조 아시아와 북부 아프리카 내 생산량 상위 5개국〉
〈A, B의 지역별 매장량 비율〉

문제 분석 건조 아시아와 북부 아프리카에서는 석탄이 거의 생산되지 않으므로 (가)와 (나)는 석유, 천연가스 중 하나입니다. (가)는 생산량 상위 5개국에 쿠웨이트가 포함되므로 석유입니다. (나)는 생산량 상위 5개국에 알제리가 포함되므로 천연가스입니다. A는 B보다 서남아시아의 매장량 비율이 낮으므로 천연가스이며, B는 석유입니다. 석유는 서남 아시아의 페르시아만 연안에 세계 매장량의 상당량이 집중되어 편재성이 매우 큽니다.

정답 찾기 ④ 천연가스는 석유보다 수송용으로 이용되는 비율이 낮습니다.
오답 피하기 ① 석탄에 대한 설명입니다. ② 천연가스는 석유보다 세계의 총 발전량에서 차지하는 비율이 높습니다. ③ 천연가스에 대한 설명입니다. ⑤ (가)와 B는 석유, (나)와 A는 천연가스입니다.

04 건조 아시아와 북부 아프리카 주요 국가의 수출 구조   정답 ③

자료 분석

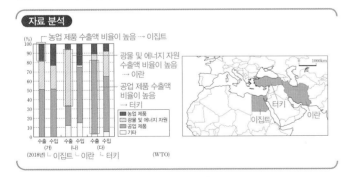

문제 분석 지도에 표시된 세 국가는 터키, 이란, 이집트입니다. 세 국가 중 농업 제품의 수출액 비율이 가장 높은 (가)는 이집트입니다. 이집트는 나일강 유역에서 관개 농업이 활발하게 이루어지고 있습니다. 세 국가 중 광물 및 에너지 자원의 수출액 비율이 가장 높은 (나)는 서남아시아의 대표적인 산유국인 이란입니다. 세 국가 중 공업 제품의 수출액 비율이 가장 높은 (다)는 터키입니다.

정답 찾기 ③ 수위 도시는 인구가 가장 많은 도시를 말하며, 터키의 수위 도시는 이스탄불입니다. 지중해 연안에 위치한 이스탄불은 여름이 건조한 지중해성 기후가 나타나므로 여름 강수량보다 겨울 강수량이 많습니다.

오답 피하기 ① 이집트에는 이집트 문명의 발상지가 위치합니다. ② 이집트에 대한 설명입니다. ④ 티그리스·유프라테스강의 물 자원을 놓고 갈등을 빚고 있는 국가는 인접한 터키와 이란입니다. ⑤ 세 국가 중에서 천연가스 생산량은 이란이 가장 많습니다.

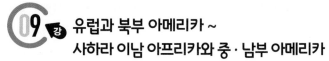

순한맛 중·남부 아메리카 국가의 민족(인종) 구성   정답 ③

문제 분석 A는 멕시코(가)에서 인구 비율이 높게 나타나므로 혼혈이고, B는 페루(다)에서 인구 비율이 높게 나타나므로 원주민입니다. C는 브라질(라)에서 인구 비율이 높게 나타나므로 백인이고, D는 자메이카(나)에서 인구 비율이 높게 나타나므로 흑인입니다.

정답 찾기 ③ 혼혈은 흑인보다 라틴 아메리카 전체 인구에서 차지하는 비율이 높습니다.

오답 피하기 ① 흑인에 대한 설명입니다. ② 원주민에 대한 설명입니다. ④ 원주민은 백인보다 라틴 아메리카에서 경제적 지위가 낮습니다. ⑤ 네 국가 중에서 백인의 비율이 가장 높은 국가는 브라질이며, 브라질은 포르투갈어를 공용어로 사용합니다.

매운맛 중·남부 아메리카 국가의 민족(인종) 구성   정답 ③

	함정			
①	②	③	④	⑤
10%	19%	58%	4%	9%

눈으로 보는 해설

그래프는 A~C 민족(인종)의 국가별 인구의 합을 나타낸 것이다. 이에 대한 설명으로 옳은 것만을 〈보기〉에서 고른 것은? (단, (가)~(다)는 지도에 표시된 국가 중 하나임.)

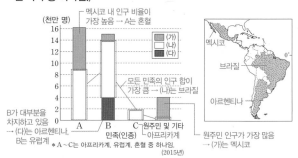

〈보기〉
ㄱ. 유럽계 인구는 아르헨티나가 가장 많다. (브라질)
ㄴ. (가)는 에스파냐어를 공용어로 사용한다. (○)
ㄷ. (나)에서는 매년 리우 카니발이 열린다. (○)
ㄹ. 브라질은 멕시코보다 국가 전체 인구에서 A의 비율이 높다. (낮다)

① ㄱ, ㄴ ② ㄱ, ㄷ ③ ㄴ, ㄷ ④ ㄴ, ㄹ ⑤ ㄷ, ㄹ

문제 분석 모든 민족(인종)의 인구 합이 가장 많은 (나)는 세 국가 중 인구 규모가 가장 큰 브라질입니다. (다)는 B 민족(인종)의 인구가 대부분을 차지하고 있으므로 아르헨티나이고, B는 유럽계입니다. (가)는 브라질, 아르헨티나에 비해 원주민 인구가 많은 멕시코이고, 멕시코 내에서 인구 비율이 가장 높은 A는 혼혈입니다. 나머지 C는 아프리카계입니다.

정답 찾기 ㄴ. 멕시코는 에스파냐어를 공용어로 사용합니다. ㄷ. 브라질에서는 매년 삼바 축제라고도 불리는 리우 카니발이 열립니다.

오답 피하기 ㄱ. 그래프를 보면 국가 전체 인구에서 유럽계 인구가 차지하는 비율이 가장 높은 국가는 아르헨티나이지만, 유럽계 인구가 가장 많은 국가는 브라질입니다. ㄹ. 브라질은 멕시코보다 국가 전체 인구에서 혼혈 인구가 차지하는 비율이 낮습니다.

함정 피하기
브라질의 인구 규모를 고려하지 않은 채 유럽계가 아르헨티나 민족(인종)의 대부분을 차지하는 것을 보고 인구수도 가장 많다고 착각했거나, 그래프의 B에서 (나)의 비율을 확인하지 않았을 것입니다. 세 국가 중 브라질의 인구 규모가 가장 크고, 브라질 내 민족(인종) 구성에서도 유럽계가 차지하는 비율이 가장 높기 때문에 유럽계 인구는 브라질이 가장 많음을 알 수 있습니다. 또한 자료 분석을 옳게 했다면 브라질의 인구 규모를 몰랐더라도 그래프에서 유럽계(B) 중 (나)의 비율이 가장 높은 것을 보고 ㄱ이 옳지 않은 진술임을 알 수 있습니다.

실전 문제   본문 p.77~79

01 ⑤	02 ④	03 ②	04 ④	05 ⑤	06 ④
07 ②	08 ②	09 ②	10 ⑤	11 ④	12 ①

01 미국의 주요 공업 지역   정답 ⑤

문제 분석 A는 샌프란시스코 일대, B는 오대호 연안, C는 멕시코만 연안, D는 멕시코의 마킬라도라 일대, E는 로스앤젤레스 일대입니다.

정답 찾기 ⑤ 멕시코의 마킬라도라 일대는 북아메리카 자유 무역 협정 체결 이후 자동차 공업이 빠르게 성장한 지역이며, 오대호 연안 일대는 미국 공업화 초기부터 자동차 공업이 성장한 지역입니다.

오답 피하기 ① 샌프란시스코 일대에는 첨단 산업 클러스터인 실리콘 밸리가 있습니다. ② 오대호 연안은 오대호의 편리한 수운을 바탕으로 중화학 공업이 발달하였습니다. ③ 멕시코만 연안은 멕시코만의 풍부한 석유를 바탕으로 석유 화학 공업이 발달하였습니다. ④ 미국 남서부에 위치한 로스앤젤레스 일대는 선벨트 지역에 속합니다.

02 유럽의 주요 공업 지역   정답 ④

문제 분석 (가)는 첨단 기술 산업 지역, (나)는 쇠퇴하는 공업 지역, (다)는 해운·하운 교통 발달 지역입니다.

정답 찾기 ㄴ. 첨단 기술 산업 지역은 쇠퇴하는 공업 지역보다 지식 집약적 산업의 집적 정도가 높습니다. ㄹ. 세 지역 중에서 공업 발달의 역사는 쇠퇴하는 공업 지역이 가장 오래되었습니다.

오답 피하기 ㄱ. 쇠퇴하는 공업 지역에 대한 설명입니다. ㄷ. 쇠퇴하는 공업 지역은 석탄 및 철광석 산지 인근에 위치하여 해운·하운 교통이 발달한 지역보다 원료의 수입과 제품의 수출에 불리합니다.

03 북부 아메리카와 유럽의 도시 구조 특징   정답 ②

문제 분석 도심, 신흥 업무 지역, 근대 도시 구역이 분리되어 있는 (가)는 유럽입니다. 도심에 고층 빌딩이 즐비한 (나)는 북부 아메리카입니다.

정답 찾기 ㄱ. 유럽은 북부 아메리카보다 산업 혁명이 먼저 시작되었고 도시화도 먼저 시작되었습니다. 따라서 유럽은 북부 아메리카보다 도시 발달의 역사가 오래되었습니다. ㄷ. 북부 아메리카는 유럽보다 도심과 주변 지역 간 건물의 높이 차이가 큽니다.

오답 피하기 ㄴ. 북부 아메리카의 도시는 도시 계획에 따라 도로망이 직교형을 이루는 경우가 많습니다. ㄹ. (가)는 유럽, (나)는 북부 아메리카입니다.

04 미국 뉴욕의 도시 내부 구조 특징　　　정답 ④

문제 분석 자료의 도시는 맨해튼, 브루클린, 브롱크스, 대서양 등의 지명을 통해 미국의 뉴욕이라는 것을 알 수 있습니다. 히스패닉이 많이 거주하는 브롱크스 일대의 A는 뉴욕의 주변 지역에, 유럽계가 많이 거주하는 맨해튼 일대의 B는 뉴욕의 도심에 해당합니다.

정답 찾기 ④ 뉴욕의 도심은 주변 지역보다 지대 및 접근성이 높습니다.

오답 피하기 ① 미국의 수도는 워싱턴 D.C.입니다. ② 뉴욕은 세계 도시 체계에서 최상위 세계 도시에 해당합니다. ③ 인구 공동화 현상은 도심에서 뚜렷하게 나타납니다. ⑤ A는 주변 지역, B는 도심에 해당합니다.

05 유럽과 북부 아메리카의 분리 독립 운동　　　정답 ⑤

문제 분석 (가)는 캐나다의 퀘벡주, (나)는 북아일랜드, (다)는 에스파냐의 바스크 지방, (라)는 프랑스의 코르시카섬, (마)는 이탈리아 북부의 파다니아 지방입니다.

정답 찾기 ⑤ 이탈리아 북부의 파다니아 지방은 제조업이 발달하여 농업 중심의 남부 지방보다 소득 수준이 높습니다.

오답 피하기 ① 캐나다의 퀘벡주는 과거 프랑스의 식민 지배를 받았습니다. ② 바스크 지방에 대한 설명입니다. ③ 북아일랜드에 대한 설명입니다. ④ 코르시카섬은 현재 프랑스가 실효 지배하고 있습니다.

06 북아메리카 자유 무역 협정 회원국별 특징　　　정답 ④

문제 분석 북아메리카 자유 무역 협정 회원국은 미국, 캐나다, 멕시코입니다. (가)는 두 시기 모두 무역액이 가장 많은 미국입니다. (다)는 (나)보다 1990~2017년 무역액 증가율이 높으므로 북아메리카 자유 무역 협정 체결 이후 풍부한 노동력을 바탕으로 대미 무역액이 급증한 멕시코이며, (나)는 캐나다입니다.

정답 찾기 ㄱ. 미국은 캐나다보다 총인구가 많습니다. ㄴ. 선진국인 캐나다는 개발 도상국인 멕시코보다 1인당 지역 내 총생산이 많습니다. ㄷ. 마킬라도라는 멕시코 내 미국과의 국경 지대에 형성되어 있습니다.

오답 피하기 ㄹ. (가)는 미국, (나)는 캐나다, (다)는 멕시코입니다.

07 중·남부 아메리카 국가의 민족(인종) 구성　　　정답 ②

문제 분석 지도의 (가)는 페루, (나)는 브라질, (다)는 우루과이입니다. 페루에서 인구 비율이 높게 나타나는 A는 원주민이고, 브라질과 우루과이에서 인구 비율이 높게 나타나는 B는 유럽계입니다. 브라질에서 유럽계 다음으로 인구 비율이 높은 C는 혼혈입니다.

정답 찾기 ② 라틴 아메리카에 정착한 시기는 유럽계가 원주민보다 늦습니다.

오답 피하기 ① 라틴 아메리카 전체 인구에서 차지하는 비율은 혼혈이 가장 높습니다. ③ 브라질에서 원주민은 유럽계보다 경제적 지위가 낮습니다. ④ 한류의 영향을 받아 형성된 해안 사막은 페루에 있습니다. ⑤ 페루는 에스파냐어를 공용어로 사용하고, 브라질은 포르투갈어를 공용어로 사용합니다.

08 중·남부 아메리카의 도시 인구 분포 특징　　　정답 ②

문제 분석 멕시코에서 인구 규모가 가장 큰 A는 고산 도시인 수도 멕시코시티이고, B는 브라질 남동부 해안의 항구 도시인 리우데자네이루이며, C는 아르헨티나의 수도인 부에노스아이레스입니다.

정답 찾기 ② 리우데자네이루와 멕시코시티는 남·북위 비슷한 위도에 위치하지만 리우데자네이루는 열대 사바나 기후가, 멕시코시티는 고산 기후가 나타납니다. 따라서 리우데자네이루는 멕시코시티보다 연평균 기온이 높습니다.

오답 피하기 ① 아르헨티나는 유럽계 인구 비율이 매우 높은 국가이므로 아르헨티나의 수도인 부에노스아이레스도 유럽계 인구의 비율이 높습니다. ③ 브라질의 수도는 브라질리아입니다. ④ 인구 100만 명 이상의 도시는 내륙보다 해안에 많습니다. ⑤ 중·남부 아메리카에서 도시 인구가 가장 많은 국가는 브라질입니다.

09 볼리비아 라파스의 특징　　　정답 ②

문제 분석 지도에 제시된 (가) 도시는 볼리비아의 수도인 라파스입니다. 안데스 산지에 위치한 라파스는 계곡 위보다 아래 지역의 기온이 상대적으로 높아 생활에 유리합니다. 이로 인해 계곡 아래에는 상류층인 유럽계가 주로 거주하고, 계곡 위쪽에는 사회·경제적 지위가 낮은 원주민이 거주합니다. 따라서 A는 원주민, B는 유럽계입니다.

정답 찾기 ㄱ. 저위도 고산 지역에 위치한 라파스는 상춘 기후가 나타납니다. ㄷ. 유럽계는 원주민보다 평균 소득 수준이 높습니다.

오답 피하기 ㄴ. 라파스는 세계 도시 체계의 하위 도시에 해당합니다. ㄹ. A는 원주민, B는 유럽계에 해당합니다.

10 수단과 남수단 분쟁　　　정답 ⑤

정답 찾기 을. 수단과 남수단의 분쟁은 종교 분쟁뿐 아니라 석유 자원을 둘러싼 분쟁의 성격도 강합니다. 병. 남수단이 석유를 수출하기 위해서는 수단의 해안 지역까지 석유를 운반해야 합니다. 따라서 남수단은 석유 수출을 위해 수단과의 협력이 필요합니다. 정. 수단과 남수단 간의 분쟁 원인 중에는 영국의 식민 지배를 받던 당시 종족 분포 범위를 고려하지 않고 하나의 국가로 설정한 부분도 있습니다.

오답 피하기 갑. 수단과 남수단의 종교 분쟁은 이슬람교와 크리스트교 간의 갈등이 주요 원인입니다.

11 아프리카의 종교 분포 특징　　　정답 ④

문제 분석 북부 아프리카 일대에 주로 분포하는 (가)는 이슬람교이고, 사하라 이남 아프리카의 에티오피아, 남아프리카 공화국, 동아프리카 지구대 일대, 해안 지역 등을 중심으로 분포하는 (나)는 크리스트교이며, 사하라 이남 아프리카에 넓게 분포하는 (다)는 토속 신앙입니다.

정답 찾기 ④ 크리스트교는 토속 신앙보다 최근 50년간 신자 수 증가율이 높습니다.

오답 피하기 ①, ③ 크리스트교에 대한 설명입니다. ② 이슬람교에 대한 설명입니다. ⑤ 세 종교 중에서 아프리카 내 신자 수는 크리스트교가 가장 많습니다.

12 사하라 이남 아프리카와 중·남부 아메리카 주요 국가의 자원 개발
정답 ①

문제 분석 지도의 A는 베네수엘라 볼리바르, B는 케냐, C는 보츠와나입니다.

정답 찾기 ① 원유의 수출액 비율이 매우 높은 (가)는 A(베네수엘라 볼리바르)입니다. 베네수엘라 볼리바르는 원유 매장량과 생산량이 많아 수출량도 많습니다. 차, 원예(꽃)의 수출액 비율이 높은 (나)는 B(케냐)입니다. 케냐는 아프리카 내에서 차 생산량이 많은 국가이며, 유럽으로 수출하기 위한 원예(꽃) 재배도 활발합니다. 다이아몬드의 수출액 비율이 매우 높은 (다)는 C(보츠와나)입니다. 보츠와나는 다이아몬드 매장량과 생산량이 많아 수출량도 많습니다.

킬러 문항 완전 정복
본문 p.80~81

01 ③　　　**02** ④　　　**03** ①　　　**04** ③

01 중·남부 아메리카 국가의 민족(인종) 구성
정답 ③

자료 분석
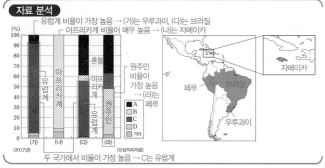
유럽계 비율이 가장 높음 → (가)는 우루과이, (다)는 브라질
아프리카계 비율이 매우 높음 → (나)는 자메이카
두 국가에서 비율이 가장 높음 → C는 유럽계

문제 분석 지도에 표시된 네 국가는 자메이카, 페루, 브라질, 우루과이입니다. C는 네 국가 중 (가)와 (다) 두 국가에서 인구 비율이 가장 높게 나타나므로 유럽계이고, 유럽계 인구의 비율이 가장 높은 (가)는 우루과이이며, 나머지 (다)는 브라질입니다. 브라질에서 유럽계 다음으로 인구 비율이 높은 A는 혼혈이고, 혼혈 다음으로 인구 비율이 높은 B는 아프리카계입니다. 나머지 D는 원주민입니다. 아프리카계 인구의 비율이 매우 높은 (나)는 카리브해 연안의 자메이카이고, 원주민 인구의 비율이 가장 높은 (라)는 안데스 산지의 페루입니다.

정답 찾기 ③ 혼혈은 아프리카계보다 중·남부 아메리카의 총인구에서 차지하는 비율이 높습니다.

오답 피하기 ① 우루과이는 에스파냐어를 공용어로 사용하고, 자메이카는 영어를 공용어로 사용합니다. 따라서 우루과이는 자메이카보다 영어 사용자의 비율이 낮습니다. ② 페루는 브라질보다 총인구가 적습니다. 브라질은 중·남부 아메리카에서 총인구가 가장 많습니다. ④ 아프리카계는 유럽계보다 사회·경제적인 지위가 낮습니다. ⑤ 원주민은 유럽계보다 중·남부 아메리카에 정착한 시기가 이릅니다.

02 사하라 이남 아프리카의 종교 분포 및 특징
정답 ④

자료 분석
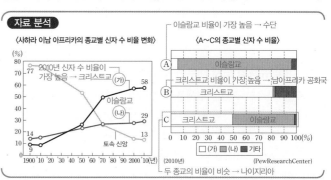
이슬람교 비율이 가장 높음 → 수단
〈사하라 이남 아프리카의 종교별 신자 수 비율 변화〉
〈A~C의 종교별 신자 수 비율〉
크리스트교 비율이 가장 높음 → 남아프리카 공화국
두 종교의 비율이 비슷 → 나이지리아

문제 분석 사하라 이남 아프리카에서 신자 수 비율이 크게 증가하여 현재 신자 수 비율이 가장 높은 (가)는 크리스트교이고, 크리스트교 다음으로 신자 수 비율이 높은 (나)는 이슬람교입니다. 이슬람교 신자 수 비율이 가장 높은 A는 북부 아프리카에 위치한 수단이고, 크리스트교 신자 수 비율이 가장 높은 B는 남아프리카 공화국입니다. 크리스트교 신자 수 비율과 이슬람교 신자 수 비율이 비슷한 C는 나이지리아입니다.

정답 찾기 ④ 남아프리카 공화국은 나이지리아보다 석유 생산량이 적습니다.

오답 피하기 ① 크리스트교에 대한 설명입니다. ② 북부 아프리카는 이슬람교의 신자 수보다 크리스트교의 신자 수가 적습니다. ③ 수단은 남아프리카 공화국보다 경제 발달 수준이 낮으므로 1인당 국내 총생산이 적습니다. ⑤ 그래프를 보면 나이지리아는 북부 아프리카에 위치한 수단보다 이슬람교 신자 수 비율이 낮습니다.

03 아프리카 주요 국가의 수출 구조
정답 ①

자료 분석
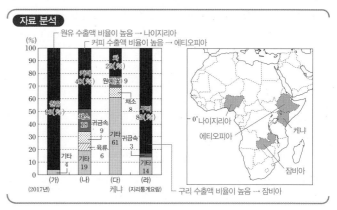
원유 수출액 비율이 높음 → 나이지리아
커피 수출액 비율이 높음 → 에티오피아
구리 수출액 비율이 높음 → 잠비아

문제 분석 지도에 표시된 네 국가는 나이지리아, 에티오피아, 케냐, 잠비아입니다. 원유의 수출액 비율이 가장 높은 (가)는 아프리카의 대표적인 산유국인 나이지리아입니다. 커피, 채소의 수출액 비율이 높은 (나)는 커피 생산량이 많은 에티오피아입니다. 차, 원예(꽃)의 수출액 비율이 높은 (다)는 차 생산량이 많은 케냐입니다. 구리의 수출액 비율이 가장 높은 (라)는 아프리카의 코퍼(copper, 구리) 벨트에 위치한 잠비아입니다.

정답 찾기 ㄱ. 나이지리아는 아프리카 국가 중 총인구가 가장 많습니다. 따라서 나이지리아는 에티오피아보다 총인구가 많습니다. ㄴ. 지도를 보면 에티오피아와 케냐는 국경의 일부가 서로 맞닿아 있습니다.

오답 피하기 ㄷ. 지도를 보면 적도가 지나는 케냐는 잠비아보다 저위도에 위치합니다. ㄹ. 지도를 보면 잠비아는 나이지리아보다 동아프리카 지구대로부터의 거리가 가깝습니다.

04 사하라 이남 아프리카와 중·남부 아메리카 주요 국가의 산업 구조   정답 ③

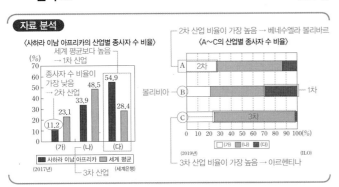

자료 분석

〈사하라 이남 아프리카의 산업별 종사자 수 비율〉

2차 산업 비율이 가장 높음 → 베네수엘라 볼리바르

〈A~C의 산업별 종사자 수 비율〉

3차 산업 비율이 가장 높음 → 아르헨티나

문제 분석 종사자 수 비율이 세계 평균보다 높고, 사하라 이남 아프리카 내에서도 가장 높은 (다)는 1차 산업입니다. 1차 산업 다음으로 종사자 수 비율이 높은 (나)는 3차 산업입니다. 종사자 수 비율이 가장 낮은 (가)는 2차 산업입니다. 지도에 표시된 세 국가는 베네수엘라 볼리바르, 볼리비아, 아르헨티나입니다. A는 세 국가 중 2차 산업 종사자 수 비율이 가장 높으므로 석유의 생산 및 수출이 활발한 베네수엘라 볼리바르입니다. B는 세 국가 중 1차 산업 종사자 수 비율이 가장 높으므로 산업 발달 수준이 낮은 볼리비아입니다. C는 세 국가 중 3차 산업 종사자 수 비율이 가장 높으므로 산업 발달 수준이 가장 높은 아르헨티나입니다.

정답 찾기 ③ 아르헨티나는 남아메리카 공동 시장의 회원국입니다. 남아메리카 공동 시장은 브라질, 아르헨티나, 우루과이, 파라과이 등으로 구성되어 있습니다.

오답 피하기 ① 3차 산업은 농림어업이 속하는 1차 산업보다 생산 요소로서 토지의 중요도가 낮습니다. ② 농림어업은 1차 산업, 서비스업은 3차 산업, 광공업은 2차 산업에 해당합니다. ④ 중·남부 아메리카의 대표적인 산유국 중 하나인 베네수엘라 볼리바르는 볼리비아보다 석유 생산량이 많습니다. ⑤ 볼리비아는 총인구 중 원주민의 비율이 가장 높고, 아르헨티나는 총인구 중 유럽계의 비율이 가장 높습니다.

10강 평화와 공존의 세계

대표 기출 VS 고난도 기출   본문 p.84

순한맛 ①   **매운맛** ②

순한맛 세계의 주요 분쟁 지역   정답 ①

문제 분석 지도의 A는 남수단, B는 팔레스타인 지방, C는 카스피해, D는 카슈미르 지방, E는 스리랑카입니다.

정답 찾기 ① 남수단은 아랍계 비율이 높은 수단으로부터 독립하였습니다.

오답 피하기 ② 팔레스타인 지방은 유대교와 이슬람교가 대립하고 있습니다. ③ 카슈미르 지방의 분쟁은 이슬람교와 힌두교 간의 갈등이 주된 원인입니다. ④ 스리랑카 분쟁은 불교를 믿는 신할리즈족과 힌두교를 믿는 타밀족 간의 갈등이 주된 원인입니다. ⑤ 카슈미르 지방의 분쟁 당사국은 2개국(인도, 파키스탄), 카스피해를 둘러싼 분쟁의 당사국은 5개국(러시아, 카자흐스탄, 아제르바이잔, 이란, 투르크메니스탄)입니다.

매운맛 세계의 주요 분쟁 지역   정답 ②

①	②	③	④	⑤
16%	27%	43%	7%	7%

함정

👁 눈으로 보는 해설

다음 자료는 세계지리 사이버 학습 장면의 일부이다. (가)~(다)에 대한 설명으로 옳은 것만을 〈보기〉에서 있는 대로 고른 것은?

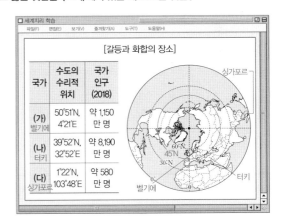

□ 세계지리 학습
파일(F) 편집(E) 보기(V) 즐겨찾기(A) 도구(T) 도움말(H)

[갈등과 화합의 장소]

국가	수도의 수리적 위치	국가 인구 (2018)
(가) 벨기에	50°51′N, 4°21′E	약 1,150 만 명
(나) 터키	39°52′N, 32°52′E	약 8,190 만 명
(다) 싱가포르	1°22′N, 103°48′E	약 580 만 명

싱가포르

60°N
45°N
30°N

0°
벨기에
터키

보기

ㄱ. (가)는 스위스로 네 언어가 공존하고 있다.   벨기에   세 언어(네덜란드어, 프랑스어, 독일어)

ㄴ. (나)에서는 쿠르드족의 분리·독립 운동이 일어나고 있다.

ㄷ. (다)에서는 불교, 이슬람교, 크리스트교, 힌두교 등이 공존하고 있다.

ㄹ. (가)와 (나)는 인접 국가와 종교적 갈등으로 인해 분쟁을 겪고 있다.

① ㄱ, ㄴ   ② ㄴ, ㄷ   ③ ㄱ, ㄴ, ㄷ

④ ㄱ, ㄷ, ㄹ   ⑤ ㄴ, ㄷ, ㄹ

문제 분석 (가)는 경위도 값을 통해 본초 자오선(경도 0°)이 지나는 영국 주변의 유럽 국가임을 알 수 있습니다. 실제로 (가)는 인구 1,150만 명의 벨기에입니다. (나)는 경위도 값을 통해 대략적인 위치를 알 수 있으며, 인구 값을 통해 인구가 상당히 많은 국가라는 것을 알 수 있습니다. 따라서 (나)는 터키입니다. (다)는 위도 값을 통해 적도(위도 0°) 근처에 위치해 있다는 것을 알 수 있으며, 인구 값을 통해 인구가 상당히 적은 소규모의 국가라는 것을 알 수 있습니다. 따라서 (다)는 싱가포르입니다.

정답 찾기 ㄴ. 터키에서는 쿠르드족의 분리·독립 운동이 일어나고 있습니다. ㄷ. 싱가포르에서는 불교, 이슬람교, 크리스트교, 힌두교 등이 평화롭게 공존하고 있습니다.

오답 피하기 ㄱ. (가)는 스위스보다 고위도에 위치한 벨기에이며, 네덜란드어와 프랑스어 사용자 간의 갈등이 나타나고 있습니다. ㄹ. 벨기에를 비롯한 인접 국가는 대부분 크리스트교를 믿고 있으며, 터키를 비롯한 인접 국가는 대부분 이슬람교를 믿고 있습니다. 따라서 두 국가 모두 인접 국가와 종교적 갈등은 거의 없습니다.

🔒 함정 피하기

정답으로 ③번을 골랐다면? 50°56′N 위선을 제대로 긋지 않아 (가)를 스위스로 착각했을 것이다. 주어진 30°N와 60°N 사이의 중간인 45°N 위선을 그어보면 스위스를 지난다. 따라서 50°56′N에 위치하는 (가)는 스위스가 아님을 알 수 있다. 또한 이번 문항을 통해 스위스는 인구가 천만 명이 되지 않는 국가임을 알아 두자. 국가별 인구수를 대략 알고 있으면 자료 분석에 도움이 된다.

실전 문제

본문 p.85~87

| 01 ③ | 02 ④ | 03 ① | 04 ④ | 05 ② | 06 ③ |
| 07 ④ | 08 ① | 09 ⑤ | 10 ② | 11 ③ | 12 ④ |

01 경제의 세계화   정답 ③

문제 분석 교통과 통신이 발달하면서 다국적 기업의 등장과 더불어 기업의 공간적 분업이 나타나기 시작했습니다. 서비스업은 수요 주체에 따라 소비자 서비스업과 생산자 서비스업으로 구분할 수 있습니다.

정답 찾기 ③ 다국적 기업은 국경을 초월하여 생산과 판매 활동을 하는 기업을 말합니다. 공간적 분업은 기업의 기획·관리, 연구, 생산 기능 등이 공간적으로 분화되는 현상입니다. ⓒ에는 소비자 서비스업이 들어가야 합니다. 생산자 서비스업에 해당하는 업종으로는 광고업, 법무 및 회계업 등이 있고 소매업, 요식업, 미용업은 소비자 서비스업에 해당하는 업종입니다.

02 세계 무역 기구(WTO)의 특징   정답 ④

문제 분석 지도를 보면 세계 대부분의 국가들이 회원국으로 가입되어 있는 것으로 보아 이 국제기구는 세계 무역 기구라는 것을 알 수 있습니다.

정답 찾기 ④ 세계 무역 기구는 무역 분쟁 조정 및 해결을 위한 법적 권한과 구속력의 행사가 가능합니다.

오답 피하기 ① 세계 무역 기구의 모든 회원국 간에 자유 무역 협정이 체결되어 있는 것은 아닙니다. ② 유럽 연합에 대한 설명입니다. ③ 관세 동맹에 대한 설명입니다. ⑤ 경제 블록에 대한 설명입니다.

03 주요 경제 블록의 특징   정답 ①

정답 찾기 ① 네 경제 블록 중 총 무역액이 가장 많으며 역외 무역액보다 역내 무역액이 많은 (가)는 유럽 연합입니다. 유럽 연합 다음으로 총 무

역액이 많은 (나)는 북아메리카 자유 무역 협정입니다. 네 경제 블록 중 총 무역액이 가장 적은 (라)는 남아메리카 공동 시장이고, 나머지 (다)는 동남아시아 국가 연합입니다. 지도의 A는 유럽 연합, B는 동남아시아 국가 연합, C는 북아메리카 자유 무역 협정, D는 남아메리카 공동 시장입니다. 따라서 (가)는 A, (나)는 C, (다)는 B, (라)는 D에 해당합니다.

04 주요 경제 블록의 특징   정답 ④

문제 분석 세 경제 블록 중 총인구가 가장 많고 역내 총생산이 가장 적은 (다)는 동남아시아 국가 연합입니다. 세 경제 블록 중 역내 총생산이 가장 많은 (나)는 북아메리카 자유 무역 협정이고, 나머지 (가)는 유럽 연합입니다.

정답 찾기 ④ 유럽 연합은 북아메리카 자유 무역 협정보다 총 무역액 중 역내 무역액의 비율이 높습니다.

오답 피하기 ① 유럽 연합의 모든 회원국이 단일 통화인 유로화를 사용하고 있는 것은 아닙니다. ② 유럽 연합에 해당하는 설명입니다. 북아메리카 자유 무역 협정은 회원국 간 노동력의 이동이 자유롭지 않습니다. ③ 동남아시아 국가 연합은 회원국의 대부분이 동남아시아의 개발 도상국으로 구성되어 있습니다. ⑤ 북아메리카 자유 무역 협정의 회원국은 3개이고, 동남아시아 국가 연합의 회원국은 10개입니다.

05 주요 환경 문제의 특징   정답 ②

문제 분석 서유럽과 동아시아, 미국 동부 지역에서 주로 발생하고 있는 A는 산성비입니다. 북아프리카의 사헬 지대를 비롯한 스텝 기후 지역에서 주로 발생하고 있는 B는 사막화입니다. 열대 기후 지역에서 주로 발생하고 있는 C는 열대림 파괴입니다.

정답 찾기 ② 사막화 문제를 해결하기 위해 사막화 방지 협약이 체결되었습니다. 몬트리올 의정서는 오존층 파괴와 관련된 협약입니다.

오답 피하기 ① 산성비는 호수의 산성화나 건축물의 부식을 일으킵니다. ③ 열대림 파괴가 지속되면 생물 종 다양성이 감소하고 토양 침식이 심화됩니다. ④ 사막화는 강수량이 적은 스텝 기후 지역에서 주로 발생하고, 열대림 파괴 문제는 강수량이 많은 열대 우림 기후 지역에서 주로 발생합니다. ⑤ 세 환경 문제 모두 식생의 감소를 초래합니다.

06 주요 환경 문제의 발생 과정   정답 ③

정답 찾기 ③ 염화 플루오린화 탄소의 배출이 원인이고 피부암 및 백내장을 유발하는 환경 문제인 (가)는 오존층 파괴입니다. 이산화 탄소 배출이 원인이고 기후 변동을 유발하는 환경 문제인 (나)는 지구 온난화입니다. 기후 변동, 삼림 파괴, 지나친 목축과 경작이 원인인 환경 문제 (다)는 사막화입니다. 이산화황 및 질소 산화물 배출이 원인인 환경 문제 (라)는 산성비입니다.

07 주요 환경 문제와 관련된 협약   정답 ④

정답 찾기 ④ 오존층 파괴 문제의 해결을 위해 국제 사회가 체결한 몬트리올 의정서는 염화 플루오린화 탄소, 할론 등 오존층 파괴 물질의 사용 규제를 명시하고 있습니다. 지구 온난화의 해결을 위해 국제 사회가 체결한 파리 협정은 선진국과 개발 도상국 모두 온실가스 감축을 포함한 포괄적인 대응에 동참하도록 규정하고 있습니다. 런던 협약은 폐기물의 해양 투기로 인한 해양 오염 방지를 목적으로 하고 있습니다.

08 생태 발자국의 특징 　　　　　　　　　　　　정답 ①

문제 분석 1인당 생태 발자국이 가장 큰 (가)는 경제 발달 수준이 높은 북아메리카입니다. 1인당 생태 발자국이 작은 편인 (나)와 (다)는 아시아·태평양, 아프리카 중 하나인데, (나)는 (다)보다 인구가 많으므로 아시아·태평양이며, (다)는 아프리카입니다.

정답 찾기 ㄱ. 북아메리카는 아시아·태평양보다 경제 발달 수준이 높고 1인당 에너지 소비량도 많으므로 1인당 온실 가스 배출량이 많습니다. ㄴ. 아시아·태평양은 아프리카보다 총인구가 많고 산업 시설도 많으므로 지역 내 총생산이 많습니다.

오답 피하기 ㄷ. 아프리카는 북아메리카보다 경제 발달 수준이 낮습니다. ㄹ. (가)는 북아메리카, (나)는 아시아·태평양, (다)는 아프리카입니다.

09 세계의 주요 분쟁 지역 특징 　　　　　　　　정답 ⑤

문제 분석 지도의 A는 벨기에, B는 이집트, C는 카스피해, D는 카슈미르 지방, E는 동중국해의 센카쿠 열도입니다.

정답 찾기 ⑤ 센카쿠 열도의 분쟁 당사국에 필리핀은 포함되지 않습니다. 센카쿠 열도는 일본이 실효 지배하고 있으나 일본, 중국, 타이완 간의 영토 분쟁이 나타나는 지역입니다.

오답 피하기 ① 벨기에는 네덜란드어, 프랑스어 등 서로 다른 언어 사용자 간의 갈등이 있습니다. ② 나일강 하류에 위치한 이집트와 나일강 상류에 위치하여 댐을 건설하고 있는 에티오피아 간에는 수자원을 둘러싸고 갈등이 발생하고 있습니다. ③ 카스피해의 에너지 자원을 둘러싼 분쟁 당사국에는 러시아가 포함되어 있습니다. ④ 카슈미르 지방은 이슬람교 신자와 힌두교 신자 간의 종교 분쟁이 나타납니다.

10 국제 난민 수 분포 　　　　　　　　　　　　　정답 ②

정답 찾기 ② 지도를 보면 시리아, 아프가니스탄, 사하라 이남 아프리카의 일부 국가들에서 수치가 높게 나타나는 반면, 정치적으로 안정된 유럽과 미국, 캐나다 등에서는 수치가 낮게 나타나고 있습니다. 따라서 이 지도 표현의 주제가 된 지표는 국제 난민 수입니다.

11 에너지 자원의 확보를 둘러싼 분쟁 지역 　　　정답 ③

문제 분석 지도에 표시된 지역은 기니만, 동중국해, 남중국해, 오리노코강 유역입니다.

정답 찾기 ③ 기니만, 동중국해, 남중국해, 오리노코강 유역은 석유, 천연가스 등의 에너지 자원이 대규모로 매장되어 있는 것이 알려지면서 이를 놓고 주변 국가 간 분쟁이 발생하고 있습니다.

12 세계 평화와 정의를 위한 국제 사회의 노력 　정답 ④

정답 찾기 ㄱ. 세계 1, 2차 세계 대전을 교훈으로 삼아 창설된 초국가적 협의체이자 국가 간 상호 이해와 협력 증진을 추구하고 있는 국제기구인 ㉠은 국제 연합(UN)입니다. ㄷ. 안전 보장 이사회는 국제 평화와 안전을 유지하기 위한 권한과 책임을 행사하고 있으며 2019년 기준 5개의 상임국과 10개의 비상임국으로 구성되어 있습니다. ㄹ. 비정부 기구의 사례로는 국경 없는 의사회, 국제 사면 위원회를 들 수 있습니다. 국경 없는 의사회는 전쟁이나 자연재해로 피해를 당한 사람들 혹은 의료나 보건 지원이 필요한 사람들을 도와주는 의료 구호 단체입니다. 국제 사면 위원회는 중대한 인권 학대를 종식하고 예방하고자 창설된 비정부 기구입니다.

오답 피하기 ㄴ. 분쟁 지역의 무력 충돌 감시와 주민 보호를 목적으로 하는 것은 국제 연합 평화 유지군입니다. 국제 사법 재판소는 국가 간 분쟁을 법적으로 해결하는 국제기구입니다.

 킬러 문항 완전 정복 / 본문 p.88~89 / 01 ③ / 02 ④ / 03 ① / 04 ④

01 주요 경제 블록의 특징 　　　　　　　　　　　정답 ③

자료 분석

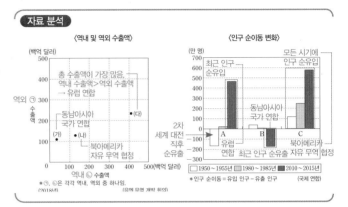

문제 분석 세 경제 블록 중 총 수출액이 가장 많은 (다)는 유럽 연합입니다. 유럽 연합은 역내 무역액의 비율이 높으므로 ㉠은 역외, ㉡은 역내가 됩니다. 유럽 연합 다음으로 총 수출액이 많은 (나)는 북아메리카 자유 무역 협정이고, 총 수출액이 가장 적은 (가)는 동남아시아 국가 연합입니다. 2차 세계 대전이 벌어진 직후인 1950~1955년에는 인구 순유출이 발생했으나 최근에는 인구 순유입이 나타나는 A는 유럽 연합입니다. 최근에 인구 순유출이 나타나는 B는 동남아시아 국가 연합이고, 모든 시기에 인구 순유입이 나타나는 C는 북아메리카 자유 무역 협정입니다.

정답 찾기 ③ 그래프를 보면 유럽 연합은 동남아시아 국가 연합보다 총 수출액 중 역내 무역액 비율이 높습니다.

오답 피하기 ① 동남아시아 국가 연합은 2010~2015년에 인구 순이동 값이 음(−)의 값을 기록했으므로 유출 인구보다 유입 인구가 적습니다. ② 북아메리카 자유 무역 협정은 유럽 연합보다 정치·경제적인 통합의 수준이 낮습니다. ④ 동남아시아의 개발 도상국이 대부분인 동남아시아 국가 연합은 미국, 캐나다가 속한 북아메리카 자유 무역 협정보다 1인당 지역 내 총생산이 적습니다. ⑤ 회원국 수는 유럽 연합이 가장 많고 북아메리카 자유 무역 협정이 가장 적습니다.

02 주요 환경 문제의 특징 　　　　　　　　　　　정답 ④

자료 분석

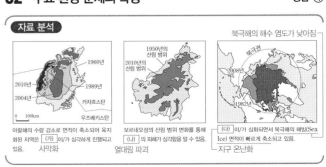

아랄해의 수량 감소로 면적이 축소되어 육지화된 지역인 (가) 이/가 심각하게 진행되고 있음. **사막화**

보르네오섬의 산림 범위 변화를 통해 (나) 의 피해가 심각함을 알 수 있음. **열대림 파괴**

(다) 이/가 심화되면서 북극해의 해빙(Sea Ice) 면적이 빠르게 축소되고 있음. **지구 온난화**

문제 분석 아랄해의 수량 감소로 면적이 축소되면서 육지화된 지역에서 심각하게 진행되고 있는 (가)는 사막화입니다. 보르네오섬의 산림 범위 변화를 통해 피해의 심각성을 알 수 있는 (나)는 열대림 파괴입니다. 북극해의 해빙 면적이 축소된 원인 중 하나인 (다)는 지구 온난화입니다.

정답 찾기 ④ 지구 온난화로 인한 기후 변화와 계속되는 가뭄은 사막화의 원인 중 하나입니다.

오답 피하기 ① 사막화의 해결을 위해 국제 사회는 사막화 방지 협약을 체결하였습니다. ② 염화 플루오린화 탄소의 사용량 증가는 오존층 파괴의 원인 중 하나입니다. ③ 지구 온난화가 심화되면 빙하가 녹은 물이 북극해로 더 많이 유입되므로 북극해의 해수 염도는 낮아지게 됩니다. ⑤ 주로 스텝 기후 지역에서 발생하는 사막화는 주로 열대 우림 기후 지역에서 발생하는 열대림 파괴보다 피해 지역의 연 강수량이 적습니다.

03 세계의 주요 분쟁 지역   정답 ①

자료 분석

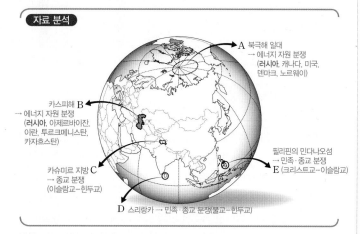

A 북극해 일대
→ 에너지 자원 분쟁
(러시아, 캐나다, 미국,
덴마크, 노르웨이)

카스피해 B
→ 에너지 자원 분쟁
(러시아, 아제르바이잔,
이란, 투르크메니스탄,
카자흐스탄)

카슈미르 지방 C
→ 종교 분쟁
(이슬람교-힌두교)

D 스리랑카 → 민족·종교 분쟁(불교-힌두교)

필리핀의 민다나오섬
→ 민족·종교 분쟁
E (크리스트교-이슬람교)

문제 분석 A는 북극해 일대, B는 카스피해, C는 카슈미르 지방, D는 스리랑카, E는 필리핀의 민다나오섬입니다.

정답 찾기 ㄱ. 스리랑카는 신할리즈족(불교)과 타밀족(힌두교) 간의 대립이 나타났습니다. ㄴ. 북극해 일대와 카스피해의 공통적인 분쟁 당사국으로 러시아를 들 수 있습니다.

오답 피하기 ㄷ. 인도와 파키스탄 간의 분쟁 지역인 카슈미르 지방(2개국)은 카스피해(5개국)보다 분쟁 당사국의 수가 적습니다. ㄹ. 카슈미르 지방과 필리핀의 민다나오섬에서 발생하는 분쟁과 관련된 공통적인 종교는 이슬람교입니다.

04 세계의 주요 분쟁 지역   정답 ④

자료 분석

세계지리 학습
파일(F) 편집(E) 보기(V) 즐겨찾기(A) 도구(T) 도움말(H)

[갈등과 화합의 장소]

남수단

국가	수도의 수리적 위치	국가 인구(2018)
(가)	4°51'N, 31°36'E	약 1,062만 명
(나)	31°47'N, 35°13'E	약 845만 명
(다)	46°57'N, 7°27'E	약 792만 명

이스라엘 / 스위스

문제 분석 (가)는 경위도 값을 통해 중부 아프리카에 위치한 남수단이라는 것을 알 수 있습니다. (나)는 경위도 값을 통해 서남아시아의 지중해 연안에 위치한 이스라엘이라는 것을 알 수 있습니다. (다)는 경위도 값을 통해 유럽에 위치한 스위스라는 것을 알 수 있습니다.

정답 찾기 ㄴ. 이스라엘에서는 유대교 신자와 이슬람교 신자 간의 갈등이 나타납니다. ㄹ. 남수단은 아프리카, 이스라엘은 서남아시아, 스위스는 유럽에 위치합니다.

오답 피하기 ㄱ. 남수단은 쿠르드족의 분포 지역이 아닙니다. ㄷ. 스위스는 다양한 언어를 사용하고 있으나, 서로를 존중하여 갈등이 해소된 대표적인 사례 지역입니다.

3점 공략 모아보기

본문 p.90~94

01강 Q1 바빌로니아 점토판 지도, 구체, 동쪽, 크리스트교, 남쪽, 이슬람교
Q2 ④

02강 Q3 18℃, 겨울, 냉대, 500mm, 10℃
Q4 ④

03강 Q5 편서풍, 서안 해양성, 지중해성, 계절풍, 온난 습윤, 온대 겨울 건조
Q6 ④

04강 Q7 판이 어긋나 미끄러지는, 판이 서로 갈라지는, 아이슬란드, 판이 서로 충돌하는
Q8 ⑤

05강 Q9 크리스트교, 이슬람교, 남부 아시아, 힌두교
Q10 ⑤

06강 Q11 아프리카, 감소, 유럽, 아시아, 아프리카
Q12 ④

07강 Q13 중국, 인도, 중국, 인도, 옥수수, 미국, 중국, 석유, 천연가스
Q14 ⑤

08강 Q15 가공 무역, 플랜테이션, 오스트레일리아, 천연가스, 2차
Q16 ③

09강 Q17 퀘벡주, 에스파냐어, 안데스, 유럽계, 아프리카계, 석유, 칠레
Q18 ③

10강 Q19 유럽 연합, 많음, 남아메리카 공동 시장, 쿠르드족
Q20 ②

Q2 자세한 해설은 p.02 **매운맛**　　　　　정답 ④

(가)는 조선 전기에 제작된 혼일강리역대국도지도입니다. (나)는 1154년 이슬람교의 영향을 받아 제작된 알 이드리시의 세계 지도입니다. (다)는 1300년경 제작된 헤리퍼드 마파문디 지도로, 여러 유형의 티오(TO) 지도 중 하나입니다. 지도의 A는 중국, B는 아시아 대륙, C는 인도양, D는 지중해입니다. ④ 중국(A)은 아시아(B) 대륙에 위치하고 있습니다.

Q4 자세한 해설은 p.05~06 **매운맛**　　　　　정답 ④

(가) 시기는 열대(적도) 수렴대가 북쪽으로 치우친 7월입니다. (나) 시기는 열대(적도) 수렴대가 남쪽으로 치우친 1월입니다. 지도의 A는 열대 우림 기후, B는 남반구의 사바나 기후, C는 북반구의 사바나 기후, D는 열대 고산 기후 지역입니다. ④ B는 남반구에 위치하여 1월(나)보다 7월(가)의 낮 길이가 짧으며, 밤의 길이가 깁니다.

Q6 자세한 해설은 p.10 **매운맛**　　　　　정답 ④

지도의 지역은 온난 습윤 기후가 나타나는 중국의 상하이, 지중해성 기후가 나타나는 오스트레일리아의 퍼스, 서안 해양성 기후가 나타나는 뉴질랜드의 웰링턴입니다. (가) 시기 낮 길이는 두 지역은 낮 길이가 12시간 이하이며 한 지역은 낮 길이가 12시간 이상입니다. 지도에서는 한 지역이 북반구에 위치하므로 B는 중국의 상하이이며, (가)는 7월입니다. 따라서 (나)는 1월이며, 1월 강수량이 적은 A는 남반구의 지중해성 기후가 나타나는 오스트레일리아의 퍼스입니다. 나머지 C는 서안 해양성 기후가 나타나는 뉴질랜드의 웰링턴입니다. ④ A와 C는 모두 남반구에 위치하며, A는 C보다 저위도에 위치하여 1월(나)의 평균 기온이 높습니다.

Q8 자세한 해설은 p.14 **매운맛**　　　　　정답 ⑤

(가)는 이란 서부, (나)는 미국 알래스카, (다)는 멕시코 남부, (라)는 인도 북동부, (마)는 일본 남동부 지역입니다. ⑤ 일본 남동부(마)는 대륙판(유라시아판)과 해양판(태평양판)이 만나는 지역입니다.

Q10 자세한 해설은 p.18 **매운맛**　　　　　정답 ⑤

유럽에서 가장 많은 신자 수 비율을 차지하는 A는 크리스트교이며, 두 번째로 많은 신자 수 비율을 차지하는 B는 이슬람교입니다. (가)는 크리스트교(A)와 이슬람교(B)의 신자 수 비율이 높은 아프리카이며, (나)는 아시아입니다. 아시아에서 이슬람교(B) 다음으로 신자 수 비율이 높은 C는 힌두교이며, 나머지 D는 불교입니다. ⑤ 크리스트교(A)와 불교(D)는 모두 보편 종교로 분류됩니다. A~D 중 민족 종교는 힌두교(C)입니다.

Q12 자세한 해설은 p.22 **매운맛**　　　　　정답 ④

지도에 표시된 세 국가는 프랑스, 터키, 차드입니다. (가), (나) 두 지표는 최댓값이 50% 미만이므로 청장년층 인구 비율은 될 수 없으며 유소년층 인구 비율과 노년층 인구 비율 중 하나입니다. 세 국가 모두 (가)의 수치가 (나)의 수치보다 높게 나타나고, 대체로 (가)는 하락 추세에 있는 반면 (나)는 상승 추세에 있습니다. 따라서 (가)는 유소년층 인구 비율, (나)는 노년층 인구 비율입니다. 세 국가 중 유소년층 인구 비율이 가장 높은 A는 아프리카의 개발 도상국인 차드입니다. 세 국가 중 유소년층 인구 비율이 가장 낮고 노년층 인구 비율이 가장 높은 C는 유럽의 선진국인 프랑스입니다. 나머지 B는 개발 도상국인 터키입니다. ④ 노년 부양비는 노년층 인구 비율을 청장년층 인구 비율로 나눈 후 100을 곱하여 구합니다. 청장년층 인구 비율은 100%에서 유소년층 인구 비율과 노년층 인구 비율을 빼면 구할 수 있습니다. 터키는 1955년 대비 2015년의 노년 부양비가 증가했습니다.

Q14 자세한 해설은 p.26 **매운맛**　　　　　정답 ⑤

특정 대륙 (나)의 수출량 비율이 매우 높게 나타나는 C는 쌀이고, (나)는 아시아입니다. 오세아니아의 수출량 비율이 다른 두 작물에 비해 높은 B는 밀이고, 밀의 생산량 비율이 다른 두 작물보다 높은 (다)는 유럽입니다. 나머지 A는 옥수수이고, 옥수수의 생산량 비율이 가장 높은 (가)는 아메리카입니다. ⑤ 쌀은 밀보다 단위 면적당 생산량이 많습니다.

Q16 자세한 해설은 p.30 **매운맛**　　　　　정답 ③

세 국가 중 석탄, 천연가스, 팜유 등의 자원 수출액 비율이 높은 (다)는 인도네시아입니다. 기계류와 같은 공업 제품의 수출액 비율이 높은 (가), (나)는 일본, 중국 중 하나인데, (가)는 기계류 외에 섬유, 의류 등과 같은 노동 집약적 경공업 제품의 수출액 비율이 높으므로 중국이고, (나)는 기계류 외에 자동차, 철강, 정밀 기계 등의 높은 기술력을 필요로 하는 공업 제품의 수출액 비율이 높으므로 일본입니다. ③ 선진국인 일본은 개발 도상국인 중국보다 3차 산업인 서비스업 종사자 수 비율이 높습니다.

Q18 자세한 해설은 p.34 **매운맛**　　　　　정답 ③

모든 민족(인종)의 인구 합이 가장 많은 (나)는 세 국가 중 인구 규모가 가장 큰 브라질입니다. (다)는 B 민족(인종)의 인구가 대부분을 차지하고 있으므로 아르헨티나이고, B는 유럽계입니다. (가)는 브라질, 아르헨티나에 비해 원주민 인구가 많은 멕시코이고, 멕시코 내에서 인구 비율이 가장 높은 A는 혼혈입니다. 나머지 C는 아프리카계입니다. ㄴ. 멕시코는 에스파냐어를 공용어로 사용합니다. ㄷ. 브라질에서는 매년 삼바 축제라고도 불리는 리우 카니발이 열립니다.

Q20 자세한 해설은 p.37~38 매운맛 　　　　정답 ②

(가)는 경위도 값을 통해 본초 자오선(경도 0°)이 지나는 영국 주변의 유럽 국가임을 알 수 있습니다. (가)는 인구 1,150만 명의 벨기에입니다. (나)는 경위도 값을 통해 대략적인 위치를 알 수 있으며, 인구 값을 통해 인구가 상당히 많은 국가라는 것을 알 수 있습니다. 따라서 (나)는 터키입니다. (다)는 위도 값을 통해 적도(위도 0°) 근처에 위치해 있다는 것을 알 수 있으며, 인구 값을 통해 인구가 상당히 적은 소규모의 국가라는 것을 알 수 있습니다. 따라서 (다)는 싱가포르입니다. ㄴ. 터키에서는 쿠르드족의 분리·독립 운동이 일어나고 있습니다. ㄷ. 싱가포르에서는 불교, 이슬람교, 크리스트교, 힌두교 등이 평화롭게 공존하고 있습니다.

MEMO

MEMO

MEMO

MEMO

MEMO

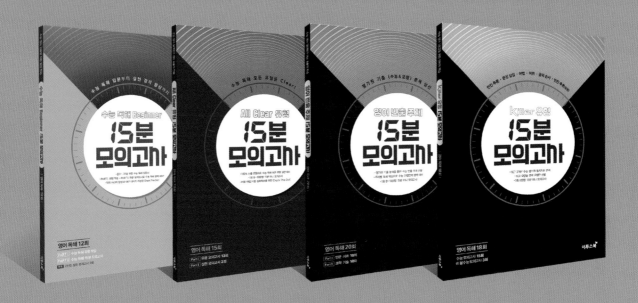